# 신냉전,
## 퀀텀 패권 쟁탈전

# 신냉전, 퀀텀 패권 쟁탈전

충돌하는 세계, 신냉전의 본질과 미중러 대전략 읽기

2025년 3월 31일 초판 1쇄 발행

지 은 이 | 이영우
펴 낸 곳 | 삼성글로벌리서치
펴 낸 이 | 김원준
출판등록 | 제1991-000067호
등록일자 | 1991년 10월 12일
주　　소 | 서울특별시 서초구 서초대로74길 4(서초동) 삼성생명서초타워 28층
전　　화 | 02-3780-8213(기획), 02-3780-8074(마케팅)
이 메 일 | sgrbooks@samsung.com

ISBN | 978-89-7633-138-0  03340

충돌하는 세계, 신냉전의 본질과 미중러 대전략 읽기

# 신냉전,
## 퀀텀 패권 쟁탈전

# QUANTUM
# MORPH

이영우 지음

삼성글로벌리서치

4월은 가장 잔인한 달

죽은 땅에서 라일락을 돋게 하고

추억과 욕망을 버무려

시들어가는 뿌리를 봄비로 깨운다.

덧없이 사그라질 눈으로나마 대지를 덮어

겨울은 우리를 따스하게 품어주었다.

어린 생명을 보듬은 구근이 메마르지 않도록

T. S. 엘리엇(T. S. Eliot, 1888~1965)의 〈황무지(The Waste Land)〉란 시의 한 구절이다. 이 시는 인류 역사상 전무후무한 대규모 전쟁으로 유럽 사회의 모든 기반이 파괴된 1차 세계대전 직후인 1922년에 발표되었다. 문명이 통째로 붕괴하고, 깊은 허무 속에서 공포와 절망만이 지배한 시대였다. 이런 시대적 배경 속에서 무차별 파괴로 인한 가치관의 붕괴, 정신적 공허, 문화적 위기 상황을 생생하게 표현한 시가 바로 〈황무지〉이다.

이 시에서 엘리엇은 "4월은 가장 잔인한 달"이라고 말한다. 4월은 겨우내 잠들었던 만물을 깨워 새싹을 돋아나게 하고 다가올 한여름 동안 다시 활짝 피어나게 하는 달이다. 칼날처럼 살을 에는 겨울이 다시 돌아와 활짝 피운 생명을 또다시 모조리 파괴할 줄 알면서도 4월은 자기 소명을 다해야 한다. 혼신의 힘으로 키워낸 새로운 생명을 다시 동면의 겨울에게 넘겨야 한다. 그래서 4월은 가장 잔인한 달이다.

그러나 엘리엇은 혹독했던 지난겨울과 함께 짙푸르렀던 여름을 추억하라고 권한다. 아무리 춥고 얼어붙은 겨울이었더라도 그 겨울은 결코 잔인하고 혹독하지만은 않았다고 상기시킨다. 곧 녹아 사라질 눈으로나마 대지를 덮어 땅속 구근 속에 깃든 어린 생명을 조금이나마 더 보전하려 애썼다.

T. S. 엘리엇의 〈황무지〉를 책머리에 인용한 이유는 인류 역사에 있어서 문명사적 이행기의 본질적 속성을 잘 표현하고 있기 때문이다. '낡은 문명에 대한 창조적 파괴와 새로운 문명의 건설'이 그것이다. 수많은 인명 살상과 대규모 파괴에도 불구하고 엘리엇이 겪었던 1차 세계대전은 세계 체제를 군주정 중심에서 공화정으로 변화시켰다. 2차 세계대전은 민족자결주의의 기치 아래 전 지구적 식민지배 체제를 붕괴시킨 폭력적인 계기였다. 그 결과 식민지 해방을 통한 다수의 주권 독립 국가와 자유인으로 구성된 오늘날의 세계 체제가 탄생했다. 이렇듯 1, 2차 세계대전은 파괴만으로 점철되진 않았다. 그것은 낡은 계급질서와 식민 체제를 파괴하고, 새로운 자유와 번영의 세계로 이행한 결정적 계기이기도 했다.

이 책에는 '퀀텀모프(Quantum Morph)'라는 생소한 단어가 자주 등장한다. 퀀텀모프는 양자역학(quantum mechanics)의 연구대상인 미시세계를 구성하는 최소의 에너지 단위를 의미하는 '퀀텀(quantum)'과 탈바꿈을 뜻하는 '모프(morph)'의 조어이다. 오늘날 인류가 누리는 디지털문명이 여태껏 듣도 보도 못한 퀀텀문명으로 완전한 변태와 탈바꿈의 길에 들어섰음을 함축적으로 표현한 말이다.

　인류 역사를 보면 한 단계의 문명은 필연적으로 다음 단계의 문명으로 바뀌어왔다는 사실을 잘 알 수 있다. 이 책은 신냉전 국면에 처한 세계정세에 관한 분석 보고서이다. 그리고 거시적으로는 오늘날의 세계가 기존의 디지털문명에서 새로운 퀀텀문명으로 전환하는 소용돌이 속에 있다고 본다. 지금 이 순간에도 치열한 기술 경쟁을 벌이고 있는 퀀텀컴퓨팅, 인공지능, 바이오, 로봇산업, 그리고 그 패권 쟁탈을 둘러싼 전 세계적 규모의 서방-반서방 진영싸움과 사이버 전쟁의 양상이 그 증거이다. 예를 들어, 2024년 12월 9일 구글은 "우리가 개발한 최신 퀀텀칩 윌로우(Willow)가 퀀텀컴퓨팅 오류를 지수적으로 줄이는 혁신을 이뤘으며, 현존 세계 최고의 슈퍼컴퓨터로도 10자(秭) 년, 즉 $10^{25}$년 걸릴 계산을 단 5분 만에 처리했다."라고 발표했다.[1] 사실 10자 년이 얼마나 긴 시간인지 감을 잡을 사람은 별로 없다. 과학자들은 지구 전체의 해변에 깔려 있는 모래알의 개수를 대충 $10^{20}$개라고 추정한다. $10^{25}$년은 해변의 모래 알갱이를 1년에 한 알씩 센다고 할 때 10만 번을 거듭 셀 수 있을 만큼 긴 시간이다.

우리 우주의 나이는 138억 년이다. 그런 우주 나이보다 0이 15개나 붙은 1,000조 배 더 긴 세월이다. 현존 최고의 슈퍼컴퓨터가 그 정도 긴 세월 동안 계산해야 할 문제를 구글의 퀀텀컴퓨터는 단 5분만에 풀었다고 한다. 이런 엄청난 발표로 엉뚱한 데로 불똥이 튀었다. 비트코인, 이더리움과 같은 암호화폐가 폭락했다. 국내외의 수많은 언론매체도 연산속도가 그 정도로 차이 난다면 아무리 복잡한 체계의 디지털 암호화폐라도 퀀텀컴퓨팅 앞에서 무력화될 수 있다는 보도를 쏟아냈다. 한국의 《조선일보》도 "구글 양자컴퓨터 '윌로' 등장 가상자산 흔들, 양자컴, 빠른 연산속도로 암호체계 무력화"라는 부제의 기사를 내보냈다.[2] 반면에 미국 뉴욕 증시에서는 구글, IBM, 아이온큐(IonQ), D-웨이브 퀀텀(D-Wave Quantum) 같은 퀀텀컴퓨팅 관련 주식이 가장 핫한 종목으로 등극했다.

퀀텀컴퓨팅이 해킹이 불가능하다고 알려진 블록체인 기반의 암호화폐를 손쉽게 뚫을 정도로 연산속도 면에서 절대 우위라면, 또 어떤 일이 벌어질까? 기존 디지털 체계의 군사용 암호, 국가기밀 보안코드, 심지어 핵미사일 발사용 암호까지도 퀀텀컴퓨팅 기술에 의해서 순식간에 뚫릴 터이다. 은행과 금융기관의 보안코드와 각종 개인정보 보안시스템도 마찬가지다. 이진법 체계의 반도체는 큐비트(qubit)로 구축된 퀀텀칩 산업에, 그리고 디지털 신호체계의 통신은 퀀텀 통신에 그 자리를 내주게 될 터이다. 향후 수년 내에 퀀텀컴퓨팅 기술의 상용화와 함께 수많은 디지털 기반의 시스템이, 4월의 봄기운에 밀려가는 동장군처럼 그 자리를 내주고 사라질 것이다.

'퀀텀모프'는 이런 식으로 기존 디지털문명이 퀀텀문명으로 완전변태 혹은 탈바꿈해가는 현상을 빗댄 말이다. 땅을 기어다니던 굼벵이가 번데기를 거쳐 화려한 나비로 다시 탄생함을 모프(morph) 혹은 메타모르포시스(metamorphosis)라고 한다. 기존의 디지털문명이 단순한 변화 수준이 아니라, 완벽한 변태와 이질적 형태인 퀀텀문명으로 전환한다는 사실을 상징적이고 압축적으로 표현하기 위해 채택한 조어가 퀀텀모프이다. 핵폭발로 발생한 핵폭풍이 동심원을 그리며 대지의 모든 것을 남김없이 쓸어버리듯이 퀀텀모프를 통해서 우리가 익히 알고 있던 디지털 사회와 문명은 본질적으로 전혀 다른 퀀텀문명으로 탈바꿈해갈 것이다.

T. S. 엘리엇의 시간성에 따르면 4월이 결실한 한여름의 백화만발했던 시절은 지나고 세계는 어느덧 낙엽 지는 가을로 접어들고 있다. 1, 2차 세계대전처럼 대규모의 살상과 파괴는 아닐지라도 3차 세계대전과 핵전쟁으로 서로를 협박하는 더 잔인하고 지루한 신냉전의 찬바람이 불어오고 있다. 이 책은 이와 같은 신냉전의 찬바람이 또 한 번의 문명 전환 과정의 소용돌이 때문이라는 성찰을 바탕으로 한다. 그리고 신냉전의 본질은 미래 문명의 지배를 위한 퀀

텀모프 현상의 패권 투쟁으로 간주한다. 앞에서 봤듯이 디지털 대비 퀀텀의 절대적인 연산속도 우위는 군사, 정보, 암호, 통신 모든 체계에서 국가안보에 직접적인 영향을 미칠 정도로 결정적이다. 만약 중국이 미국보다 훨씬 더 강력한 퀀텀 우위를 확보한다면 미국의 국가안보, 금융, 기업 시스템은 모조리 속수무책으로 무장해제 당할 수밖에 없다. 반대의 경우도 마찬가지다. 그래서 미국은 중국의 퀀텀기술 개발을 저지하기 위해 온갖 노력을 기울인다. 그것이 바로 '퀀텀모프 패권을 위한 신냉전'의 본질이다.

하지만 이 책은 당장의 세계정세에 대한 거대담론적 현상 분석뿐만이 아니라, 2050년대까지 이르는 여정에서 대한민국이 곳곳에서 마주칠 생존, 번영, 부흥, 혹은 쇠락에 관한 문제를 연구 주제로 삼고 있다. 이 책은 신냉전과 문명 전환에 관한 해설서이자, 한국과 한국 기업이 전환기의 혼돈을 이기고 어떻게 하면 살아남을 수 있을지를 연구한 미래 전략서이기도 하다.

물론 신냉전 국면이 끝난 다음 '대한민국호'가 안전하고 풍요로운 항구에 정박하기 위해서 어떤 임무를 수행해야 하는지에 대한 전망과 미래 예측도 담고 있다. 단기적이고 마이크로적인 예측과 동시에, 장기적이고 거대 관점(grand view)에서 조망한 정세 분석 보고서라는 뜻이다.

이 책은 다음의 순서와 내용으로 구성된다.

제1부는 현 국제정세의 현상과 얼개를 파악하기 위한 전체적인 풍경을 묘사하는 통론이다. '불량국가'라는 낙인이 찍힌 이란이나 북한뿐만 아니라 무장 반군, 테러단체에 불과한 비국가 무장단체인 하마스, 헤즈볼라, 후티의 준동이 내포하는 함축적인 의미를 추적한다. 마치 전성기를 만난 듯 기세등등한 북한이 왜 그러는지 내부 사정과 함께 러시아와 군사동맹을 체결하는 등 어떠한 정세 판단을 하고 있는지 분석한다. 제1부는 아무 연관성이 없는 듯 보이는 불량국가와 비국가 무장단체의 준동이 실은 모종의 밑그림에 의해 서로 긴밀하게 얽혀 있음을 드러내 보여준다.

제2부는 현 국제정세의 얼개인 미국, 중국, 러시아의 세계 대전략을 해체한다. 미국의 '압도적 우위 전략', 중국의 '중국굴기'와 '중화 부흥', 러시아의 '유라시아 제국주의 실현'이라는 각각의 대전략과 그것의 궁극적 목표를 소개한다. 이와 더불어 이들 3국이 글로벌 차원의 무력시위와 갈등을 벌이게 된 신냉전 전야의 일화와 그 밑바닥에 깔린 관점과 철학까지 낱낱이 설명한다. 이를 토대로 미-중-러 3국이 글로벌 차원에서 어떤 정책과 외교 전략을 추진하고 있는지, 무엇을 노리는지를 생생하게 제시한다.

제3부는 미-중-러 3국 대전략을 토대로 짜여진 실행전략이 전 지구를 무대로 상호 충돌하며 빚어내는 역학관계를 분석한다. 미-

중 갈등, 러-우 전쟁, 중동 위기, 북한 핵 위기와 북-러 군사협정, 대만을 위시한 아시아 지역동맹 등 국제정세의 움직임이 큰 틀에서 매우 긴밀하게 얽혀 있음을 보여줄 것이다.

　마지막 제4부는 '번영과 소멸의 기로에 선 한국의 세계 대전략'이라는 주제를 다룬다. 차세대 문명을 향한 한국 정부와 기업의 대응전략을 탐색한다. 특히 급속하게 변화하는 현대전의 양상에 걸맞은 한국의 국가안보 방향과 그런 환경 속에서 한국 기업이 헤쳐나가야 할 지경학·지정학적 난제들에 대해서도 함께 모색해볼 예정이다. 제4부의 후반부에 이르면 독자 여러분은 오늘의 현실 상황에서 대한민국호가 지구촌 어디쯤 항해하고 있는지 알게 될 것이다. 또한 2030년대 후반, 문명 전환이 본격화되는 시점에 대한민국이 어떤 항구에 정박해 있을지 생각하게 될 것이다. 그리고 이때쯤이면 독자 여러분들은 구냉전이 끝나게 되면서 동서독이 통일되었듯이 신냉전이 끝날 즈음, 남북한도 통일의 기회를 맞게 될 것이라는 점을 불현듯 깨닫게 될 것이다.

　이 책은 현재의 갈등 상황만이 아니라 장래 예상되는 불확실한 정세까지 분석 대상으로 삼고 있다. 따라서 일정 부분 추론과 예측이 불가피한 측면이 있다. 그렇다 하더라도 이 책에서는 국제관계론이나 정치철학 분야의 석학들이 쌓아놓은 업적과 지정학적 견해를 바탕으로 하여, 최대한 객관적으로 추론하고 예측하고자 하였다.

  또한 이 책은 오늘날 지구촌에서 벌어지고 있는 혼돈 상황을 최대한 쉽고 명쾌하게 핵심만 정리해서, 바둑 방송의 해설자처럼 객관적인 자세로 분석하고 해설에 임했음을 미리 밝혀둔다. 정세 분석은 대립하는 각 진영의 세력을 세밀하게 저울질해, 정확한 유불리를 전략가들에게 제공할 때 그 진정한 의미가 살아난다. 이런 점을 고려해 저자 개인의 정치적 취향을 최대한 배제하고 그동안 축적된 연구 성과들을 검토하고 취합하는 데 집중하고자 노력했다. 이 책이 한국의 미래 세계전략을 고민하는 이들에게 조금이나마 도움이 되기를 희망한다.

2025년 이영우

제1부

# 문명 전환기의
# 신냉전 양상

# 제1장

# 불량국가
# 전성시대

## 평양, 암흑도시가 대낮처럼 밝혀진 밤

· · · · ·

2024년 6월 19일 새벽 2시, 이미 초여름에 가까운 6월 중순이었지만 섭씨 18도의 평양 새벽공기는 쌀쌀했다. 약간 두툼해 보이는 검은색 인민복 차림의 김정은이 뒷짐을 진 채 미동도 없이 붉은 카펫 위에 서 있었다. 상당히 긴장한 탓인지 얼굴은 근엄하면서도 굳은 표정이었다. 새벽 2시 22분, 길고 웅장한 동체에 "Россия(러시아)"라는 선홍색의 국가 표식을 새긴 일류신 Il-96기가 평양 순안공항 활주로를 미끄러지듯 들어왔다. 러시아 대통령 블라디미르 푸틴(Vladimir Putin)의 전용기였다.

일류신의 거대한 몸집은 강렬한 굉음과 함께 계류장 앞에 정확히 멈춰 섰다. 새벽 2시의 늦은 시간에도 불구하고 완벽하게 차려입은 에스코트 의장대가 붉은 카펫을 따라 도열해 있었다. 국가

새벽 2시 평양 순안공항, 최고 수준의 의장 형식을 갖추고 푸틴을 맞이하는 김정은(자료: 러시아 대통령실)

최고 수준의 의전이었다. 전용기의 탑승구가 열리고 푸틴이 모습을 드러냈다. 그사이 탑승 계단 앞으로 이동한 김정은은 두 팔을 벌려 푸틴을 포옹했다. 그 짧은 순간 속에 두 정상의 눈빛이 교차하고, 심중의 의도와 결의를 확인한 듯이 활짝 피운 웃음으로 포옹을 마무리했다. 두 정상은 푸틴이 수송해온 괴물 방탄차 아우루스(Aurus)에 올라 금수산 궁전으로 향했다.

러시아 매체 《모스콥스키 콤소몰레츠(Moskovskij Komsomolets)》는 "푸틴 대통령이 공항에 도착하자 평양 시내 어딘가에서, 북한 주민들이 러시아와 북한의 우정에 관한 노래를 합창하는 소리가 들렸다."라고 보도했다. 게다가 "금수산 궁전으로 가는 연도의 모든 빌딩마다 조명이 대낮처럼 환히 밝혀져 있었다."라고 전했다. 세계에서 가장 어두운 도시, 암흑도시라는 별명으로 잘 알려진 평양이 푸틴 한 사람을 위해서 대낮처럼 환하게 밝혀졌다.

제1부 _ 문명 전환기의 신냉전 양상

이런 일은 공식 외교사에서 좀처럼 볼 수 없는, 흔치 않은 장면이다. 새벽 2시에 입국한 타국 정상에게 에스코트 의장대와 함께 국가 수장이 직접 나서서 최고 수준의 공항 의전을 베푼 사례는 찾아보기 어렵다. 설사 방문 일정상 새벽 입국이 불가피한 경우라 해도 일단 간소하게 입국한 후, 밝은 아침이나 대낮에 공식 환영 행사를 개최하는 것이 일반적인 외교 관례다.

어쨌든 푸틴과 김정은이 공동 연출한 이 무대는 온 세상의 이목을 단숨에 사로잡는 데 성공했다. 그뿐만 아니라 이 두 정상의 회담 결과도 세상을 흔들 만큼 충격적이었다. 북한 관영 매체 조선중앙통신은 6월 20일 김정은과 푸틴이 전날 평양에서 체결한 〈포괄적인 전략적 동반자 관계에 관한 조약〉 전문을 보도했다. 이 가운데 조약 제4조는 '유사시 자동 군사개입'을 규정한 내용으로, 러시아와 북한이 실질적인 군사동맹을 맺는다는 뜻이었다. 조약 제4조는 다음과 같다.

쌍방 중 어느 일방이 개별적인 국가 또는 여러 국가로부터 무력 침공을 받아 전쟁상태에 처하게 되는 경우 타방은 유엔헌장 제51조와 조선민주주의인민공화국(북한)과 러시아 연방의 법에 준하여 지체 없이 자기가 보유하고 있는 모든 수단으로 군사적 및 기타 원조를 제공한다.

푸틴과 김정은이 공동 연출한 이 드라마는 김정은이 지적한 대로 "세계가 비상한 관심을 가지고 주시하는 가운데" 진행되었다. 김정은도 자신이 설치한 무대장치와 퍼포먼스가 세계 각국이 주목하는 가운데 흥행에 성공하기를 바랐다는 말이다. 그러나 푸틴은 한시라도 빨리 그 무대에서 내려가고 싶은 듯했다. 실제로 그는 채 하루가 지나기 전인 19일 자정 무렵에 베트남 하노이로 훌쩍 떠나버렸다.

양측의 서로 엇갈리는 태도는 푸틴과 김정은이 조약 체결을 어떤 마음으로 바라보고 있는지에 대한 중요한 시사점을 제공한다. 푸틴은 이 조약의 체결을 이토록 떠들썩하게 온 세상에 알리고 싶지 않았을지도 모른다. 푸틴이 새벽을 틈타 김정은에게 달려간 이유는, 어떤 명분을 갖다 대든 그렇게 자랑스럽지는 않기 때문이다. 우크라이나 전쟁에 사용할 포탄과 탄약, 무기를 빌리러 간 것이라는 점은 잘 알려진 사실이다. 반면에 김정은은 '내가 러시아와 동맹을 맺었어! 이제 북한은 러시아와 동격의 강성대국이야!'라고 세계만방은 물론이고 북한 인민들에게 자랑하고 싶었을 터이다.

어쨌든 그 순간은 김정은에게 잊지 못할 명예로운 자리로 기억될 터이다. 10월 혁명을 통해 한때 세계 공산주의 혁명을 이끌었던 사회주의 진영의 종주국, 러시아와 어깨를 나란히 서서 '우리는 세계 최강'을 선포하는 무대에 서는 꿈은 김정은의 평생 소망이었을 터이다. 김정은은 그런 '위대한 순간(?)'을 사회주의 강성대국을 달성한 증거라며, 영원히 안고 춤추고 싶었을 것이다. 그런 측면에서 김정은의 연출은 꽤 성공적이었다.

사실 국제정치 전문가들 사이에서는 북한과 러시아의 관계가 한층 더 긴밀해질 것이라는 관측이 파다했다. 푸틴의 이번 북한 방문보다 9개월 앞선 2023년 9월 12~17일, 김정은은 러시아 극동 지역을 방문했다. 이때 김정은의 순방 경로가 공개되자, 전문가들 사이에서는 양국 간 군사협력에 대한 예측이 제기되기 시작했다.

왜냐하면 그 당시에 이미 '북한의 탄약, 포탄, 무기가 우크라이나 전장으로 흘러 들어가고 있다.'라는 첩보가 파다했기 때문이었다.

김정은의 순방지는 러시아 극동의 블라디보스토크(Vladivostok)의 전투기 공장, 보스토치니 우주기지(Vostochny Cosmodrome), 하바롭스크(Khabarovsk) 지역의 산업도시 콤소몰스크나아무레(Komsomol'sk-na-Amure)로 드러났다. 이들은 모두 우주로켓 발사 기지, 미사일 혹은 항공기 제조 기지와 같은 러시아의 최상급 군사보안 시설이다. 그런 시설을 타국의 지도자에게 드러내 보였다는 사실은 러시아가 자국의 군사기밀 혹은 첨단 군사기술을 카드로, 북한과 본격적인 거래 협상을 시작했다는 의미로 해석되었다. 사실 전문가가 아니더라도 향후 무슨 일이 전개될지 충분히 짐작이 가는 대목이다.

이러한 정세의 내재적 동인(動因)을 분석하면 다음과 같다. 첫째, 러시아 측의 동인은 전쟁물자의 보급 문제이다. 만약 탄약, 포탄, 무기를 우크라이나에 산개되어 있는 각 전쟁터로 원활히 공급하지 못하면 전쟁에서 패배할 것은 뻔한 사실이다. 그건 푸틴 자신의 목이 달아날 수도 있는 심각한 문제이다. 둘째, 북한 측의 동인은 김정은이 더 이상 북한 주민을 조폭식 강압만으로는 정권을 유지하기 힘든 현실에 직면했다는 점이다. 이른 시일 안에 이들의 식량과 에너지, 경제 수준을 개선하지 못하면 수습하기 힘든 위기 상황이 발생할 수 있다. 한마디로 이를 타파하기 위해서 김정은은 이제 어떤 극악한 일이라도 해야만 하는 최악의 상황에 직면했다는 말이다. 셋째 동인은 구 사회주의 진영 내부의 정세 변화다. 요컨대 김정은과 푸틴이 그동안 자신들의 든든한 뒷배라고 철석같이 믿었던 중국 시진핑(習近平)이, 예상보다 빠르게 미국을 최대한 자극하지 않으려는 유순한 침묵 모드로 태세를 전환한 것이다. 서방의 공세에 질려서인지, 혹은 일시적 전술 변경인지 모르겠지만 시진핑은 북한과 러시아의 곤경을 외면하고 뜨뜻미지근한 소극적 지원으로 체면치레만 하고 있다.

이상의 세 가지 동인을 인식하면 현 정세가 어떤 동적 상태에 있는지를 입체적으로 볼 수 있다. 대미(對美) 전선의 최전방을 사수할 것으로 믿었던 시진핑이 은근히 한 발 빼는 소극적 전략으로 전환한 탓에, 북한과 러시아는 서로 돕지 않는다면 자기들이 국제사회에서 설 자리가 없게 된다는 것을 깨달았다. 이런 절실함의 공유가 새벽 2시의 드라마틱한 무대를 만들어낸 원동력이었다. 어떻게 보면 매우 단순한 정세 흐름이다. 그런데 왜 국제사회는 이제야 겨우 이러한 흐름을 인지하게 되었을까?

## 라스푸티차의 진창에 빠진 푸틴

· · · · ·

국제사회가 위와 같은 변화를 미리 인지하지 못한 결정적 요인 중 하나는, 러시아는 그동안 자타가 공인하는 '세계 3대 군사 강국' 중 하나였다는 사실이다. 이런 환상으로 인해 러시아가 군사력의 기본인 '탄약과 포탄 재고'가 부족한 상황에 맞닥뜨릴 줄은 아무도 몰랐던 것이다. 그런데 러시아-우크라이나 전쟁이라는 뚜껑을 열어보니 러시아 군대의 탄약과 무기 관리 체계는 엉망진창임이 드러났다. 창고에 오랜 기간 쌓여 있던 화약은 습기에 절어 불이

붙지 않을 정도였다. 탄창과 탄알은 녹이 슬었고 포탄은 이력 관리가 전혀 되지 않고 있었다. 포탄의 기폭 장치는 심각하게 손상된 상태였다.

그뿐만 아니라 전쟁물자를 생산할 군수산업은 오랜 부정부패와 비효율로 인해 그야말로 붕괴 직전 상태라는 사실이 드러났다. 군수 예산은 현지 공장에 도착하기도 전에 누군가의 주머니 속으로 사라졌다. 혼자 열심히 일해봤자 아무런 추가적 보상이 없는 상황이었기에, 아무도 애써 일하려 하지 않았다. 이런 사정으로 인해 러시아의 군수산업, 나아가 국가산업은 포탄 하나 제대로 생산하지 못할 정도로 망가져 있었다.

어느 정도 심각하게 망가졌는지는 러시아 민간 용병 기업 바그너(Wagner) 그룹의 수장이자 푸틴의 용병대장으로 유명한 예브게니 프리고진(Yevgeny Prigozhin)의 불평불만이 백 마디 설명보다 훨씬 알아듣기 쉽다. 프리고진은 "포탄과 무기 지원은 하지 않으면서 크렘린(Kremlin)궁의 화려한 책상머리에 앉아서 황당한 공격 명령만 반복하고 있다."라고 모스크바의 러시아 국방부와 군수 담당 장성에게 공개적으로 비난을 퍼부었다. "전쟁 지휘를 말로만 하는 자들 때문에 내 부하 장병들만 속절없이 죽어 나가고 있다."라는 한탄도 이어졌다.[1]

이 갈등은 2023년 6월 러시아 정규군이 자기들을 위해서 목숨 바쳐 싸우는 바그너 그룹 용병들의 철수를 막기 위해 퇴로를 차단하고 공격해왔다는 프리고진의 폭로로 절정에 달했다. 그는 러시아군이 바그너 그룹의 퇴각 경로에 지뢰를 설치했다는 첩보도 폭로했다. 그는 이 모든 일이 전쟁의 승패는 안중에도 없는 정치군인들의 짓이며, 이들은 전쟁의 승리보다 바그너 그룹 세력의 급성장에 제동을 걸기 바쁘다고 주장했다. 러시아 국방부와의 갈등이 격화되자, 마침내 프리고진은 자신의 용병 부대를 이끌고 모스크바 인근까지 진격했다. 비록 푸틴의 설득으로 중도에 멈췄지만, 이 사건은 러시아의 전쟁물자 보급이 얼마나 심각한 곤경에 처해 있는지를 여실히 드러냈다.

나중에 밝혀진 바에 따르면 러시아 군부가 무기와 탄약 공급을 늦춘 것은 프리고진의 주장대로 용병 세력을 꺾기 위해서 일부러 그런 게 아니라, 실제로 전장에 공급할 무기와 탄약의 재고가 바닥났기 때문이었다. 모든 물자가 부족한 상황에서 러시아 국방부는 당연히 용병보다는 정규군에 대한 보급을 우선시했을 터이다. 그러나 프리고진의 눈에는 그런 결정이 너무 야속했을 것이다. 사기가 꺾인 바그너 용병들의 무작정 후퇴를 막기 위해 러시아 국방부는 지뢰 매설보다 더한 일도 했을 법하다.

프리고진의 말처럼 러시아의 전쟁물자 부족 문제는 포탄과 각종 무기에만 국한된 것이 아니었다. 병사들의 식량과 보급품, 전투 식량인 C-레이션에 이르기까지 전반적으로 열악하기 그지없는 수준이라는 사실은 종군 기자들의 눈으로 여러 차례 확인되었다. 이처럼 러시아군의 보유 전력은 점점 줄어들고 있는데, 우크라이나 전선은 아무런 진전 없이 교착상태를 벗어나지 못하고 있었다.

이에 반해 서방은 무기 구매 예산만 확보되면 기쁜 마음으로 무기와 탄약을 끝없이 생산할 기업이 도처에 널려 있다. 그것이 오히려 자유시장경제의 선순환을 촉진하고 있기도 하다. 대다수 군사 전문가와 연구기관은 "서방이 우크라이나 지원을 포기하지만 않는다면 양국 간의 군사적 힘의 균형이 2024년 말부터 2025년 초 사이 많이 바뀔 것"이라고 내다보기도 했다.[2]

푸틴이 이런 정황을 모를 리 없다. 푸틴의 발등에 떨어진 불은 '경제력이 풍부한 서방이 끝도 없이 우크라이나를 지원한다면 그에 대응할 방법이 무엇이냐?'이다. 우크라이나를 지원하는 서방은 최소한 20개국이 넘지만 러시아 주변에는 중국, 북한, 이란 외에는 아무도 없다. 그중에서도 중국의 시진핑은 무기와 전쟁물자의 직접적 지원은 절대 불가하다고 선을 그은 상태다. 이란마저 자기 코가 석 자이니, 손을 벌릴 만한 상대는 북한 김정은밖에 없다. 상황이 이쯤 되면 아무리 푸틴이라도 전쟁의 승리는커녕, 자신이 우크라이나 벌판의 흑토로 짓이겨진 깊은 진흙 수렁인 '라스푸티차'에 빠져 진퇴양난의 신세가 되었음을 진작 깨달았을 것이다. 이 전쟁은 장기 소모전일 수밖에 없다는 말이다.

이즈음 푸틴은 그 준비 작업에 착수한 정황이 여럿 보인다. 그 중 하나는 "우크라이나 전쟁이 발발한 2022년 이래, 러시아는 500만 발의 포탄과 다량의 탄도미사일을 북한으로부터 구매했다."라고 미국 앤터니 블링컨(Antony Blinken) 국무장관이 확인한 것이다.[3] 미국 전략국제연구센터(CSIS, Center For Strategic and International Studies)의 분석기사[4]와 KBS의 2024년 10월 8일 자 보도[5]도 이를 확인하고 있다.

사실 2022년부터 2024년 초까지 약 3년에 걸친 무기 구매라면 그렇게 많은 양은 아니다. 처음에는 바그너 그룹에 의해서, 그 후에는 러시아 정규군에 의해서 소량으로 구매가 이어졌다고 봐야 한다. 그러나 2023년 7월 세르게이 쇼이구(Sergei Shoigu) 러시아 국방장관이 평양을 방문하고 또 1년 뒤인 2024년 6월 19일 푸틴이 직접 김정은을 만난 이후부터는, 북한이 대량으로 무기와 탄약을 러시아에 공급했다고 봐야 한다. 그리고 이를 계기로 양국은 국가 관계를 공식적인 군사동맹으로 격상시키려는 행보를 시작했을 것이다. 이렇게 타임라인을 뽑아보면 푸틴의 모든 움직임이 장기 소모전을 대비한 전략적 포석임이 분명하게 드러난다.

푸틴은 러-북 군사동맹을 체결함으로써, 우크라이나 전쟁을 장기 소모전으로 끌고 나갈 대비를 충분히 했다고 자부할 터이다. 그러나 푸틴의 이 한 수를 제대로 읽지 못한, 한국과 서방 각국의 관변 군사 전문가들은 애써 이 동맹에 별다른 의미를 두지 않으려는 우를 범했다. 김정은-푸틴 조약 체결 당시에도 일각에서는 북한이 결국 우크라이나에 파병할 것이라는 지적이 많았다. 하지만 다른 한편의 군사 전문가들은 아무 근거도 없이 그럴 가능성은 별로 없다는 전망을 쏟아냈다. 심지어 이 협정은 정식 군사동맹이라기보다 준군사협정에 불과하다고 폄훼했다.

누가 사태를 정확히 파악했는지 그 결과는 얼마 지나지 않아 드러났다. 군사동맹 체결 이후 겨우 넉 달밖에 지나지 않은 지난 2024년 10월, 북한의 특수군은 우크라이나 땅에 파병되어 전장을 휩쓸고 있다. 돈과 물자에 목말라 있는 북한과, 우크라이나 벌판에 지뢰처럼 깔린 '라스푸티차'에 빠져 흐느적거리고 있는 러시아를 연결해보면 당연한 귀결이다. 사실 중국이 직접적인 전쟁 지원을 꺼리는 상황에서 러시아가 손에 쥔 카드는 북한밖에 없다. 이란도 소위 '저항의 축(Axis of Resistance, 이슬람 혁명 수비대 등의 군사조직 동맹)'을 갈무리하느라 여력이 없다. 아마도 푸틴과 김정은은 이 문제로 머리를 싸매고 잠 못 이루는 밤을 보내왔을 터이다.

## 북한군 파병: 화학적 결합이냐, 혹은 단순 비즈니스냐?
· · · · ·

여기서 몇 가지 의문이 제기된다. 북한이 무기, 탄약과 같은 물적 자원을 얼마나 장기적으로 공급할 수 있을까? 또 인적 전투지원, 즉 파병은 얼마나 길게 지속될까? 반면에 러시아는 북한의 인적, 물적 자원을 언제까지 돈으로 사들일 수 있을까? 이런 세세한 질문에 하나하나 점치듯 대답하기는 어렵다. 다만, 러시아와 북한이 추구하는 동맹 관계가 진정한 운명공동체 구축을 향한 화학적 결합인지, 아니면 지금 당장 서로 필요해서 맺은 단순 비즈니스 관계인지 판단하기 나름에 따라 마땅한 답이 나올 것이다. 그래서 북한과 러시아, 그들의 본성은 무엇이며 운명공동체 의식을 공유할 바탕이 조금이라도 존재하는지 우선 살펴봐야 한다.

북한은 해방 이후 줄곧 자력갱생의 기치 아래 농업경제 기반의 국가 건설을 추진해왔다. 그런 시대착오적 정책으로 말미암아 오늘날의 북한은 산업 생산능력이 거의 전무한 실패국가, 즉 'failure state'로 전락했으며, 인민들은 절망과 굶주림의 나락으로 내몰렸다. 상황은 점점 더 악화됐고 1996년부터 1999년 사이에 발생한 극심한 식량난으로 인해 최소 30만 명에서 최대 60만 명이 굶어 죽은 사건이 발생했다. 소위 '고난의 행군'이라고 알려진 참화이다. 이 사건은 북한 정권이 국민을 보호하기보다는 그들의 노동력을 수탈하는 악질적인 실패국가라는 사실을 명백히 드러냈다.

식량난은 자연재해거나 인재거나 어쩔 수 없는 측면이 있다고 하더라도 북한 당국은 그들의 국민을 방치했다. 정말 북한 정부가 어떤 구호 수단도 전혀 없었다면 그런 방치도 불가피했다고 할 수 있다. 그러나 가을 낙엽 지듯 길거리에 쓰러져 굶어 죽는 사람들이 속출하자 UN을 비롯한 국제사회에서 많은 구호물자를 보내려 했지만 대부분 북한 당국에 의해서 거부당했다. 한마디로 북한은 인민을 먹여 살릴 능력도 없는 데다, 인민이 굶어 죽어도 책임질 생각조차 없었다. 게다가 다른 지도자를 선택할 자유마저 거세된 국가이다. 그래서 독재에 의한 공포정치와 인민재판, 강제수용소와 인권 탄압, 국제 규범 위반 외에는 국가체제를 유지할 길이 없다. 북한을 악질적인 불량국가, 즉 'rogue state'라고 규정하는 이유다.

고난의 행군 시기에도 그랬지만, 홍수나 태풍 같은 심각한 자연재해 상황에서도 북한은 종종 해외 구호물자나 원조를 대부분 거절한다. 그들이 받아들이는 원조물자는 그것의 배분과 사용처에 대한 보고의무가 전혀 없는 것만 골라서 수용한다. 아사자가 속출하고 다수의 국민들이 굶어 죽을 지경에 처했다면 구걸을 해서라도 그들을 살려야 하는 것이 국가의 상식이다. 그러나 북한은 차라리 굶어 죽으라는 입장을 취한다. 왜 그럴까?

북한은 주체사상 위에 구축된 김일성 유일체제 국가이다. 수령의 혁명사상과 영도만이 북한의 유일한 지배 이데올로기이며 그 기치 아래 당과 사회가 하나처럼 움직일 것을 요구하는 전체주의 체제이다. 따라서 북한은 전근대의 왕, 혹은 조폭 집단의 두목과 유사한 개념의 수령이 대를 이어 세습 외에는 다른 상상을 불허

하는 경직된 사회 구조를 가질 수밖에 없다.

수령 체제는 조직폭력배 집단과 유사한 원리로 작동된다. 수령 주변을 둘러싼 소수의 심복들이 폭력과 공포로 전체 인민을 지배하는 시스템이다. 이들이 무너지면 수령 체제가 무너지고 김정은이 실각하게 된다. 그래서 김정은은 심복들을 모두 평양이라는 특별한 도시에 모아두고 귀족 대우를 한다. 반면에 평범한 지방의 인민은 한평생 평양 구경하기도 힘들게 온갖 규제를 만들어놓았다. 김정은과 그 핵심 권력층은 지방 인민을 모두 굶겨 죽일지언정 평양의 심복들은 배부르게 먹여야 한다. 해외 원조물자가 들어오면 가장 먼저 이들 심복 집단에게 충분히 보급한 후에 우수리를 조금씩 떼어 지방의 고급관료부터 순서대로 나눈다. 이것이 북한을 관통하는 경제원리다.

지방의 빈민들이 더 절박하다고 그들에게 먼저 배분했다간 심복 집단들이 동요한다. 그래서 원조 제공자가 물자의 사용처나 대상을 제한하고 관리 감독하고자 하는 원조는 북한 당국이 받아들일 수 없다. 결국 북한이 가진 유일한 카드는 남한과 미국 그리고 국제사회를 협박해 조공 형태의 물자를 탈취하는 길밖에 없다. 한마디로 약탈국가만이 유일한 활로라는 말이다. 주변 국가보다 절대적 우위의 핵무력을 가졌다면 그런 환상이 현실화될지 모른다. 그러나 아직 핵무력은 미완성 상태이고 그것 때문에 벌벌 떨 이웃국가나 국제사회는 존재하지 않는다.

근데 이 절망적인 동굴에 햇볕이 드는 천재일우의 상황이 발생했다. 바로 러시아 푸틴의 전쟁물자 지원 요청이다. 그동안 땅굴과 창고에서 썩어가던 포탄과 무기를 팔아먹을 기회가 생겼기 때문이다. 사면초가 상황에서 김정은과 푸틴에게 '살려면 함께 하자'는 공통의 니즈(needs)가 생겼다. 물론 이 둘 사이에, 동맹이 가질 법한 '운명공동체 의식'은 있을 리가 없다. 러시아나 북한이나 서로 닮은 실패국가이자 불량국가이다. 자기 살기에 바빠 국가 윤리나 동맹국의 고통을 떠안는 공동체 의식을 가질 여유가 전혀 없다. 각자의 니즈가 북-러 군사협정을 체결하게 유도했고 끝내 파병이라는 넘지 말아야 할 선을 넘어버렸을 뿐이다. 각자의 이익을 좇아서 갈 데까지 가본다는 계산이다.

그렇다면 이 둘 사이의 한계점은 분명하다. 푸틴이 북한으로부터 무기와 탄약 그리고 용병을 계속 사들인다면 그 비용은 천문학적 규모에 달할 터이다. 북한의 용병부대가 러시아 정규군의 지휘체계에 제대로 녹아들기 힘들다는 관측도 있다. 또한 미국, 일본, 한국 등 서방 진영에 포위당해 있고, 한국과 일촉즉발의 대치 관계에 있는 김정은이 얼마나 큰 규모의 무기와 탄약을 러시아로 누출할 수 있을지도 의문이다. 그와 별개로 수많은 북한 청년이 우크라이나의 벌판에서 죽어간다면, 혈육을 잃은 북한 인민의 분노는 김정은의 조폭식 폭압으로도 다스리기 힘들다는 전망도 많다.

결국 북한과 러시아의 관계는 화학적 결합으로서의 동맹이 아니라, 서로 주고받을 목적물이 명확한 비즈니스 관계라는 결론이 나온다. 국가 간 원청과 하청의 관계라고 할 수도 있다. 이념과 가치의 사슬이 아니라 필요와 대가의 사슬로 서로를 묶어놓은 것이다. 서로 주고받을 목적물이 사라지거나 지급불능 사태가 될 경우 이 사슬은 여지없이 끊어질 것이다. 이에 대해서는 이 책의 마지막, 제4부에서 좀더 상세하게 논의하기로 하고 일단 여기서 눈을 중동으로 돌려보자.

## 하마스의 무모한 도발: 슈퍼노바 초막절 집회의 대학살

· · · · ·

우크라이나에서 약간 남쪽으로 눈을 돌려 중동 지역까지 하염없이 내려가면 이스라엘 남부, 붉은 모래와 황무지가 끝없이 펼쳐진 네게브(Negev) 사막의 서쪽 끝자락에 닿는다. 육중한 철책선이 서 있는 그곳에서부터 지중해 연안까지 이어지는 5km 정도의 좁고 긴 해안지역. 그곳이 하마스(Hamas)의 통치하에서 끊임없는 갈등과 불확실성의 삶을 이어가는 딜레마의 땅, 가자(Gaza)지구다.

2023년 10월 7일, 철책선 인근 광야의 조그만 숲속에서는 전날 밤부터 시작된 '슈퍼노바 초막절 집회(Supernova Sukkot Gathering)'의 열기가 새벽까지 이어지고 있었다. 유대교의 구약성경에 따르면 이 일대는 모세(Moses)가 이집트에서 노예로 고통받던 히브리(Hebrews) 백성들을 이끌고 엑소더스(Exodus)한 이후, 약속의 땅 가나안(Canaan)을 최초로 마주한 곳이다. 성경 기록에 의하면, 모세의 무리는 이곳에 당도한 뒤 히브리 열두 지파에서 뽑은 정탐꾼을 보내어, 가나안 정복 가능성을 타진했다고 한다. 하지만 결국 진입할 용기를 내지 못하고, 광야 40년의 방랑을 시작한 곳이기도 하다. 그만큼 이곳은 유대인에게 역사적, 종교적 의미가 큰 땅이다.

그런 맥락에서 슈퍼노바 초막절 집회는 단순한 음악 축제가 아니었다. 그들의 선조인 히브리인들이 겪었던 광야 생활의 고난과 영광으로 엮어진 '초막절 정신'을 되새기기 위해, 신중하게 기획된

종교적인 음악 축제였다.

전야제로 시작된 축제는 다음 날 새벽 햇살이 축제 현장을 밝힐 때까지 이어졌다. 그날 새벽 6시 30분경, 하마스가 발사한 로켓으로 보이는 검은 점들이 아스라이 먼 창공을 날아가는 장면이 포착되었다. 아무도 그것을 그리 심각하게 여기지 않았다. 하지만 그로부터 30분이 채 지나지 않아 하마스가 쏜 로켓탄이 축제 현장으로 유성우처럼 쏟아지기 시작했다. 일단의 하마스 대원들이 영화의 한 장면처럼 모터패러글라이더로 공중에서 들이닥치면서 기관총을 난사했다. 지상에서는 트럭과 지프를 탄 무장 대원들과 모터바이크를 탄 2인조 하마스 대원들의 급습으로 축제의 현장은 순식간에 유혈이 낭자한 난장판으로 변했다.

필사적으로 도주하는 젊은이들을 하마스 대원들은 사슴사냥을 하듯이 하나씩 차례대로 조준 사살했다. 대다수의 사람들은 차 안에서, 그리고 일부는 무작정 도망치다가 피살되었다. 총상을 입고 바닥을 뒹굴던 부상자들은 하마스 대원들에 의해 근접사격으로 처형되었다. 대학살의 현장은 공습 사이렌이 발동된 지 채 한 시간도 지나기 전에 강간, 약탈, 방화, 고문, 인질 납치가 자행되는 아수라 지옥으로 변했다. 이 집회 현장에서만 사망자가 260여 명, 부상자가 1,400여 명 발생하였고 납치된 인질이 44명이었다.

이날 하루의 무차별 기습공격으로 이스라엘 전역을 통틀어 382명의 이스라엘 군인이 목숨을 잃었다. 경찰과 민간인까지 합하면 총 1,269명의 사상자가 발생했다. 그리고 총 250여 명이 인질로 끌려갔다.[6] 이 정도 규모의 테러는 가히 최악의 수준이라고 할 만했다. 하지만 여느 테러와는 달리 하마스는 그런 끔찍한 짓을 저질러놓고도 왜 그랬는지, 무엇을 원하는지 아무 말이 없었다. 온 세상의 이목을 집중시켰음에도 9·11테러 당시와 같은 대중 선동의 징후도 전혀 없었다.

뒤이은 상황 전개를 보면 하마스의 테러 목적은 뭔가 특별한 정치적 요구를 관철하기 위함이 아니라, 이스라엘과의 개전을 앞두고 이스라엘의 무차별 보복을 견제하기 위한 인질 확보가 그 목적이었음을 알 수 있다. 그날 새벽 초막절 집회 현장 너머로 날아가던 로켓탄들은 이스라엘에 대한 전쟁의 신호탄이었고, 하마스에게 슈퍼노바 초막절 집회의 참극은 전쟁을 위한 인질 사냥극에 불과했다. 그리고 인질 사냥을 나선 참에 하마스는 잔혹한 살육을 거침없이 저질러 자신들의 잔인성을 세상에 과시했다. 만약의 경우엔 인질들을 일말의 망설임 없이 죽일 태세가 되어 있음을 만천하에 공포한 셈이다.


## 하마스는 왜?

· · · · ·

사실 하마스는 가자지구의 230만 명에 달하는 팔레스타인인을 실효 지배하고 있는 무장단체일 뿐, 공식적으로 인정받은 국가나 기관이 아니다. 일종의 테러단체인 셈이다. 따라서 타국을 상대로 전쟁을 선언할 자격도 없다. 그저 이란의 지원으로 명맥을 유지하며 동족의 고난에 기생해서 근근이 살아가는 '무장 조폭 단체'라는 말이 가장 정확한 표현일 것이다. 핵무기를 보유한 이스라엘과는 비교조차 어려운 상황으로, 이스라엘을 코끼리라고 한다면 하마스는 모기에 비견되어도 무방할 만큼 왜소하다. 그럼에도 불구하고 왜 모기만 한 하마스가 코끼리만 한 이스라엘을 상대로 생사결전의 싸움을 걸었을까? 이 질문이 중요한 이유는 이에 대한 답을 찾는 과정에서 현 세계정세에 대한 많은 통찰을 얻을 수 있기 때문이다.

답을 찾기 위해 먼저 몇 가지 팩트를 명확히 짚어보자. 첫 번째 팩트는 오늘날의 국제관계를 장기판에 비유하자면 하마스는 '졸(卒)' 혹은 '병(兵)'에 해당한다. 장기에서 '졸' 혹은 '병'은 상대의 강한 기물인 '차(車)', '마(馬)', '상(象)' 등의 움직임을 방해하거나 막는 데 사용된다. 또한 상대의 강한 기물을 유인하는 미끼나 상대의 진형을 뚫고 들어가기 위한 사석(捨石, 더 큰 실리를 얻기 위해 버리는 돌)으로 활용된다. 요컨대, 장기판의 '졸' 혹은 '병'은 일견 미약해 보이지만 전략적으로 중요한 위치를 통제하거나 상대의 공격을 막기 위한 포석으로 전술적으로 매우 중요한 가치를 지닌다. 하마스의 용도가 바로 그렇다. 모기가 코끼리에게 맞짱을 선포한 황당한 수수께끼를 풀기 위해서는 이러한 사실에서부터 출발해야 한다.

두 번째 팩트는 하마스가 애초부터 장기 게릴라전을 획책했다는 점이다. 이는 영국 국제전략문제연구소(IISS, International Institute of Strategic Studies)의 2023년 10월 10일 자 보고서가 잘 말해준다. IISS는 10월 7일에 있었던 하마스의 공격(Oct. 7 공격)이 처음부터 인질과 민간인을 방패 삼아 장기전을 치르겠다는 하마스의 치밀한 작전이었다고 분석했다.

하마스는 이스라엘의 대규모 보복을 충분히 예상했고, 그 대책으로 인질 납치, 지하터널과 비축 창고 구축 등 철저한 대비를 했다. 여기서 놀라운 점은 하마스가 이스라엘 인질을 납치하는 것 외에도 가자지구의 민간인 전체를 볼모로 삼았다는 점이다. 특히 하마스는 민간 병원 지하에 벙커를 설치한다든가, 민간인 밀집 지역에 무기고를 배치하는 등의 전술을 펼쳐 동족인 팔레스타인 민간인도 방패로 삼아 싸울 작정이었다. 이스라엘 정부가 보복공격을 감행하더라도 민간시설을 함부로 공습할 수는 없을 거라는 계산이었다.

세 번째 팩트는 하마스가 잔혹한(?) 여론전을 펼쳤다는 사실이다. 하마스는 전투 과정에서 의도적으로 자기가 보호해야 할 대상인 가자지구의 민간인 피해를 유도하고, 이를 과장해서 선동하는 전술을 썼다. 미국의 대표적인 공영 뉴스 프로그램인 PBS News에 따르면, Oct. 7 공격 이후 1년이 지난 2024년 10월 말까지 가자지구의 팔레스타인인과 하마스의 피해는 사망자 약 4만 2,000명, 부상자 약 9만 7,166명이다. 그리고 가자지구는 남아 있는 건물이 거의 없을 정도로 궤멸적인 피해를 입었다고 한다.[7] 가자지구 전체 인구 230만 명의 2%에 육박하는 주민이 사망한 셈인데, 그중 상당수가 민간인으로 많은 여성과 아동들이 포함되어 있다.

이러한 사실이 UN(United Nations, 국제연합)과 UNRWA(United Nations Relief and Works Agency, UN 팔레스타인 난민구호사업기구) 그리고 각종 친(親)이슬람 언론 네트워크를 타고 전 세계에 전파되자, 국제 여론은 이스라엘을 극렬히 비난하는 방향으로 선회했다. 민간인 살상의 책임을 지라는 것이다. 그 결과 코끼리는 두 손 두 발 다 묶이고 모기와의 싸움은 교착상태에 빠졌다. 모기와 코끼리 사이에, 말뿐인 인질 석방과 정전 협상만 간간이 오갈 뿐 아무런 진전이 없다.

게다가 코끼리 부족의 두 거인, 미국 대통령 조 바이든(Joe Biden)과 이스라엘 총리 베냐민 네타냐후(Benjamin Netanyahu)는 팔레스타인을 어떻게 처리할지를 두고 서로 엇박자를 냈다. 두 마리 코끼리가 모기 한 마리를 처리하지 못해서 티격태격하는 셈이다. 이는 곧 하마스가 이스라엘의 적극적 대응을 봉쇄하고 미국과 이스라엘을 이간시키는 데 성공했다는 뜻이다.

마지막으로 네 번째 팩트는 하마스가 미국 전력의 상당 부분을 중동 지역에 묶어두는 데 성공했다는 점이다. 황당할 정도로 무모한 하마스의 도발은 이후 장기적인 교착전선(frozen frontline)을 구축해 이스라엘과 미국 전력 일부를 중동의 오일필드에 묶어두려는 특수한 정치적 목적을 띠고 있었고 그 목적을 달성한 듯 보인다. 앞서 봤듯이 하마스는 이스라엘을 상대로 장기 게릴라전을 획책했다. 그러나 아무리 간이 배 밖으로 나온 모기라 할지라도 아무 뒷배 없이 그런 무모한 작전을 꿈꿀 리가 없다. 배후는 자연스레 드러났다. 애초 짐작한 대로 이란이 하마스의 직접적인 배후였다. 시간이 지나면서 하마스에 대한 이란의 노골적 통제와 지휘가 목격되었다. 하마스 외에 헤즈볼라(Hezbollah)와 후티(Houthi) 같은 이슬람 무장단체가 오랜 기간 이란의 군사적 지원과 통제를 받아왔다는 사실을 고려해보면 뻔한 전말이었다. 한 발 더 나가 생각해보면, 이란이 유일한 뒷배 국가가 아니라는 사실도 짐작할 수 있다. 오랜 기간 이란의 우호국으로서 그 뒷배를 봐준 나라가 러시아이기 때문이다.

'Oct. 7 공격'으로 불리는 하마스의 도발이 세계정세에 미친 영향력은 실로 엄청나다. 모기 한 마리가 코끼리 콧잔등을 한 방 쏘고 만 정도의 일이 아니었다. 첫째, 무엇보다 하마스의 도발은 중동에 평화를 정착시키고자 2020년부터 추진돼온 미국과 이스라엘의 '아브라함 평화협약(Abraham Accord)' 체결을 무산시켰다. 이스라엘은 미국 도널드 트럼프(Donald Trump) 대통령의 중재로, 아랍에미리트(UAE), 바레인, 모로코 등과 협약을 체결하고 관계를 정상화한 데 이어 2024년 사우디아라비아와 친선 외교관계를 맺을 예정이었다. 그런데 이런 중요한 외교적 성과가 Oct. 7 공격으로 인해 무기한 연기 혹은 철회된 셈이다.

아브라함 평화협약은 이슬람과 이스라엘의 공식적인 평화협약이라는 점에서 기념비적인 일이었다. 하지만 전체 이슬람 세력을 포괄하지는 못한 상태였다. 시아파 이슬람(Shia Islam) 국가인 이란과 그의 추종 세력인 시리아, 헤즈볼라, 후티 그리고 이라크와 바레인 민병대와 팔레스타인은 다른 생각을 가지고 있었다. 이들 시아파 이슬람 국가들은, 친서방 수니파 이슬람(Sunni Islam) 국가인 사우디아라비아와 그를 따르는 아랍 국가들이 미국 및 서방 세력들의 손을 잡으려는 시도를 그대로 방치할 리가 없다. 이러한 정황이 수니파이지만 정치적 이해관계 때문에 이란을 추종하는 하마스와 이란의 행동을 촉발시킨 내재적 동기일 것이다.

둘째, 이스라엘-하마스 전쟁으로 인해 미국과 유럽의 전력과 외교 자원, 그리고 경제적 자원이 우크라이나와 이스라엘로 분산되었다. 당연히 우크라이나에 관한 인적·물적 지원은 큰 폭으로 줄어들 수밖에 없었다. 결국 하마스-헤즈볼라-후티-이란 연합전선의 도발이 이스라엘-미국-NATO(North Atlantic Treaty Organization, 북대서양조약기구)를 중동의 소용돌이로 끌어들이는 성과를 낳은 셈이다. 한마디로 최소 비용으로 서방 진영의 우크라이나 지원을 약화시키는 최대 효과를 거둔 전략이었다.

한편, 북한은 이를 틈타 중동의 친이란계 국가와 군사조직에 본격적으로 무기를 판매하기 시작했다. 게다가 러시아 또한 북한으로부터 공격용 무기를 대놓고 제공받기 시작했다. 이로써 반(反)서방 네트워크가 완성된 셈이다. 그리고 세계 정치는 자유주의 대 권위주의의 양대 진영의 신냉전 체제로 완벽하게 갈라졌다. 결국 중동에서 튄 불똥이 우크라이나는 물론 세계 정치에 큰 영향을 준 계기가 된 셈이다.

셋째, 이스라엘-하마스 전쟁은 오일필드인 중동의 불안정성을 극대화시켜, 글로벌 에너지 시장에 상당히 심각한 악영향을 미쳤다. 특히 미국과 유럽 등 서방 진영의 피해는 중국과 러시아 진영보다 훨씬 더 컸다. 러시아-우크라이나 전쟁으로 인해 러시아산 에너지 공급이 불안정해진 상황에서 중동이 원유 생산을 늘리는 것을 거부하자, 2022년 6월 미국의 휘발유 가격은 갤런(gallon)당 약 5.01달러로 사상 최고치를 기록했다. 반면에 중국과 러시아, 이란 등 권위주의 진영은 다수의 원유 생산국을 포함하고 있다는 강점을 지니고 있다. 하마스라는 모기 한 마리가 유전 지대에 과감히 불을 지펴 세계 에너지 시장을 뒤흔들 수 있는 이유이기도 하다.

마지막으로, 이스라엘-하마스 전쟁은 국제사회에서 새로운 합종연횡과 진영 간의 대립을 촉발했다. 러시아와 중국은 미국과 이스라엘을 비난하고 이란과 하마스를 지지함으로써, 이 국가들에 대한 영향력 확대를 시도하고 있다. Oct. 7 공격 이후 국제사회에서 전개된 양상을 보면, 중국과 러시아가 아랍과 이슬람 세력의 지지를 등에 업고 UN과 산하단체, 여타 다양한 국제기구들의 리더십을 상당 부분 흡수했음을 알 수 있다. 이는 국제기구의 의사결정 과정에서 대립과 갈등의 골을 더욱 깊게 만들고 있으며, 특정 사안에 대한 합의 도출을 어렵게 만들 것이 자명하다. 그로 인해 UN 등의 국제기구 및 비국가 민간기구의 기능과 역할은 급격하게 축소될 수밖에 없다.

## 세계는 지금 불량국가 전성시대
· · · · ·

구냉전 이후 세계화의 물결 아래 지속되던 평화의 시대는 이제 막을 내렸다. 그리고 불량국가의 전성시대가 도래했다. 사실 이는 세계화는 비교도 안 될 정도로 더 거대한 물결인 문명의 전환과 무관하지 않다. 왜 그럴까?

한 문명이 다른 문명으로 전환한다는 말을 선뜻 이해하기 쉽진 않지만 인류는 끊임없이 변화하는 문명 속에서 살아왔다. 예를 들어 석기문명이 청동기문명으로, 청동기문명은 철기문명으로, 이후 풍력, 수력과 같은 자연력에 의지한 수공업문명을 거쳐 증기기관의 발명과 함께 자연의 변화와 상관없이 일 년 열두 달 운전하는 기계문명으로 바뀌었다. 그런 뒤 내연기관이 발명되고 휘발유나 디젤, 그리고 전기를 이용한 첨단 디지털문명으로 인류 문명은 계속 변해왔다. 이렇게 보면 인류 역사에 있어서 문명의 전환은 특별한 사건이 아니라 전 역사를 관통하여 항상 존재했던 보편적 현상이라 할 수 있다.

　문명 전환의 속도도 고대에는 몇천 년에 걸쳐 서서히 변화하는 양상에서 근대에 들어서는 점점 더 급박해지고 있다. 예를 들어 1890년대의 뉴욕은 우마차만 다니던 도시였다. 불과 20년 만인 1910년대에 들어서자 뉴욕은 우마차 대신 자동차로 가득한 도시로 탈바꿈했다. 이렇게 자동차와 기계산업이 급속히 전파되자 농촌 사람들은 일자리를 구해 도시로 몰리고 사람들의 인식과 세계관, 생활양식도 급격히 변화했다. 농촌 경제와 가부장적 대가족제에 익숙하던 집단 공동체적 인간들이 도시의 환경에 적응해 점점 더 독립된 개체인 '개인'으로 살아가기 시작했다. 가부장이란 단어는 이제 사전 속에나 존재하는 말이 되었다. 이 모든 엄청난 일이 몇만 년의 기나긴 인류 역사 속에서 최근 100여 년 동안에 일어났다.

　마찬가지로 퀀텀문명은 아마도 인공지능(AI), 퀀텀컴퓨팅, 바이오(bio), 그리고 핵융합 에너지 산업의 주도로 도래할 것으로 예상된다. 기존의 핵심 주류 산업인 디지털 반도체 산업은 퀀텀칩 산업에 그 자리를 내줄 것이다. 국가안보, 금융, 군사용 암호체계에 이르기까지 디지털 코드는 해체되고 질적으로 전혀 다른 퀀텀 기반의 시스템으로 바뀔 터이다. 사람보다 더 똑똑한 인공지능 기반의 로봇과 함께 대화하고 생활하는 삶이 우리의 일상이 될 때가 머지않았다. 예컨대, 로이터(Reuters), 인베스토피디아(Investopedia), 뉴욕포스트(New York Post)는 테슬라(Tesla)의 일론 머스크(Elon Musk)가 자사에서 개발 중인 휴머노이드 로봇인 옵티머스(Optimus)를 2025년부터 내부용으로 소량 생산하고 2026부터 일반 상업용으로 대량 생산에 들어가겠다고 말했다고 대대적으로 보도한 바 있다.[8] 이 책은 이러한 '문명의 탈바꿈 현상'을 퀀텀모프라고 말한다.

문명의 전환은 낡은 것에 대한 창조적 파괴와 새로운 시스템의 혁신적 건설이 동시에 진행되는 복잡한 과정이다. 그 양상이 평화롭고 순조롭지만은 않을 것이다. 어떤 경우에는 혼란스럽기도 하고 폭력적이거나 통제불능일 수도 있다. 문명의 전환 과정에서 퀀텀모프 현상의 주도권과 패권을 장악하는 국가가 다음 세대의 세계질서를 좌우할 패권국이 될 것이다. 퀀텀문명으로의 전환 과정은 퀀텀모프 패권 장악을 위한 필사적인 경쟁의 장일 수밖에 없다. 필연적으로 그 과정은 군사적 긴장과 진영 간의 대결로 가득한 험난하고 불안정한 시기일 수밖에 없다.

그렇기 때문에 이와 같이 혼란스러운 전환기에는 조금이라도 유리한 고지를 차지하기 위해 세력 간의 합종연횡이 폭발적으로 증가한다. 약자는 강자에게 손을 내밀고, 강자는 좀더 강한 진영을 만들기 위해 찬밥 더운밥 가리지 않고 손을 잡는 야만의 시대가 반복된다. 이런 맥락에서 북한-러시아 군사협정 체결과 이란-하마스-헤즈볼라-후티의 연대를 해석하면 답이 나온다. 그 이유는 이와 같은 전환기의 혼돈으로 인해 이들의 활동 여지가 커지고 있기 때문이다.

이러한 이유 때문에 소위 '불량국가의 전성시대'가 도래하고 있다. 이들은 급격히 변모하는 국제정세 속에서 기존 강대국의 틈새를 파고들어 자신들만의 전략을 펼치며 영향력을 확대하고 있다. 북한-러시아 군사협정은 동북아시아의 안보 불안정을 높이고, 중국과 미국 간의 권력 대결 속에서 제3의 축으로 작용한다. 국제관계에서 완전히 외톨이로 고립되었던 북한이, 불량국가들의 전장에서 최고의 무기 공급상이자 용병 국가로 각광받는 현실이다.

문명 전환 현상은 쓰나미처럼 전 지구촌을 휩쓸 것이다. 늦고 이른 차이는 있겠지만 문명 전환의 충격에서 예외인 국가나 지역은 없다. 그런 시각에서 보면 남미나 아프리카에서도 불량국가의 전성시대가 도래하지 말라는 법은 없다. 중동과 마찬가지로 지역 내 갈등이 존재하고 국제적 경제제재를 받는 상황에서 외부 세력의 지원이라는 촉발 요인이 작용한다면 남미형 혹은 아프리카형 불량국가의 출현은 얼마든지 가능하다. 실제로 러시아와 중국은 남미와 아프리카에서 자신들의 지지세를 강화하고 있고, 이런 움직임은 일부 지역에서 이미 가시적으로 나타나고 있다.

결국 불량국가나 불량 무장조직의 활성화는 미국과 서방 진영에 비해서 군사, 기술, 경제력이 열세인 러시아와 중국이 자기 진영의 세력 확충을 위해서 연합전선을 구축하는 과정에서 만들어지기 시작했다. 불량국가와 비국가 무장단체들은 자신들의 약세를 극복하고 정치적, 군사적 목적을 달성하기 위해, 자기 진영의 강대국을 중심으로 결집하고 있다. 그 탓에 세계는 서방 진영과 반서방 진영으로 이합집산하는 중이고 지구촌은 급격히 진영 간의 세력 대결의 장으로 변해가는 중이다.

이런 현상들은 외교적 고립, 경제적 제재라는 전통적인 서방의 대응전략이 더는 유효하지 않게 만들었다. 진영 간의 거대하고 불확실한 전 지구적 전선 형성은 새로운 대립 양상이며, 기성 세계질서에 또 다른 변수를 제공한다. 이는 단순히 불량국가들의 전성시대라는 표현을 넘어서서, 그들이 세계질서 재편의 주체로 나서고자 서방 진영과 결사 대결하는 위험까지 무릅쓰고 있음을 시사한다.

이러한 국면에서 새로운 질문이 떠오른다. 퀀텀문명으로 전환하는 과정에서 불량국가와 이들 세력은 어떤 역할을 하게 될까? 기성 세계질서에서 이미 주도권을 잃고 아류에 속한 불량국가와 그들의 진영에 속한 국가들은 이미 일정 수준 널리 퍼진 대량살상무기를 수단 삼아 국제무대에서 위협을 가할 수도, 국제적 정세의 변화에 따라 역사의 뒤안길로 사라질 수도 있다. 불량국가의 전성시대가 지속되고 점차 그들 진영이 득세하게 될지, 아니면 퀀텀문명으로 가는 퀀텀모프의 과정에서 기술 격차와 경제력의 약세로 인해 별다른 격변 없이 새로운 질서로 흡수될지는 아직 아무도 모른다. 진영 간의 피 튀기는 퀀텀모프 패권 대결, 즉 신냉전의 이야기는 이제 시작일 뿐이다.

# 제2장

## 신냉전의
## 지정학과 지경학

### 문명 전환과 신냉전은 동전의 양면
· · · · ·

에번 오스노스(Evan Osnos)가 주장하듯, 우리는 지금 중국이 단순히 지역적 영향력 향상을 넘어, 글로벌 차원의 영향력 확보를 추구하는 장면을 목격하고 있다. 미국이 20세기를 주물렀듯이 중국은 21세기를 주도할 주역이 되고자 한다. 이러한 패권 확보를 위한 경쟁은 전 지구적 규모로 전개되고 있으며, 베이징 당국은 다음 10년 안에 경쟁의 결과를 알 수 있는 결정적 단계가 도래할 것으로 믿고 있다. 세계는 지금 다가오는 새로운 시대의 초기 단계에 서 있다.[1]

정치학자 러시 도시(Rush Doshi)는 자신의 저서 《기나긴 게임(*The Long Game*)》(2021)에서 한 치 앞도 가늠하기 힘든 최근의 지구촌 풍경을 이렇게 묘사했다. 2020년대 들어 세상은 경제, 정치, 군사,

외교의 영역을 막론하고 한꺼번에 예기치 못한 혼돈의 늪에 빠져들고 있다. 마치 약속이나 한 듯이 거의 동시에 극동의 아시아-태평양 지역에서는 미국과 중국 간의 대립이 강화됐고, 유럽에서는 러시아-우크라이나 전쟁이 발발했으며, 중동에서는 이스라엘과 저항의 축 간의 대치 전선이 구축되었다.

1989년 베를린 장벽이 무너지고 구냉전이 종식된 후, 30년이 조금 넘는 기간 동안 평화의 시대가 유지되긴 했으나, 어느새 3개의 '얼어붙은 전선(frozen war front)'이 마치 굵다란 흉터처럼 지구 행성에 새겨졌다. 신냉전 국면에 깊숙이 진입했다는 증거이다.

냉전은 말 그대로 차가운 전쟁이다. 가끔 국지적 무력충돌이 일어나기도 하지만 그것이 냉전의 본질은 아니다. 전쟁의 근원적인 목적이 영토 점령이나 주권 침탈에 있는 것이 아니기 때문이다. 냉전은 체제의 우월성을 다투는 전쟁이다. 세계질서를 누가 지배할 것인가를 목적으로 하는 전쟁이다. 무력보다는 세력의 대결, 한바탕 치고받고 결판내는 단기전이 아니라 기나긴 소모전이다.

신냉전도 체제경쟁이라는 측면에서 구냉전과 본질적으로 유사하다. 하지만 신냉전을 '구냉전의 부활'이라 일컫지 않고 '새로운 냉전'으로 구분하는 데는 이유가 있다. 과거 미-소 간의 구냉전과는 질적으로 다른 목적으로 다투기 때문이다. 구냉전은 공산혁명을 지향하는 전체주의적 공산주의 이데올로기와 자유주의 시장경제 체제를 지키려는 자본주의 이데올로기의 대립이었다. '이데올로기의 우월성을 증명'함으로써 전 세계에 자신과 동질적인 이데올로기 국가를 최대한 확장하고자 함이었다. 물론 세계질서의 주도권 확보와 패권 장악이 최종 목적이었지만 그보다는 이데올로기의 우월성이 투쟁의 전면에 내세워졌다.

반면에 신냉전은 이데올로기 다툼이 아니다. 그보다는 누가 초지능 미래 먹거리 산업을 선점하고 다가올 퀀텀문명을 지배할 것인가를 다투는 총성 없는 전쟁이다. 대결의 구도는 대체로 서방과 반(反)서방 진영으로 나뉘지만, 기본적으로 먹거리 싸움인 탓에 진영 내부적으로도 각자도생의 경쟁과 알력이 병존한다.

앞서 봤듯이 러시 도시는 이런 혼돈 상태가, 그동안 미국이 주도해온 자유주의적 세계질서를 뒤엎고 자기들이 주도하는 권위주의적 세계질서를 구축하려는 중국의 도전 때문이라고 규정한다. 또한 이러한 총성 없는 전쟁이 글로벌 차원에서 구냉전보다 더 복잡하고 이질적인 양상으로 전개되어 이 정세를 신냉전이라고 규정한다. 러시 도시는 미-중 간의 갈등에서 누가 이기든 기존의 낡은 세계질서는 해체되고 그 자리를 새로운 질서가 대체할 것이라고 주장한다. 바꿔 말하면, 오늘날의 세계는 낡은 질서에서 새로운 질서로 나아가는 전환기의 터널을 지나는 중이다.

큰 흐름에서 볼 때 이 책도 러시 도시의 견해에 동의하지만, 이 시대의 본질을 오로지 '정치 군사적 신냉전 국면'만으로 규정하지는 않는다. 이 책은 러시 도시가 "낡은 질서의 해체 뒤에 오는 새로운 질서"라고 얼버무린 것을 '문명의 전환'이라는 개념으로 명시했다. 신냉전 국면이라는 파괴적 양상과 퀀텀문명의 도래라는 창조적 건설은 서로 무관하게 보이지만 동전의 양면처럼 떼어내서 설명하기 힘들 정도로 서로 밀접하다. 이 책은 이러한 관점에서 디지털에서 퀀텀으로 문명이 전환되며 발생하는 창조적 파괴의 과정인 '퀀텀모프'를 신냉전의 본질로 본다. 이것이 현재의 세계정세를 분석하는 이 책의 기본 관점이다.

## 신냉전의 본질은 퀀텀모프 패권 투쟁

· · · · ·

2024년 10월 28일, 미 재무부는 미국 기반 개인과 기업에 대해, 중국의 첨단기술 개발 투자를 방지하기 위한 새로운 규정을 최종적으로 확정했다. 미국의 국가안보에 관련된 첨단 전문지식과 장비에 대한, 베이징의 접근을 차단하려는 목적이다. 특히 첨단 반도체 및 마이크로전자공학과 이를 제작하는 데 사용되는 장비, 퀀텀컴퓨팅 기술, 인공지능 시스템이 그 대상이다. 이 규칙은 퀀텀컴퓨팅 분야에서 더 광범위하게 적용되며, '퀀텀컴퓨터의 개발이나 생산에 필요한 핵심 부품이 관련된 모든 거래'뿐만 아니라 다른 퀀텀시스템의 개발까지 금지하고 있다.[2]

2024년 10월 29일, 미 국무부가 운영하는 국제방송 VOA(Voice of America)를 비롯해 AP(Associated Press), 로이터, 니케이(Nikkei) 등 유수의 통신사는 일제히 미국 재무부의 대(對)중국 조치를 일제히 보도했다. 규제 내용과 그 명분이 세간의 관심을 끌었기 때문이다. 사실 미국이 첨단 반도체 핵심기술을 국가안보 관련 사안으로 규정하고, 그에 대한 접근권을 제한하고자 하는 움직임은 2022년부터 있었다.

또한 미국 기업의 첨단 반도체 기술에 대한 중국의 접근권 제한이라고 밝혔지만, 사실상 여타의 대다수 국가에도 적용되는 '첨단

반도체 핵심기술 거래에 대한 금지 혹은 불허 원칙'을 완곡하게 표현한 것일 뿐이었다. 미국은 이러한 규제 방침에 자국의 기업뿐만 아니라 동맹국의 기업에도 동참하도록 요청했다. 대표적 사례로, 네덜란드의 반도체 노광장비 제조업체 ASML이 극자외선 리소그래피(EUVL, Extreme Ultra-Violet Lithography)를 중국에 수출하지 못하도록 금지하였다. 그 결과 중국은 2~3nm(나노미터)급 고성능 반도체 생산능력을 상실했고, 인공지능, 퀀텀컴퓨팅 등 첨단기술의 개발에도 큰 차질을 빚게 되었다.

미국은 중국뿐만 아니라 동맹국에 대해서도 미국의 첨단 반도체와 핵심기술에 대한 접근을 제한하는 조치를 취했다. 미국 상무부는 2022년부터 퀀텀컴퓨팅 관련 기술의 수출, 특정 인공지능 기술 및 생명공학 관련 특허와 지식의 전수나 공유에 대해, NATO 회원국 또는 특정 동맹국에 한정하여 제한적으로만 허용하도록 규제했다. 심지어 미국은 관련 분야의 유학 비자를 규제하여 대학 교육을 통해서도 관련 지식이 전파되지 못하게 제한하고 있다. 미래 먹거리 산업을 지배할 첨단기술에 대한 타국의 접근을 제한시키는 미국의 규제는 이 정도로 강력하고 심각하다.

이러한 사정으로 중국 최대의 메모리칩 제조업체인 YMTC(양쯔메모리테크놀로지)는 2023년도에 완공 예정이던 제2 공장과 연구개발센터 건설을 지연시킬 수밖에 없었고, 그에 더하여 10% 이상의 인력을 감축하고 신규 채용을 중단하는 어려움까지 겪었다.[3] 또 중국 최대 파운드리 기업인 SMIC(중국반도체제조국제공사)도 2023년 연간 연결 매출이 전년 대비 13% 감소하고 순이익도 50% 감소했다고 밝혔다.[4] SMIC의 이익이 대폭 감소하는 가운데서도 중국 정부는 높은 수준의 투자를 지속하고 있는데, 미국의 대중국 반도체 규제에 대항하기 위한 고육책이라고 보는 견해가 많다.

겉보기엔 무력충돌과 세력 대결처럼 보이는 신냉전의 이면에는 이렇듯 조용하게, 그러나 거센 흐름으로 미래 먹거리 선점과 관련된 퀀텀모프 패권전쟁이 벌어지고 있다. 이데올로기가 아니라 차세대 퀀텀문명을 지배할 퀀텀기술을 선점하고 시장을 독점적으로 장악하기 위한 피 튀기는 경쟁이다. 어찌보면 전면에 드러난 무역 관세전쟁이나 대만문제를 둘러싼 무력시위보다 이것이 더 신냉전의 본질에 가깝다. 이런 경쟁은 미국과 중국의 일대일 대결에서 시작해, 점차 세계 전체가 서방 대 반서방 양 진영으로 갈라지고 서로 간에 진흙탕 싸움으로 번져가고 있다.

이렇듯이 지정학적(geo-politics) 신냉전의 이면에는 이와 같은 지경학적(geo-economics) 전선이 펼쳐져 있다. 지정학적 전선과 달리, 지경학적 전선에서는 적과 아군을 구분하기가 힘들다. 미국, 중국, 러시아는 물론이고 EU, 일본, 호주, 한국을 포함한 세계 각국은 서로를 경쟁국으로 겨냥하고 총성 없는 전쟁을 치르고 있다. 특히 미국과 중국의 갈등은 점입가경이다. 관세장벽이나 보호주의 정책은 물론이고 체제 선동, 정치 군사적 위협을 서슴없이 행사한다. 이들은 미래 첨단기술 산업에 대한 패권을 선점하고 자국 산업을 육성하기 위해서라면 체면 불고하고 억지를 써서라도 상대를 제압하고야 말겠다는 태세다.

실제로 미국은 그전까지의 관례에 비해 비현실적으로 높은 관세를 중국 제품에 부과하고 있고 이를 더욱 높일 전망이다. 또한 중국의 첨단기술 절취 행위가 심했던 측면이 있지만, 미국은 자국의 첨단산업에 대한 중국 기업과 중국인의 접근을 과민하게 보일 정도로 강하게 차단하고 있다. 산업스파이의 첨단기술 해외 무단반출에 대해서 간첩행위에 준하는 중형으로 처벌하는 등 단호하게 대처하고 있다.

반면에 중국은 '중국제조 2025'라는 기치를 내걸고, 2025년 무렵에는 중국 제품 없는 세상은 상상할 수조차 없을 만큼, 글로벌 제조업의 주도권을 확보하겠다는 뜻이다. 최근에는 또 '중국표준 2035'라는 기치를 내걸고 2035년까지 중국의 기술 표준이 세계의 기술 표준이 되게 하겠다는 야심찬 계획을 추진 중이다. 두말할 나위 없이 중국은 미국의 세계시장 지배에 대해 도전장을 내민 셈이다.

미래 문명? 첨단기술? 미래 먹거리 산업? 사실 이런 말들은 지금 우리 일상과는 관계없는 '그들만의 이야기'처럼 들린다. 하지만 전문가들은 적어도 2030년대 후반이면 인류는 지금과는 전혀 다른 양상의 퀀텀문명에서 살게 될 것이라고 전망한다. 이런 여러 팩트를 종합해보면 중국이 내민 도전장은 결국 러시 도시가 논했듯이 '다가오는 새로운 시대의 초기 단계'에서 새롭게 전개될 21세기 퀀텀문명의 패권을 장악하기 위한 것임이 분명해진다. 그리고 그것이 미-중 갈등을 비롯한 신냉전의 본질이다.

세계적인 컨설팅 업체 맥킨지(McKinsey & Company) 보고서는 "특히 화학, 생명과학, 금융, 모빌리티 네 분야에, 퀀텀컴퓨팅 기술이 우선적으로 영향을 미칠 확률이 높다."라고 전망했고 2035년까지 퀀텀컴퓨팅 기술이 창출할 시장은 최대 2조 달러에 달할 것이라고 예측했다. 또한 인공지능을 비롯해 바이오, 핵융합 에너지 등도 정도의 차이는 있겠지만, 각각 그 이상의 신규시장을 창출할 것으로 전망했다.[5] 이러한 초지능 첨단기술이 직접적으로 창출하는 시장 규모 외에, 각 산업 분야에 응용되어 발생시키는 시장 규모까지 따져보면 2030년대 후반의 인류는 현재의 디지털문명과는 전혀 다른 퀀텀문명에서 살아갈 것이 분명하다.

앞에서 구글의 퀀텀칩 월로우에 관해 언급했는데, 실제로 2024년 후반기부터 미국 증권시장을 중심으로 퀀텀컴퓨팅 투자 열기가 불붙으면서 퀀텀화, 즉 퀀텀모프 현상이 본격적으로 시작됐다. 이 불길은 기존의 디지털 사회와 문화를 빠르게 해체하고 2030년 중후반이면 인류의 모든 것을 퀀텀문명으로 변태시킬 것이다. 그때쯤이면 인류는 디지털에 관한 기억을 과거의 기록에서나 되새기게 될 터이다.

돌아보면 인류는 1990년대에 윈도우95로 상징되는 정보혁명의 시대를 맞이해 아날로그 시대를 마감하고 디지털 시대를 시작했다. 한국에서도 집 전화기밖에 모르던 아날로그형 인간들이 순식간에 저마다 삼성애니콜을 들고 다니게 되면서 공중전화 부스가 길거리에서 사라진 것이 2000년을 조금 지난 시점이다. 2010년대부터는 장소를 가리지 않고 컬러풀한 영상통화를 즐길 수 있는 스마트폰 시대가 본격적으로 열렸고, 오늘날 디지털문명은 최고 정점을 지나고 있다. 아날로그형 인간이 디지털형 인간으로 변화하는 데 불과 20여 년밖에 걸리지 않은 셈이다. 마찬가지로 지금부터 10~15년 후에 인류는 디지털폰이 아니라 퀀텀폰 시대를 살고 있을 것이다. 요컨대 퀀텀문명은 아직도 요원한 미래가 아니라, 이미 디지털문명이 해체되고 퀀텀문명으로 이행하는 퀀텀모프 전환

기의 문턱을 넘어섰음을 우리는 자각해야 한다.[6]

## 문명 전환기의 특성

. . . . .

어떤 시대든 문명 전환기에는 그 시대의 핵심 먹거리 기술을 선점한 국가가 해당 산업뿐만 아니라 시대정신과 문명의 주도권까지 장악해왔다. 대표적인 예로 18세기 영국의 경우 면방직 산업을 선점하여 산업혁명을 주도했고 전 세계에 걸쳐 해가 지지 않는 대영제국을 건설했다. 이러한 물질적 성취를 토대로 영국은 수많은 근대 철학과 지식을 생산하고 그것이 오늘날의 시대정신, 세계관, 그리고 우리가 가진 상식의 기초를 이루고 있다는 사실을 부정할수 없다.

또 문명 전환기는 기존의 질서가 해체되고 새로운 질서가 구축되는 시기로, 필연적으로 혼란과 무질서가 뒤따른다. 아파트 재건축 사업에 빗대어 보자면, 새로운 고층 아파트를 짓기 위해 거주민을 이주시키고 낡은 아파트를 철거해야 하는 상황인 것이다. 문명의 전환 현상도 마찬가지다. 다만 아파트 재건축 사업과 달리, 낡은 문명은 완벽하게 철거되지 않는다. 새로운 문명에 부합되지 않는 제도, 사상, 철학부터 서서히 해체되고 사라져간다. 반면에 낡은 문명일지라도 새로운 문명에 반응하는 요소는 철거되지 않고, 다음 시대로 계승된다.

또한 낡은 문명의 해체는 기존의 기득권 계층 중심의 질서가 무너지고 새로운 주도 계층이 출현하는 과정에서 이뤄진다. 국가 간에도 이러한 현상이 존재한다. 우리가 흔히 말하는 '세계질서'라는 말이 바로 그런 의미를 함축하고 있다. '세계질서'는 선진국과 후진국, 강대국과 약소국, 산업국과 농업국처럼 국가 간에 서로 다른 위계를 부여하고 여러 국가끼리의 상호작용을 규율하는 틀이기 때문이다.

문명 전환기에는 이러한 세계질서가 기존의 낡은 틀에서 새로운 틀로 바뀌게 된다. 극단적으로 말하면 후진국이 선진국이 되고 약소국이 강대국이 되는 격변 상황이 돌풍처럼 몰아치는 질풍노도의 시기라는 말이다. 그래서 불가피하게 전쟁과 같은 세력 다툼과 그로 인한 혼란과 불안이 야기된다.

역사적 사실을 들여다보면 인류 문명은 제1·2차 산업혁명을 통해 전(前)근대 왕정시대에서 근대문명으로 들어서는 문명 전환기를 맞이했다. 그동안 유럽의 강대국과 신흥국 간에는 전쟁이 끊이지 않았다. 근대의 싹을 틔웠던 중상주의 경쟁이 시작된 16세기 중반부터 1차 산업혁명이 마무리된 19세기 중반까지의 역사는 근대문명의 주도권 쟁탈을 위한 강대국 간의 전쟁으로 수놓아져 있다.

대대적인 해전만 꼽아도 1588년 스페인-영국 간의 칼레(Calais) 해전, 1672년 영국—네덜란드 간의 솔베이(Solebay) 해전, 1805년 영국-프랑스 간의 트라팔가르(Trafalgar) 해전 등 여럿이다. 그 모두가 해상 운송로를 확보하고 제해권을 장악하기 위한 패권 다툼이었다. 대표적인 전쟁만 들었을 뿐, 실제로는 바다건 육지건 가리지 않고 서로 물어뜯고 밤낮으로 전쟁을 치렀다.

그 시대의 사람들이 그토록 무수한 전쟁과 피의 살육을 감수한 이유는 새롭게 도래하는 기계문명과 상품시장을 선점하기 위해서였다. 그 시대는 산업혁명기였다. 풍차, 물레방아, 범선으로 상징되는 '자연력을 이용한 수공업 문명'이 '기계문명' 시대로 전환되던 문명 전환기였다. 수공업 생산과 달리 기계적 생산은 기존 시장의 수요를 훌쩍 뛰어넘는 양의 제품을 쏟아낸다. 그 잉여생산물을 소화할 추가적인 시장 확보에 실패하면 기업은 기업대로, 국가는 국가대로 부도날 것이 뻔했다.

기계문명의 패권을 두고 싸운 오랜 전쟁에서 승리한 자는 오늘날의 강대국으로 발돋움했다. 패배한 자는 흔적도 없이 사라지거나, 혹은 식민지의 나락으로 떨어지는 양자택일을 강요당했다. 이런 잔혹한 전환기에 자국 산업과 시장 보호는 최우선 순위의 국가안보 사안이었다. 전근대 문명이 이러한 혼돈의 시기를 거치는 동안 어느새 새로운 근대 기계문명이 견고하게 건설됐음을 잊지 말아야 한다.

# 제3장

# 거센 풍랑 속의
# 대한민국호

## 김정은의 절대반지, 화성-19 미사일

· · · · ·

북한 매체는 김정은 위원장 참관하에 최신형 대륙간탄도미사일(ICBM) '화성포-19형' 시험 발사에 성공했다며 "전략미사일 능력의 최신 기록을 갱신했다."고 밝혔습니다. [중략] 북한은 화성포-19형에 대해 "화성포-18형과 함께 운용하게 될 최종 완결판 ICBM"이라고 강조했습니다. 김 위원장은 "신형 ICBM 발사에서 성공함으로써 동종의 핵투발 수단 개발·제작에서 확보한 패권적 지위가 절대 불가역이라는 것을 세계 앞에 보여주게 됐다."고 주장했습니다.[1]

2024년 11월 2일 자 연합뉴스TV의 보도를 간추려 인용했다. 김정은은 이번에 발사한 화성-19(화성포-19형)가 최종 완결판 ICBM(Inter-Continental Ballistic Missile)이며, "적들에게 대응 의지를

다탄두 장착을 염두에 둔 듯, 뭉툭한 탄두부의 모양새를 드러낸 화성-19
(자료: 조선중앙통신)

알리는 군사 활동"이라고 화성-19 발사의 의의를 강조했다.

　관측에 따르면 화성-19는 고각 발사된 후 1시간 26분 동안 비행하여 정점고도 7,687km를 기록하고 약 1,000km의 수평비행을 했다. 정점고도와 비행시간 모두 북한의 ICBM 시험 발사 최고 기록이었다. 또한 화성-19의 경우 기존의 화성 시리즈와는 다르게 탄두부를 뭉툭하게 제작하여, 다탄두 적재가 가능한 미사일임을 암시했다. 사실 남한 핵타격에는 다탄두 미사일이 꼭 필요하지는 않다. 그저 핵탄두를 탑재한 단거리 미사일을 여러 발 타격하면 그게 다탄두보다 낫다. 결국 이번 화성-19 발사는 미국을 겨냥한 '다탄두 쇼'다. 물론 남한도 함께 보라는 경고이기도 하다.

화성-19 시험 발사 쇼를 이런 관점에서 보면 복잡다단한 김정은의 속내가 읽힌다. 한마디로 간추리면 '1만 5,000km 떨어진 미국 본토까지 사정권에 두는 다탄두 핵미사일을 우리 손에 쥐었으니까 러시아 비즈니스에 더 이상 손대지 말라.'는 경고 메시지다. 아니나 다를까 군사 전문가들의 시선은 다탄두 여부에 집중적으로 꽂혔다. 여기에 러시아의 기술 지원을 받고 있을 가능성이 있다는 분석까지 나왔다. 미사일 직경 변화를 고려할 때 신형 엔진이 장착됐을 가능성이 있다는 주장도 국내 언론을 장식했다.

하지만 발사 쇼 이틀 뒤인 2024년 11월 2일 AP통신은 "북한이 세계 최강이라고 과시한 미사일, 실제 전쟁에서 사용하기엔 너무 크다는 전문가 지적"이란 기사를 내놓았다. AP통신은 다음과 같이, 화성-19가 세계 최강의 ICBM이라는 북한의 발표는 순전히 선전용에 불과하다는 식의 보도를 했다.

전문가들은 발사 사진에 보이는 대륙간탄도미사일과 그 발사 차량이 모두 과도하게 크다는 것을 보여주며, 전시 이동성과 생존성에 대한 심각한 의문을 제기한다. 최근 몇 년 동안 북한은 핵탄두 미사일을 확보하기 위한 노력에서 꾸준한 진전을 보여왔다. 해외의 많은 전문가들 중 북한이 한국 전역에 핵타격 능력을 보유하고 있다는 데 회의적인 사람은 별로 없다. 하지만 미국 본토를 타격할 수 있는 핵미사일을 완성했다는 데 대해서는 대다수가 회의적인 견해를 갖고 있다.[2]

전문가들은 미국 본토를 타격하기 위해서는 북한이 아직 극복해야 할 장애물이 많다고 지적한다. 예를 들어 탄두가 대기권 재진입 시 발생하는 열과 스트레스를 견디는 것, 미사일의 유도 시스템을 개선하는 것 그리고 미사일 방어망을 뚫기 위한 다탄두 탑재 능력을 확보하는 것 등이다. 북한은 화성-19 시험 발사에서도 그런 타격 능력을 과시할 확고한 증거는 아직 제시하지 못하였다.

최근 발표되는 북한에 대한 분석을 종합해보면 김정은은 무기 판매와 용병 사업으로 북한의 방어력이 취약해진 틈을 타서 미국이 뭔가 작당 모의를 하고 있지는 않은지 불안해하고 있다. 그래서 북한은 남북한을 '동족 관계'가 아닌 '적대적 두 국가 관계'로 규정한 데 이어, 대남 기구를 폐지하고 남북한 연결도로와 철도를 폭파해버렸다. 그리고 거기에 대전차구와 방어벽을 설치하는 등 일련의 예상 밖의 조치를 취하고 있다. 그 정점에서 화성-19 발사 쇼를 실행한 것이다.

결국 화성-19 시험발사 쇼는 앞에서 말했듯이 미국의 모의를 선제적으로 방어하자는 당면한 목적과 함께 장기 전략적 메시지를 미국에 보내기 위해서였다고 봐야 한다. 이와 같은 결론에 도달할 수밖에 없는 근거는 다음과 같다. 첫째, 북한은 이미 2023년 2월 정점고도 6,518km의 화성-18을 통해 사거리 1만 5,000km를 달성한 바 있다. 화성-19는 그보다 정점고도를 1,000km 정도 높이는 성능 개량이 있었을 뿐 누가 봐도 모델명을 변경할 정도의 사양 변경은 없었다. 그것도 한 대 제작비용이 최소 1억 달러 이상 소요되는 ICBM을 발사할 정도는 전혀 아니었다.

그런데도 왜 그런 비싼 비용을 들여 화성-19 발사 쇼를 해야만

했을까? 결국 이 사건은 화성-19 그 자체에 주목하기보다 그 속에 담긴 북한의 의도를 파악하는 데 집중해야 한다.

가장 눈길을 끈 대목은 화성-19의 탄두부에 자랑스럽게 설치된 다탄두 적재공간이었다. 대다수 전문가들은 이것을 더미(dummy)이거나 빈 공간으로 판단했다. 실제 정확한 성능은 차치하고라도 북한 매체가 ICBM의 최종 완결판이라 할 만큼 화성-19의 외관상 위용이 대단한 것은 사실이다.

좀더 자세히 살펴보면, 화성-19는 동체 길이도 거의 세계 최대급이며 사거리도 미국 전역을 타격하기에 충분함을 증명했다. 게다가 다탄두 적재공간을 눈에 띄게 장치함으로써 미국 전역을 동시다발로 타격할 능력도 있음을 과시했다. 한마디로 북한의 의도는 무기와 병력의 해외 유출을 틈타 미국이 북한에 대하여 섣부른 모의를 한다면 곧바로 미국 전역에 다탄두 핵미사일을 퍼붓겠다는 강렬한 메시지를 전달하기 위한 목적이었음을 알 수 있다.

화성-19 시험발사 쇼의 두 번째 목적은 북-러 군사협정 체결로 인해 북한의 전략적 위상과 위세가 이전과 달라졌음을 전 세계에 공개적으로 강조하기 위함이었다. 잘 알려져 있듯이 김정은에게 가장 필요한 것은 ICBM의 대기권 재진입을 위한 PBV(Post Boost Vehicle) 기술, 다탄두 탑재, 미사일의 유도 시스템 기술이다. 김정은은 푸틴에게서 이 기술을 이미 얻었다고 선전하고 싶었을 것이다. 우크라이나 파병의 대가로 핵무력 완성의 루트키(root key)인 기술을 얻었다면, 그것은 러시아와 북한의 화학적 결합이 이제 완성 단계로 진전했음을 의미한다. 말 그대로 운명공동체의 사슬로 묶인 관계가 되는 것이다. 앞에서 분석했듯이 러시아가 그런 기술을 넘길 정도까지 북한에 퍼줄 리는 없겠지만, 김정은은 자꾸 그런 냄새를 풍기려 한다. 우리 뒤에는 강력한 동맹국인 러시아가 있고 푸틴이 있다고 위세를 부리고 싶은 것이다.

지금 당장은 화성-19가 허풍선이의 공갈이라 하더라도 조만간 김정은이 노리는 전체 사양이 실현될 가능성은 매우 높다. 미국 본토를 직접 타격할 수 있는 다탄두 핵 ICBM 보유는 한국뿐만 아니라 동북아 전역의 정세를 바꿀 빅카드이다. 북한은 전성기를 만난 듯 날뛰고 있다. 뒤의 제4부에서 자세히 논하겠지만 한국 주변 정세를 뒤엎을 엄청난 쓰나미가 몰려오고 있다. 쓰나미 예보가 있음에도 불구하고 한국 국민은 전혀 개의치 않는 낌새다. 지금 대한민국은 기로에 서 있다.

## 지정학적 정세: 뚜렷해지는 서방과 반서방의 경계

· · · · ·

시진핑은 기회가 있을 때마다, 중화인민공화국 건국 100주년이 되는 2050년까지 반드시 '중화 부흥'을 일궈내겠다고 전 세계를 향해 공언했다. 그때까지는 중국이 세계질서를 주도하는 중국몽을 다 이루겠다는 말이다.

한편, 2022년 NATO 정상회의에서 NATO 회원국들은 이러한 중국의 대외 정책에 대한 견제 의지를 분명히 했다. 또 2023년 7월 리투아니아 빌뉴스(Vilnius)에서 열린 NATO 정상회의 공동성명에서도 "중국이 명시적으로 밝힌 '야망과 강압적 정책(stated ambitions and coercive policies)'이 NATO 회원국들의 이익과 안보, 가치를 해친다."라고 밝혔다. 중국의 행보가 '규칙 기반 세계질서'에 저해됨을 지적한 것이다.

양 진영의 대립이 점차 가시화되고 있는 상황이다. 그렇다면 신냉전 국면은 어떻게 종결될까? 과연 서방과 반서방 진영 중에서 누가 이길까? 그에 관한 예측은 매우 복잡하고 불확실한 이슈다. 물론 그렇다고 해서 국제정세 분석에 장기 전망이 빠질 수는 없는 노릇이다. 국제관계는 홉스(Thomas Hobbes, 1588~1679)가 말한 '만인에 대한 만인의 투쟁(bellum omnium contra omnes)'이 벌어지는 약육강식의 세계다. 싸움에서 누가 이기고 질 것인지 미뤄 짐작이라도 해야, 우리가 누구 편에 설지 결정할 수 있다. 어느 편에 섰는지에 따라 국가 운명이 좌우되기 때문이다. 여기에 윤리와 의리가 낄 틈은 없다. 국제관계에서 유일한 불변의 원칙은 반드시 직접 싸워 이기거나 혹은 이기는 편에 서야 한다는 것이다. 그렇기에 한국을 둘러싼 정세가 어떻게 흘러가고 있는지 냉정한 분석이 필요한 시점이다. 세계가 그만큼 혼돈 상태에서 들끓고 있기 때문이다.

냉전은 길고 지루한 초장기전이다. 그것을 전제하면 신냉전의 결말은 결국 미국과 서방 진영의 승리로 끝날 것이다. 그 까닭은 미국을 비롯한 서방 국가들은 반서방 진영과 달리 강력한 기술혁신 추진력과 정치적 안정성을 보유하고 있기 때문이다. 그런 자산은 장기적인 대립과 그로 인한 위기 상황을 견디는 데 필수적이고 핵심적인 요소다.

특히 고도의 기술 개발과 창의적 혁신은 자유시장경제의 주요 강점 중 하나로, 오늘날 미국과 서방 진영의 경제적, 군사적 영향력을 강화시킨 주요 요인이기도 하다. 무엇보다 자유시장경제 체제의 활력은 중국과 러시아의 통제 경제적 권위 체제와 비교할 수 없을 만큼 우월하다. 이는 구냉전에서 서방 진영의 승리로 이미 증명된 역사적 사실이다.

이에 반하여 중국은 현재와 미래에 걸쳐 여러 가지 정치적·경제적 도전에 직면할 것이다. 서방 진영의 공급망 재설정 정책은 중국 경제 전반에 걸쳐 악영향을 줄 것이다. 경제성장률의 둔화, 경기침체, 인구 고령화 및 감소, 부동산 시장의 불안정성 등은 중국 경제에 부담이 된다. 이는 중국의 글로벌 영향력 확대에 지속적인 제약으로 작용할 것이다. 또한 중국은 자국민의 디지털 문화 향유에 대해 레닌주의적 통제 정책을 고수해왔다. 이것이 가져오는 생산성 저하와 사회적 경직성, 내부 불만, 정치적 불안정성은 중국의 발목을 잡는 족쇄가 될 것이다.

러시아는 우크라이나 전쟁으로 인해 국제적 고립과 강도 높은 경제제재를 경험하고 있다. 이러한 상황은 러시아의 국제적 영향력을 대폭 축소시켰다. 전쟁이 끝나고 러시아의 외교관계가 정상화된다고 해도, 러-우 전쟁에서 드러난 러시아의 경제적 취약성과 군사적 한계는 향후 러시아의 글로벌 영향력을 제한하는 요인으로 작용할 수 있다.

반면에 미국과 그 동맹국들은 군사적, 정치적, 경제적 협력을 통해 전략적 유연성과 연대를 강화하는 방향으로 나아가고 있다. 인도-태평양 전략, QUAD(Quadrilateral Security Dialogue, 미국-일본-호주-인도 4개국 안보 회담), AUKUS(호주-영국-미국 3자 안보 파트너십) 그리고 NATO는 유럽과 아시아의 서방 진영 국가들을 군사적·정치적으로 결속시키는 중요한 디딤돌 역할을 한다. 이러한 연합은 중국과 러시아가 도저히 흉내 낼 수 없는 모멘텀을 제공한다. 거기서 창출되는 지속적인 동력은 반서방 진영에 대한 군사적 견제와 자유민주주의적 가치를 전파하고 강화하는 데 필수적인 전략 요소이다.

예를 들어 미국은 2024년 7월 9일부터 3일간 미국 워싱턴 D.C.에서 NATO 정상회의를 개최하고, 인도-태평양 국가와 NATO가 함께 참여하는 세계 최대 규모의 해상 훈련인 림팩(RIMPAC, Rims of the Pacific Exercise)을 확대 실시하기로 결정했다. 한국을 포함한 인도-태평양 지역을 둘러싸고 있는 미국의 핵심 동맹 4개국인 IP-4(Indo-Pacific 4, 한국-일본-호주-뉴질랜드)를 중심으로 동맹국 간의 신뢰 강화와 군사적 상호 운용성을 높이기 위한 목적이다. 당연히 북한-중국-러시아-이란의 반서방 진영에 대한 견제를 강화하기 위한, 서방 진영 연합전선 구축의 일환이기도 하다. 공개적 훈련과 더불어 '전 지구적 단일 전구(戰區, combatant theatre)'를 전제로 하는 지전략 차원의 방어벽 구축 작업이 물밑에서 활발히 논의되고 있다.

대만은 중국의 강한 압박에도 불구하고 한국, 일본과 더불어 미국과 서방 국가들의 지원을 바탕으로 견뎌낼 것이다. 군사적 측면에서도 대만은 중국의 서태평양 진출을 막는 제1 도련선(島鏈線)의 중심을 차지하고 있다. 도련선은 미국이 1950년대부터 소련과 중국의 서태평양 진출을 막기 위해 설정한 가상의 해상 방어선으로, 일본-대만-필리핀-인도네시아로 이어진다. 만약 대만이 공격받으면 일본과 한국에 주둔 중인 미군의 즉각적 대응이 있을 것이다. 우선은 오키나와(沖縄)의 가데나(Kadena) 공군기지, 후텐마(普天間) 공군기지, 일본 본토의 요코스카(橫須賀) 해군기지에서 전투기와

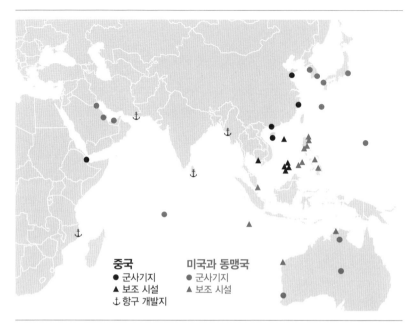

미국과 중국의 아시아 지역 군사시설 배치도. 미국과 동맹국이 중국을 포위한 형태

항공모함이 즉각적으로 발진하여 참전하고, 이후 전면전인지 혹은 국지전인지 전쟁의 양상에 따라 한국의 오산 기지와 군산 기지에서도 미군이 즉각 지원하도록 작전계획이 구축되어 있다. 따라서 중국이 아무리 강하다고 하더라도 대만을 공격하는 우를 쉽게 범하지는 못할 것이다.

　한국을 둘러싼 지정학적 국제정세를 스케치하듯이 훑어봤다. 대만과 한국, 일본은 신냉전의 균형에 중대한 영향을 미칠 수 있는 동북아 정치, 경제, 군사 동맹의 일원이다. 물론 조약을 체결한 정식 동맹국은 아니지만 이미 지전략적 차원에서는 실질적인 동맹이고 그것은 각국의 안보와 국익을 고려할 때 필연적 귀결이다. 위 지도에서 볼 수 있듯이 한국과 일본, 대만 3국은 중국, 북한, 러시아가 서태평양으로 진출하는 것을 막는 최전선의 장벽이다. 동시에 경제적인 측면에서도 세계 경제에 최첨단 기술 부품을 공급하는 핵심 공급국이자 기술 개발국이다. 그렇기 때문에 미국과 서방이 절대 놓치고 싶지 않은 군사적, 경제적, 전략적 가치를 보유한 핵심 사슬이다.

이러한 모든 분석 결과를 종합하면, 무엇보다 자유시장경제 체제의 활력은, 경제와 기술 발전 측면에서 중국과 러시아의 통제 경제적 권위 체제와 비교할 수 없을 정도로 우월하며, 군사적 측면에서도 누차 밝혔듯이 신무기 개발 능력과 지속적 생산능력에서 권위주의적 반서방 진영이 흉내내기 힘들 정도로 우월하다. 이것은 구냉전 시기부터 현재에 이르기까지 여러 국가의 세계사적 실험을 통해 증명된 바이다. 따라서 미국과 서방 진영의 자유주의적 시장경제가 신냉전에서 최종 승리하는 것을 전망하고, 동시에 권위주의적 전체주의 체제가 퇴조할 것을 예측하긴 어렵지 않다. 좀 더 자세한 검토와 분석은 이 책의 제4부에서 논의하겠다.

## 지경학적 정세: 퀀텀모프 패권 장악을 위한 폐쇄적 진영 구축

· · · · ·

트럼프가 처음 취임한 이후 미국은 과거 자유무역협정(FTA, Free Trade Agreement) 같은 포괄성, 개방성 위주의 다자간 협력체 결성에 쏟던 노력을 급격히 줄이고 있다. 최근에는 오히려 소수일지라도 유사시 함께 싸울 정도로 신뢰할 수 있는 동맹국들끼리의 폐쇄적 협력체 구축을 선호하는 추세다. 단순한 경제 협력을 넘어 포괄적 '군사 안보'까지 기꺼이 함께 담보할 의지를 가진 동맹국들끼리 뭉친다는 전략이다.

다시 말해서 미국은 여태껏 유지해온 누구나 등록만 하면 회원으로 인정하는 정책을 폐지하고 엄격한 심사를 통한 허가제로 운영되는 '멤버십 클럽형' 연대의 형성을 추구하고 있다. 말로만 미국의 우방국이 아니라 지정학·지경학적 전략 수행에 있어서 끝까지 자기 몫을 다하는 '진짜 친구 국가'를 구별해서 그에 걸맞게 대우하겠다는 의도다. 미국과 서방 국가들은 경제, 군사를 비롯해 미래 성장을 주도할 퀀텀모프 관련 첨단기술 분야에 관한 지식과 시장의 개방은 진짜 친구 국가들만 접근을 허용하겠다는 움직임을 보이고 있다.

미국은 특히 권위주의 진영 혹은 회색지대에 서 있는 국가들로부터 퀀텀모프 관련 핵심기술과 지식을 철저히 보호하겠다는 의지를 보여주고 있다. 미국은 이 국가들이 원천기술을 자체적으로 개발하려 하지 않고 선진국으로부터 훔칠 생각만 한다고 여긴다. 결정적인 첨단기술 하나만 확보해도 군사 분야의 질적 우위가 흔들리는 시대가 도래함에 따라, 미국과 서방 진영은 매우 폐쇄적이고 보호주의적인 정책으로 회귀하고 있다. 미국의 세계 전략 변화에 우리가 반드시 주목해야 할 변곡점이 있다면 바로 이 부분이다.

물론 중국도 다각도로 지경학적 대응전략을 구사하고 있다. 첫째, 중국은 방대한 인구와 시장을 미끼로 중국 중심의 포괄적 다자간 경제 협력체를 구축하는 전략을 추진하고 있다. 중국의 경제 협력체 파트너 국가가 된다면, 중국은 해당국의 인프라 및 경제 발전에 막대한 자금을 투자할 용의가 있다는 미끼도 내걸고 있다. 중국은 RCEP(Regional Comprehensive Economic Partnership, 역내포괄적경제동반자협정)와 CPTPP(Comprehensive and Progressive Agreement for Trans-Pacific Partnership, 포괄적·점진적 환태평양경제동반자협정)에 적극 참여하여 회원국과 긴밀하게 연대하고, '일대일로(一帶一路) 포럼'을 통해 중국 위주의 경제 이니셔티브를 구축하고자 한다. 그리하여 이것을 서방에 맞설 경제 협력 네트워크로 확장시키고자 한다.

둘째, 권위주의 국가 간 연대 강화이다. 중국은 방대한 인구와 시장을 미끼로 삼아, 미국의 우방이나 서방 진영 동맹에 속하지 않은 국가들과의 연대를 모색하고 있다. 특히 중국이 2001년 러시아와 함께 설립한 SCO(Shanghai Cooperation Organisation, 상하이협력기구)의 가입국은 점차 늘어나는 중이다. 중국은 이를 통해 지정학은 물론이고 지경학적 영향력을 함께 확장시키고 경제 협력과 교류를 강화하는 디딤돌로 삼는다는 계획이다. 더 나아가 중국은 이러한 연대 사슬을 운명공동체 수준으로 끌어올리겠다는 전략을 갖고 있다.

셋째, 중국은 중동 서남아 및 아프리카 지역 국가들, 즉 '글로벌 사우스(Global South)'에 대한 영향력과 발언권을 강화하기 위한 전략을 구사하고 있다. 글로벌 사우스 국가들이 다수 포진한 BRICS(Brazil, Russia, India, China, South Africa)는 2002년에는 미국 GDP의 4분의 1에 불과했지만, 2023년 현재는 글로벌 GDP의 35.7%를 담당하고 있다.[3] 20년 내로는 G7(Group of Seven Summit, 미국, 프랑스, 영국, 독일, 일본, 이탈리아, 캐나다로 구성된 서방 선진국 협의회)을 추월할 수 있다는 분석도 있다. 나름 파괴력을 가질 만한 전략이다.

양국의 지경학적인 강대강 대결에서 미국이 취한 가장 핵심적이고 상징적인 조치는 인공지능, 반도체, 퀀텀컴퓨팅 3개 분야에 대한 대중국 투자 제한 행정명령이다. 미국의 입장에서는 이 분야의 주도권을 확보해야만 다음 세대에서도 패권을 유지할 수 있기 때문이다. 특히 퀀텀컴퓨팅 기술과 핵융합 에너지 기술은 경제적 이익 창출의 차원을 넘어서서 국가안보 차원으로까지 그 영향력이 파급될 수 있는 폭발력이 큰 사안이다.

중국은 이러한 미국의 제한 조치를 '자유시장경제와 자유경쟁 원칙에 위반되는 불공정 행위'라며 비판하고 있다. 그러나 이를 유발한 것 또한 중국 자신이다. 시진핑이 미국 주도의 '규칙 기반 세계질서'를 부정하고 자유시장경제의 부패와 비효율성을 지적하며, 중화민족의 위대한 부흥을 통한 '뉴노멀의 세계질서 수립'을 주장하지만 않았어도 상황이 이렇게 심각해지지는 않았을 것이다. 이는 부인할 수 없는 사실이다.

요약하자면 미-중 간 대립은 지정학은 물론 지경학적으로도 점점 더 심각하게 충돌하고 있다. 군사적 갈등을 중심으로 하는 지정학적 전쟁의 이면에는, 경제제재로 공격하고 국가 간 네트워크로 방어하는 지경학적 전쟁이 존재한다. 그리고 그 전쟁의 목표는 반도체, 인공지능, 퀀텀컴퓨팅 기술, 나노 신소재, 핵융합 에너지로 이뤄진 5대 첨단기술 분야의 주도권을 확보하는 것이다.


## 핵탄두를 머리에 이고 사는 핵 인질?
· · · · ·

주일미육군사령관 조엘 보웰(Joel Vowel)은 인도-태평양 지역의 지

조엘 보웰 주일미육군사령관의 거꾸로 본 동북아 지도 브리핑(자료: US Army)

도를 벽에 '거꾸로' 걸어놓고 각국이 처한 안보 정세를 유럽에 빗대어 설명한 바 있다. 그는 "지도를 뒤집어놓고 보면 일본은 폴란드, 대만은 우크라이나, 필리핀은 루마니아, 중국은 러시아처럼 보인다."라고 설명한다.[4] 일본-오키나와-대만-필리핀 순으로 이어지는 제1 도련선이 중국을 막고 있는 게, 유럽에서 폴란드-우크라이나-루마니아가 러시아를 막고 있는 것과 비슷하기 때문에 그렇게 비유했을 것이다.

조엘 보웰은 대만이란 제방이 터지면 대륙에 갇혀 있는 중국이라는 봇물이 태평양을 덮칠 것이라며, 제1 도련선 방어를 강조했다. 실제로 대만은 중국의 태평양 진출을, 우크라이나는 러시아의 발트해(Baltic Sea) 진출을 막는 제방 역할을 한다는 점에서 보웰의 비유는 일리가 있다. 하지만 대만과 우크라이나 간에는 명백한 차이점이 있다. 우크라이나의 경우 러시아 외에도 친(親)러시아 정권인 벨라루스, 러시아령이 된 조지아 일부, 발트해 연안의 몇몇 국가들의 위협에 둘러싸여 있다. 반면 대만은 서방 세력이 양옆과 등 뒤를 빙 돌아가며 보호하고 있다. 오히려 북한, 중국, 러시아의 압박을 삼면에서 받고 있는 대한민국이 우크라이나에 더 잘 비견된다. 그럼에도 불구하고 한국은 제1 도련선에서 제외되어 있다. 우려스럽지만 이것이 군사전략적 차원에서 바라본 대한민국과 주변국에 대한 미군의 객관적 관점이다.

그러나 한국은 군사력 면에서 대만과는 비교도 안 될 정도로 강하다. 우크라이나가 유럽 방어의 최전선 역할을 하는 것처럼, 한국은 태평양에서 중국과 러시아의 확장 시도를 억제하는 데 있어, 어떤 국가보다 최전선에서 고군분투하고 있는 나라이다. 미국 역사에 빗대어보면 워싱턴을 향해 코 밑의 벌침처럼 핵미사일을 겨누었던 쿠바의 역할을 동북아에서는 대한민국이 전략적으로 담당하고 있는 셈이다. 전 세계를 무대로 펼쳐진 서방 대 반서방이라는 세력 다툼의 장에서, 객관적으로 살펴본 한국의 현재 좌표는 이러하다.

미래 먹거리 확보에 집중해도 모자랄 문명 전환의 시기에, 한국을 지구상에서 멸절시키겠다는 북한을 상대해야 하는 한국에게는 결코 쉽지 않은 상황이다. 게다가 북한의 뒷배를 봐주는 중국과 러시아가 싸움판으로 쉽게 파고들지 못하도록, 한국은 글로벌 차원의 견제를 주도해야 한다. 대한민국은 퀀텀모프의 주도자가 되어 퀀텀문명을 선취해야 한다는 지경학적 사명과 국가안보 이슈가 경각에 달했다는 지정학적 사명을 동시에 어깨에 메고 있다.

2022년 김정은은 "북한에 적대하는 어떤 국가든지 핵무기로 얻어맞을 각오를 하라."라는 협박과 함께, '북한을 공격할 조짐만 보여도 핵폭탄으로 선제공격까지 하겠다.'라는 내용의 핵무력 정책법을 제정했다. 이전에는 같은 동족인 남한을 향해서는 절대 핵을 쏘지 않겠다고 백 번 천 번 공언하더니, 이제는 핵공격 1호 대상이 한국이란 협박을 밥 먹듯이 해댄다.

또 2023년 12월 30일 노동당 중앙위원회 전원회의에서는 남북 관계를 "통일을 지향하는 동족"이 아니라 "전쟁 중인 적대적 국가"로 재정의하며 "유사시 핵무력을 포함한 모든 수단과 역량을 동원해 남조선 전 영토를 평정하기 위한 준비에 박차를 가하라."라고 지시했다.[5] 게다가 동족이 아닌 만큼 통일도 부질없다고, 남북 협력을 추구하는 모든 단체와 시설을 폐지했다. 2024년 들어서는 대남 기구인 조국평화통일위원회를 해체하고 그 산하조직에서 운영하던 인터넷 선전 매체인 '우리민족끼리'도 폐지했으며, 동족을 떠올리게 하는 단어의 사용을 금지했다. 이어서 최근에는 헌법을 개정하여 남북을 '적대적 두 국가'로 규정한 것이 확인됐다. 사실 김정은이 동족 관계를 부인하는 까닭은 언제든지 핵타격을 해도 '동족의 머리에 핵을 퍼부었다.'라는 비난을 회피하려는 얕은 속셈 때문이다.

한국 국민은 이제부터 평생 머리 위에 핵을 이고 살아야 할 '핵 인질'이나 다름없다. 사실 북한의 김정일과 김정은 부자는 2대에 걸쳐 "북한은 핵을 개발할 의지도, 그럴 능력도 없다", "우리 민족 끼리 상생하자."라는 입장을 끊임없이 개진해왔다. 이를 진심이라고 믿었던 남한의 일부 정치인들은 우리 민족끼리라도 불쌍한 북한 인민을 도와야 한다며, 기회가 나는 대로 달러와 쌀을 북한에게 갖다줬다. 그럼에도 불구하고 김정은의 누이동생인 김여정 부부장은 곤경에 처한 북한을 도운 자들을 향해 "소대가리", "특등 머저리"라고 거침없는 욕설을 퍼부었다.[6] 무례하기 짝이 없는 그들의 인성이 단적으로 드러나는 대목이다.

이런 긴박한 정세 속에서 핵을 가지지 못한 한국이 살아남을 길은 핵을 직접 개발하든지, 핵을 가진 동맹국과 결속을 더욱 단단히 하는 것밖에 없다. 강력하고 끈질긴 교착전선에 직면했다면 당연히 그에 맞설 동맹 진영을 구축하고 그 속으로 깊숙이 파고들어 가야 한다. 지전략이 어쩌고저쩌고하기 이전에 이건 상식이다. 이런 맥락에서 한국 정부는 북한 핵과 북-러 군사협정에 효과적으로 대응하기 위해서 미국을 비롯한 NATO와의 군사동맹 및 협력 관계를 더욱 강화시키는 전략을 택했다.

예컨대, 2024년 7월 9일에서 11일까지 개최된 워싱턴 NATO 정상회의에 한국 정부가 적극 참여하며, 국제정치의 중심부로 쑥 들어간 것은 매우 필요했던 결정이다. 또 워싱턴 NATO 정상회의에서 한국과 미국의 동맹 관계를 '핵 기반'으로 격상하여 〈한반도에서의 핵억제 및 핵작전에 대한 공동 지침〉을 체결한 것은 박수칠 만한 일이다. 그뿐만 아니라 인도-태평양 연안 국가, 특히 IP-4와의 연대를 최고 수준의 동맹 관계로 격상하려는 한국 정부의 방침도 무척 고무적이다.

한 가지 새겨봐야 할 전략적 결함이 있다면 중국과 러시아에 대한 태도 이슈다. 러시아는 여태껏 북한의 뒷배 정도의 입장을 고수해왔지만, 지금은 북한과 운명공동체의 군사동맹국이 되었다. 이제부터는 북한의 유사시에 러시아도 북한 지원을 위한 파병을 해야 한다. 북한이 이미 러시아에 파병했을뿐더러 군사협정에 이 조항이 명시적으로 적혀 있기 때문이다. 결국 한국에게 러시아는 북한처럼 확실한 적대국이 되었다는 말이다. 북한이 남한을 침공하면 러시아군도 함께 들어온다. 이것이 장래 우리가 닥칠 현실이다.

이런 전략적 상황은 워싱턴 NATO 정상회의에서도 여러 차례 지적된 바 있다. 그러나 한국 정부는 중국과 러시아에 대해서 여전히 뜨뜻미지근한 태도를 유지하고 있다. 특히 중국에 대해서는 '중국은 러시아와 다르다.'라는 식의 친(親)중론이 만만찮다. 하지만 미국과 QUAD, NATO를 포함한 서방 진영은 모두가 하나같이 중국을 '러시아 방위산업의 결정적 조력자이자 북한의 핵 조력자'라고 규정한다.

미국은 한국에게 QUAD에 참여할 것을 여러 차례 제안했지만 한국은 이를 모두 거부해왔다. 'QUAD 적극 참여'라는 결정은 대중국 견제 전략으로 선회하겠다는 전략 전환을 의미하기에, 이에 대한 중국의 대응이 염려되기 때문이다. 2024년 7월의 워싱턴 정상회의에서조차, 실무그룹 수준의 QUAD 참여는 고려해보겠다는 의사만 표명했을 뿐이다. 실무그룹마저 명시적으로 거절하지는 않았으니 그나마 다행이다. 하지만 외교 소식통들 사이에서는 한국이 QUAD 활동에 적극적으로 참여하지 않으리라는 전망이 지배적이다. 이는 앞에서 분석했듯이 진짜 친구를 구별하여 연대하겠다는 미국의 신냉전 전략에 어긋나는 행보다. 신냉전의 핵심 축은 미국-중국 대결이며 결국 우리는 조만간 어느 편에 서야 할지 결정해야 한다.

물론 한국의 국내 정치 지형 속에서는, 중국과 러시아를 버리기 아까운 구슬인 양 주머니 속에 넣고 계속 굴리고 있는 이들이 있는 것도 사실이다. 특히 친중국론자들은 '중국이 한국의 최대 무역 상대국이며 세계 최대 공업 생산력을 보유한 국가라서 선뜻 포기할 수 없다.'라는 경제적 이익 관점을 내세운다. 그러면서 그들은 오늘날 펼쳐진 신냉전의 구도와 중국이 북한 핵개발을 음지에서 가장 크게 도와준 국가라는 사실은 애써 모른 체한다. 그러나 QUAD와 AUKUS 그리고 인도-태평양 전략의 최우선 억제 대상이 바로 중국이다. 한국 정부나 한국의 지식인들이 이런 사실을 모를 리 없다.

재차 확인하지만 핵을 가지지 못한 한국이 살아남을 길은 핵을 직접 개발하든지, 핵을 가진 동맹국의 핵우산 속에 숨는 길밖에 없다. 강력하고 끈질긴 왕거미줄에 옭매였다면 그것을 친 왕거미에 맞설 딱따구리나 도마뱀과 동맹을 맺는 생존전략을 취해야 한다. 굶주림 속에 배를 채우려고 다가오는 왕거미에게 아부하고 친한 척해봤자 잠시 생명을 유지할 뿐 끝내 잡아먹힌다. 그런데 역대 한국 정부 중에는 왕거미와 딱따구리를 중재하여 둘을 친구로 만들어보겠다며, 북방정책론, 신남방정책론, 안정추론 같은 약간은 비현실적인 다양한 이론을 무분별하게 수용한 경우가 많았다.

솔직히 말해서 한국은 어중간한 태도로 쭈뼛쭈뼛하다가 이미 미국의 동맹국들 중에서 별로 신뢰받지 못하는 국가로 전락해버렸다. 미국의 대통령과 정부는 평소 한국을 위해서라면 뭐든지 다 해줄 듯이 화려한 말 잔치를 벌이지만, 정작 현실에서는 한국의 핵연료 재처리조차 허락하지 않고 있다. 미국과 한국 사이에 가끔씩 이해하기 힘든 트러블이 일어날 때마다 혹자는 그럴 줄 알았다는 식으로 비아냥거린다. 하지만 그런 상황은 대체로 미적지근한 한국의 태도가 미국의 의구심을 자극했기 때문이다.

국제사회에서 국가 간의 관계는 아부의 말이나 눈치 보기로 결정되지 않는다. 상대보다 더 강력한 국력을 확보하거나, 동맹국을 확보해 자국의 전략적 가치를 넘보지 못할 만큼 끌어올릴 때, 아무도 건드릴 생각을 못 한다는 현실주의적 관점을 우리는 강력히 견지해야 한다.

## 신냉전 종결과 북한 해체 시나리오
·····

김일성은 생전에 남한이 처한 상황을 '2개의 갓끈 이론'으로 설명한 바 있다. 남한이 미국과 일본이라는 강력한 두 동맹국, 즉 2개의 갓끈에 튼튼히 묶여 있을 경우에는 절대 무너지지 않지만, 2개의 갓끈 중 하나라도 끊어버리면 남한은 '끈 떨어진 갓' 신세가 되고 그때가 남한을 흡수 통일할 시기라고 교시했다.

그러나 이를 거꾸로 뒤집어서 북한에 적용해보면, 북한은 중국과 러시아라는 2개의 갓끈에 절대적으로 의존하고 있다는 사실을 알 수 있다. 향후에 신냉전이 미국과 서방 자유진영의 승리로 끝나고 반서방 진영이 해체된다면, 북한은 그야말로 '끈 떨어진 갓' 신세가 될 것이다.

지난 1991년 크렘린에서 소비에트 연방(소련) 국기가 내려가고 옛 러시아 국기가 게양되었을 때를 돌이켜보면 앞으로 북한에 어떤 상황이 전개될지 잘 알 수 있다. 소비에트 연방 해체가 선언되자 리투아니아를 비롯한 발트 3국, 중앙아시아의 아제르바이잔,

아르메니아, 카자흐스탄 같은 구소련권 국가들은 독립을 선언했다. 동시에 동유럽의 체코, 폴란드 같은 위성국가들도 소련과의 관계를 끊어버렸다. 이런 혼돈 속에서 소련은 아무런 대책 없이 바라볼 뿐이었다. 이것이 구냉전의 결말이었다.

이와 같은 사례는 신냉전이 북-중-러-이란의 총체적 체제 붕괴로 결말에 이른다면 어떤 사태가 발생할지 예고해준다. 말 그대로 북한, 중국, 러시아의 정부는 붕괴하거나 최소한 무력화될 것이다. 그리고 이러한 격변 사태는 자연적으로 남북 통일의 가능성을 열어준다. 반대로 말하면 북한이 잡고 있는 2개의 갓끈인 중국과 러시아가 힘이 왕성할 때는 남북 통일이 이뤄지기 힘들다는 얘기다. 만약 소련의 해체와 같은 상황이 재발한다면 중국과 러시아의 간섭을 배제하고 남북 통일의 포문을 열 수 있다. 이런 관점에서 우리 정부의 신냉전 전략에는, 그 종말 단계에서 북한 체제의 붕괴라는 시나리오가 반드시 포함되어야 한다.

그러나 신냉전의 종결이 곧바로 남북 통일로 연결되지 않을 수도 있다. 한 국가의 탄생과 분단된 국가의 통일에는 국제사회의 니즈와 승인이 반드시 필요하다. 다시 말해 남북 통일을 하려면 미국 및 동맹국들의 지지와 국제사회의 승인을 확보해야 한다.

결국 한국이 제대로 된 준비 태세를 갖추고 있을 때에만 통일은 성취될 수 있다. 그래야만 한국의 통일 체제 구축에 한 발 얹어넣어 자국의 이익을 챙기려는 외세의 간섭을 배제할 수 있다.

통일은 남북 간의 정치·경제·사회·문화적 통합을 필요로 하지만 이를 위해서는 무엇보다 한국 내부의 사회통합이 선행되어야 한다. 현재 한국 사회의 현실을 보면, 사회통합보다 차라리 남북 통일이 더 쉬워 보일 지경이다. 산산조각 나 있는 한국 사회 각계각층의 목소리를 하나의 장에 모아 합의를 이끌어낼 수 있어야 한다. 통일 이후 예상되는 경제적 충격에 대비한 대화와 교육도 충분히 이뤄져야만 한다. 또한 북한 사회의 재정비를 위한 준비를 철저히 하고, 필요한 재정적 자원을 확보해야 한다.

제2부

# 미-중-러,
# 그들의 세계 대전략

제4장

---

# 미국,
# 압도적 우위 대전략

---

## 트럼프, 리커창의 벌침에 쏘이다

· · · · ·

중국에서의 마지막 공식 회담은 2017년 11월 9일 리커창 국무원 총리와 인민대회당에서 진행되었다. 우리 팀 내에는, 심지어 트럼프 대통령에게도 중국이 미국에 대해서 딴마음을 품은 듯하다는 약간의 의구심이 이미 퍼져 있었다. 그 회담(2017년의 베이징 회담)은 미국이 가진 그런 유의 의심을 중국이 자연스레 해소할 수 있는 아주 좋은 기회였다. 그러나 리커창은 전혀 그럴 뜻이 없어 보였다. 그는 회담 내내 그 자리의 대화를 거의 독차지했다. 하지만 그의 발언이 길어질수록 우리 일행의 의구심은 더 짙어졌다. 심지어 은연중에 그는 중국의 속내를 확신하게끔 하는 노골적인 발언마저 쏟아냈다.

노골적으로 말하면, 그의 발언 요지는 중국은 이제 미국을 꼭 필요로 하지 않는다는 것이다. 중국은 이미 산업과 기술 기반을 견고하게 갖춘 상태이기 때문에 이제부터는 미국이 자세를 낮추어야 한다. 따라서 미국이 중국의 불공정 무역이나 불공정 경제 관행을 언급하는 행위는 더 이상 쓸데없는 참견일 뿐이다. 미국은 미국의 일에, 중국은 중국의 일에 충실하면 된다. 미국의 일은 중국의 최첨단 산업과 소비자 제품 생산을 위한 원자재, 농산물, 에너지의 공급기지 역할에 있다. 그러면 중국도 미국의 소비자를 위해서 세계의 공장 역할을 성실하게 수행할 것이라고 리커창은 거듭 강조했다. 트럼프 대통령은 가능한 한 오래 참고 들으려 하는 것처럼 보였다. 그러다가 적절한 순간이 오자 벌떡 일어나 고맙다는 말과 함께 걸어 나왔다.[1]

길게 인용한 이 글은 2017년 당시 트럼프 대통령의 국가안보보좌관(NSA, National Security Advisor)을 지낸 H. R. 맥매스터(H. R. McMaster)가 2020년 발간한 자서전에서 밝힌 중국 방문 일정 중 마지막 회담 장면이다.

이 회담에는 시진핑이 아니라 중국 국무원 총리 리커창(李克强)이 대신 참석했다. 리 총리 발언의 요지는 재차 설명이 필요 없을 정도로 명확했다. 중국은 이미 미국의 간섭이나 통제가 통하지 않을 만큼 강력한 국가로 성장했고, 불공정한 무역이나 경제 관행이 있다고 하더라도 그것에 대해서 미국이 이러쿵저러쿵 쓸데없이 불평하는 것은 더 이상 용납하지 않겠다는 것이다.

미국이 현재 상태의 관계를 존중하고 필요 이상으로 상황을 복잡하게 만들지 않는다면 중국도 세계의 공장으로서 미국에 'made in China' 제품을 차질 없이 공급하겠다. 그 대신 미국은 최첨단 원자재와 기계부품, 곡물을 안정적으로 공급해주기 바란다. 이 방안이야말로 서로 윈윈(win-win)하는 최선의 방법이다. 모든 미사여구를 제거하고 리커창이 전하고자 하는 바를 노골적으로 말하면 이런 요지였다.

맥매스터의 회고에 의하면, 리커창은 미국 측 대통령 및 대표단과 회담 테이블에 마주앉아 이런 내용의 긴 글을 무미건조한 말투로 읽어 내려갔고, 트럼프를 비롯한 다른 사람들은 별다른 반응 없이 조용히 경청했다고 한다. 맥매스터는 호텔로 돌아가면서 당시 미국 국가안전보장회의(NSC, National Security Council) 선임 국장이었던 매트 포팅거(Matt Pottinger)와 리커창 총리의 발언이 가진 함의에 대해 의견을 나눴다.

두 사람은 시진핑은 리커창의 입을 빌려서 자신의 뜻을 전했다는 점에 동의했다. 그리고 시진핑이 트럼프에게 전달하고자 하는 메시지를 '오늘날의 중국은 과거 1990년대 개혁개방기의 중국이 아니라는 사실을 명심해라.'라는 의미로 해석했다. 문제는 이런 메시지의 내용만이 아니다. 그것을 마치 중국 황제가 조공국에서 온 사신을 대하듯, 미국 대통령에게 일방적으로 선포한 전달 형식에 담긴 의중이 무엇이냐도 문제였다. 이는 '지금의 중국은 너희 미국을 능가하는 부강한 슈퍼차이나(Super China)로 성장했다. 더 이상 불공정 무역이나 경제 관행에 대해 미국으로부터 쓴소리나 듣고 있을 약한 중국이 아니다.'라는 추가적인 해석을 가능케 했다.

시진핑은 2017년 10월 개최된 제19차 중국공산당 전국대표회의(당대회)에서 그동안 산발적이고 단편적으로 밝혔던 '중화 부흥', '중국굴기(中國崛起)', '중국몽(中國夢)', '샤오캉 사회(小康社會, 국민소득 1인당 800달러 이상) 건설' 등을 체계화하여 '시진핑 사상'이란 이름으로 전 세계에 공개했다. 시진핑은 그 자리에 이미 퇴임한 장쩌민(江澤民)과 후진타오(胡錦濤) 전 총서기 등을 참석시켜놓고 시진핑 사상의 상세한 내용과 중국의 미래상에 대해서 장장 세 시간 넘게 발표문을 읽어 내려갔다. 당시 91세의 장쩌민과 75세의 후진타오는 노익장에도 불구하고 간간이 몸을 뒤틀고 가끔 하품을 터트렸다. 하지만 끝까지 그 자리를 지켰다.

이 장면을 목격한 세계 언론은 한목소리로 그것은 시진핑이 의도적으로 연출한 상징적 상황이었다고 평가했다. 그 상징을 통해서 시진핑이 세계에 내보내고자 했던, 특히 그다음 달에 중국을 방문하기로 예정되어 있던 트럼프에게 전하고자 했던 메시지는 분명하다. 한마디로 덩샤오핑(鄧小平)의 '24자 방침' 중 가장 핵심인 '도광양회(韜光養晦)'는 폐기되었음을 명심하라는 것이었다. 도광양회는 '중국의 개혁개방이 본격적으로 시작된 1980년 후반 이후, 적어도 100년 동안은 흔들림 없이 낮은 자세를 유지하라.'라고 덩샤오핑이 특별히 지시한 중국의 핵심 외교 방침이었다. 이 방침이 폐기되었다는 것은 그 방침에 의해 고수돼온 중국공산당의 집단 지도 체제도 폐지한다는 메시지였다. 시진핑은 집권 이후 도광양회를 대신하여, '이젠 떨쳐 일어나 마땅히 할 일은 아무 눈치 보지 않고 하겠다.'라는 뜻의 분발유위(奮發有爲)를 즐겨 사용했다. 그것은 '중국에서 덩샤오핑의 개혁개방 시기는 이제 끝났다. 시진핑의 분발유위의 시대가 시작되었다.'라는 사실을 알리는 플래카드였다.

이런 결론을 바탕으로 맥매스터의 NSC 팀은 중국에 대한 전반적 전략 태세를 검토하고 현실주의적 관점으로 수정하기 시작했다. 중국의 WTO(World Trade Organization, 세계무역기구) 가입을, 개방된 세계질서와 자유시장경제 체제의 일원이 되겠다는 철석같은 약속이라고 믿었던 것은 착각이었다. 중국은 장차 미국의 가장 강력한 우방이자 큰 시장이 될 것이라는 믿음도 환상이었다.

중화 부흥, 중국굴기, 중국몽은 단순한 국가 내부 통합을 위한 시진핑의 캐치프레이즈가 아니었다. 그것은 장차 기존의 미국 중심의 세계질서를 중국 중심의 질서로 대체하고 중국이 국제사회를 리드하는 유일 초강대국이 되겠다는 선언이었다. 그것은 덩샤오핑이 추진했던 '이웃 국가와 선린 관계를 추진하는 개혁개방'의 국가 대전략이 공격적인 방향으로 대폭 수정되었음을 밝히는 공개선언이었다.

맥매스터는 중국이 미국을 대체하여 국제정세를 주도하는 유일의 초강대국, 즉 슈퍼차이나가 되고자 미국에 도전장을 내밀었다고 결론지었다.

사실 트럼프는 대통령 취임 후 중국을 첫 방문국으로 정했을 때, 그저 중국의 불공정 무역 관행 개선과 기술·지식재산권의 불법적 침해 방지를 약속받는 등 경제적 실익 확보가 목적이었다. 그런데 중국이 느닷없이 미국에 도전장을 내밀어, 잿더미 속에 숨어 있던 신냉전이라는 잉걸불을 거센 불길로 부채질해버렸다. 이후 미-중 갈등은 경제적 실익 다툼의 차원을 넘어 글로벌 차원의 진영 싸움으로 번지기 시작했다. 즉 자유주의 진영과 권위주의 진영의 명운을 건 신냉전의 시대가 드디어 개막된 것이다.

# 슈퍼차이나론의 환상에 젖은 중국

. . . . .

2017년 10월, 19차 당대회에서 시진핑 사상이 발표되자 대부분의 중국인들은 환호성을 질렀다. 그동안 중국공산당의 공식 인정을 받지 못한 채, 학계에서나 인터넷 커뮤니티에서만 무성했던 슈퍼차이나론이 시진핑에 의해 공식화된 셈이었다. 대다수 중국인들은 당이 승인했으니 슈퍼차이나의 중국몽은 반드시 실현되리라는 확신을 갖게 되었다. 실제로 2017년 11월 트럼프의 첫 중국 방문은 대다수 중국인들이 이런 장밋빛 슈퍼차이나론에 홀려 미국과 서방 진영을 만만하게 여기는 분위기 속에서 이루어졌다.

이런 분위기 조성에는 중국의 학계와 언론, 전문가들이 조성한 '자본주의 쇠망론'도 한몫했다. 2008년 서브프라임 모기지(Subprime Mortgage) 사태가 촉발한 미국발 세계 금융위기를 목격한 중국의 오피니언 리더들은 이 위기를 자본주의 시장경제 체제의 붕괴 가능성을 예고하는 중요한 경고 신호라고 여겼다. 당시 세계 4대 은행 중 하나인 리먼 브라더스(Lehman Brothers)의 파산은 일시적 금융 트러블로만 볼 수 없다고 여겨졌다. 중국인들은 이런 모든 현상들이 자본주의 쇠퇴와 붕괴의 필연적 과정이며 본격적인 균열의 증거라고 간주했다. 한마디로 미국은 이제 곧 떠오르는 중국에게 따라잡힐 대상일 뿐이라는 인식이 중국인들 사이에 흘러 넘쳤다.

사실 리커창 총리가 트럼프 면전에서 펼친 논리도 2010년대 이후 후안강(胡鞍鋼, 1953~), 린이푸(林毅夫, 1952~), 장웨이웨이(張維為, 1958~) 등이 주창한 슈퍼차이나론의 재탕에 지나지 않았다. 이들은 2010년대 초부터 별 근거도 없이 '중국은 이미 단순한 신흥경제국 단계를 넘어 세계 초강대국으로 부상하고 있다. 따라서 중국은 2020년까지 미국의 GDP를 추월하고 세계 유일의 경제대국이 될 것이다.'라고 주장했다.

이런 슈퍼차이나론을 바탕으로 체계화된 시진핑 사상의 첫 번째 타임라인이 '중국제조 2025'이다. 앞서 설명한 대로 이 프로젝트는 2025년까지 중국을 지구촌의 공장으로 만들어 세계 제조업 시장을 제패하는 것을 골자로 한다. 다시 말해서 중국을 지구촌의 수많은 공장 가운데 하나로 만들겠다는 뜻이 아니라 시진핑이 중국 제품의 공급을 끊으면 세계인의 일상생활이 영위되지 않을 정도로 절대적인 시장지배 체제를 완성하겠다는 뜻이다. 중국은 이미 여러 차례에 걸쳐 자국 제품의 수출을 열었다 닫았다 하면서 상대 국가를 압박해왔다.

시진핑 사상의 타임라인 가운데 두 번째는 '중국표준 2035' 프로젝트이다. 이것은 2035년까지 중국의 기술이 전 세계의 기술표준이 되게 만들겠다는 내용이다. 다시 말해 중국은 2035년까지 첨단기술 분야에서 최선두를 달리는 선진국이 되겠다는 목표를 공개선언한 것이다.

세 번째 타임라인으로 시진핑은 2021년 7월 1일, 중국공산당 창당 100주년(2021) 기념행사에서 '2개의 100년 이론'을 공식화했다. 구체적으로는 중화인민공화국 건국 100주년인 2049년까지 중국을 세계 최강의 '현대화된 사회주의 강국'으로 발전시키겠다고 밝혔다. 공산당 창당 100주년에 이어 건국 100주년, 즉 '두 번째 100년'인 2049년까지는 어떻게든 미국의 압박을 물리치고 중국을 세계 유일의 패권국가로 만들겠다고 만천하에 약속한 셈이다.

이들은 한 걸음 더 나아가 이러한 '중국굴기'의 기치를 내걸고 글로벌 산업화, 기술 혁신, 국제 무역에서 중국이 중심적 역할을 담당하고, 지역 및 글로벌 차원의 군사전략적 사안에서도 미국을 압도할 것이라고 인민에게 확약했다.

슈퍼차이나론자들은 중국의 이런 놀라운 성과가 우연이 아니라 하늘의 뜻이라고 믿는다. 중국은 원래 세계의 중심이며, 긴 역사 과정 동안 중화의 역할을 훌륭하게 수행해왔다는 것이다. '중국 특색 사회주의' 역시 중국공산당의 뛰어난 권위주의적 계획과 통제를 토대로 정치, 경제, 사회 모든 측면에서 기존 자유주의 진영의 시장경제 체제보다 훨씬 더 우월한 실적을 거두었다고 주장한다. 그 증거로 서구 자본주의 시장경제 체제가 몇백 년에 걸쳐 이룩한 기술문명 수준을 중국은 불과 몇십 년 만에 추월하는 괄목한 성과를 거두었다고 말한다.

따라서 기존 서구 중심의 세계질서는 중국 중심의 세계질서로 대체될 것이며, 그 원대한 목표를 성취할 영웅이 바로 시진핑이라고 주장한다. 그뿐만 아니라 이와 같은 중국의 꿈, 즉 '중국몽'은 시진핑 주석의 지도 아래 반드시 실현될 것임을, 정기적인 '시진핑 사상교육'을 통해서 어린 학생부터 노인에 이르기까지 주입하고 있다.

# 미-중, 한참 엇나간 시각

· · · · ·

'중국몽' 혹은 '중화민족의 위대한 부흥', '중국굴기'의 꿈에 대하여 시진핑은 '미국 중심의 일극 체제인 기존 세계질서를, 균형 잡힌 다극 체제로 전환시키는 데 중국이 기여하겠다.'라는 뜻이라고 주장한다. 그러나 트럼프를 비롯한 서방 국가들은 시진핑이 말하는 '균형 잡힌 다극 체제'는 얼핏 듣기엔 아름답지만 그 이면에는 이기적인 탐욕이 숨겨져 있다고 생각한다. 서방 국가들은 그것을 중국굴기, 중화 부흥과 연결시켜, 기존 규칙 기반의 세계질서를 해체하고 중국이 중화의 자리, 즉 세계의 중심, 전 지구적 초강대국의 지위에 오르겠다는 슬로건일 뿐이라고 여긴다.

그러한 슬로건이 중국 국내용, 즉 대(對)국민용에 그친다면 시진핑이 무슨 말을 하든 상관없지만, 이후 보여준 중국의 외교적 행보는 그렇지 않다는 점을 분명히 보여주고 있다. 이 점에 대한 미국과 서방의 태도는 분명하다. 만약 선을 넘어 시진핑이 패권적인 사회주의적 제국주의를 추구할 의도라면, 용납할 수 없다는 경고를 공개적으로 날리고 있다.

이를테면 2018년 1월 중국을 방문한 프랑스의 에마뉘엘 마크롱(Emmanuel Macron) 대통령은 "중국이 일대일로 프로그램을 활용하여 아시아, 아프리카, 유럽의 몇몇 국가들에 대한 영향력을 확대하려 한다. 그들을 중국의 봉신국으로 만들거나 그들을 이용해서 패권국가가 될 생각은 말아야 한다."라고 경고했다.

트럼프 역시 중국의 공개선언을 현재의 세계질서와 미국의 이익에 대한 도전의 속내를 드러낸 것으로 받아들인다. 트럼프는 중국의 부상을 시진핑이나 슈퍼차이나론자들이 주장하는 것처럼 '역사적 필연'이나 '하늘의 뜻'으로 보지 않는다. 오히려 트럼프는 중국의 부상을 미국과 서방 국가들의 기술 및 경제적 지원, 그리고 중국의 불공정 무역 관행에서 기인한다고 본다. 무엇보다 중국이 세계 경제에서 일정한 지위를 차지하기 위해 그동안 기술 절도, 강압적인 경제정책, 그리고 국가 주도의 산업 보조금을 사용했다고 비판한다.

미-중 간의 정세 인식은 공통분모를 찾을 수 없을 정도로 어긋나기 시작했고 마침내 트럼프 행정부는 강력한 대응 외에는 대책이 없다는 점을 깨달았다. 중국이 이러한 불공정 무역 관행과 기술 및 지식재산권에 대한 부당한 침해를 그치지 않는다면 중국에 대한 경제 봉쇄도 마다하지 않겠다고 공언했다. 대규모 관세 부과, 중국 기업에 대한 규제 강화 그리고 중국의 기술 및 지식재산권 침해에 대한 강경한 대응 조치가 트럼프의 대중국 압박 카드로 거론되었다.

2017년 11월 트럼프가 취임 후 중국을 첫 방문할 즈음, 트럼프와 시진핑의 시각은 한 점의 공감대 없이 이미 심각할 정도로 엇나간 상황이었다. 중국은 장밋빛 슈퍼차이나론에 푹 빠져 중국의 대미 공급망 없이는 미국 경제가 휘청거릴 수밖에 없다고 믿었다. 반면에 트럼프와 그의 참모진들은 앞서 말한 경제제재 조치에 더하여 대중국 투자에 대한 규제까지 가해지면, 서방 자본이 대규모로 빠져나가고 중국 경제는 하루아침에 황폐화될 것이라고 믿었다. 한마디로 트럼프는 미국과 서방의 협조 없는 중국 경제는 '모래 위에 지은 성'이라고 여겼다.

## 마라라고 정상회담, 트럼프와 시진핑의 첫 대면

· · · · ·

트럼프 대통령 취임 이후 미-중 간의 첫 정상회담은 이런 엇갈린 기대와 전망 속에서 준비되고 있었다. 일단 양국은 정상회담을 2017년 4월 6일부터 7일까지 양일간에 걸쳐 트럼프의 개인 소유지인 미국 플로리다주 팜비치에 위치한 마라라고(Mar-a-largo) 리조트에서 개최하기로 합의했다.

회담 개최가 며칠 남지 않은 3월 15일, 정상회담 의제를 한창 조율 중이었음에도 불구하고, 중국은 느닷없이 미국을 향한 공개적 경고를 날렸다. 이번에도 리커창 총리가 저격수로 나섰다. 전국인민대표자대회 폐막식 기자회견에서 리 총리는 "세계 최대 두 경제대국 간의 무역전쟁이 벌어진다면 이 전장에서 가장 큰 손실을 입을 상대는 미국 기업이 될 것이다."라고 주장했다.[2] 만약 미국이 시비를 걸어온다면 중국도 가만히 앉아서 당하진 않겠다는 경고였다.

트럼프는 당선 전부터 무역 불균형 이슈에서 남중국해 문제에 이르기까지 베이징에 대한 강경한 태도를 여러 차례 노출했다. 그는 베이징을 '세계 최대의 통화 조작자'라고 비난했고, 대통령 선거운동 중에는 중국 수입품에 45%의 관세를 부과하겠다고 다짐했다.

게다가 트럼프 팀의 여러 고위 참모들, 특히 수석 전략가 겸 고문이었던 스티브 배넌(Steve Bannon)과 신설된 국가무역위원회(NCT)의 피터 나바로(Peter Navarro) 등은 중국에 대한 초강경론자로 알려져 있었다. 트럼프는 자신의 선거운동 책자《메이크 아메리카 그레이트 어게인(Make America Great Again)》에서 "눈 똑바로 뜨고 중국을 지켜봐야 한다. 보호주의 정책과 사이버 도둑질로 우리를 앞지르려 했던 그들의 시대는 끝났다."라고 써놓기도 했다.

그러나 사실 이때만 하더라도 상식을 깨는 트럼프의 대중국 정책 및 발언은 블러핑(bluffing) 수준이었다. 실제로 트럼프는 정상회담을 앞두고 협상력 제고를 위해 자신의 장기인 블러핑을 최대한 활용해야 한다고 믿었다. 트럼프의 최우선 관심은 포괄적인 경제적 실익 확대였다. 이때까지만 하더라도 트럼프 팀조차 중국이 세계 유일의 패권국이 되기 위하여 새로운 냉전 국면을 전개할 수도 있다는 인식이 전혀 없었음을 엿볼 수 있는 대목이다.

그러나 중국은 트럼프의 연이은 공갈을 단순한 허언으로 여길 수는 없었다. 수시로 행해지는 그의 트윗 메시지와 언론 플레이는 중국의 아픈 곳을 골라서 콕콕 찔렀다. 그렇기에 트럼프가 중국에 대해서 공격적인 발언을 할 때마다, 중국은 그러한 조치가 미-중 간의 파괴적인 무역전쟁을 촉발할 것이라고 대응하지 않을 수 없었다. 2017년 3월에도 리커창이 경고를 날렸지만, 이에 대해서도 트럼프 팀은 협상에서 유리한 고지를 점하려고 중국이 내민 뻔한 수순 정도로 가볍게 여겼다.

리커창의 경고를 그저 그런 블러핑에 불과하다고 본 트럼프는 마라라고 회담에서도 시진핑에게 양국 간의 무역 불균형과 다양한 무역 불공정 사례에 대해서 상당히 노골적으로 심각한 불만과 우려를 표했다. 당연히 시진핑은 침묵으로 일관했고 양국 간 회담은 별다른 합의 없이 종결되었다.

상황이 이러했음에도, 트럼프는 시진핑에 대하여 상당히 호의적인 인상을 가졌음이 여러 군데서 나타난다. 맥매스터는 그의 자서

전에서 트럼프는 시진핑에 대하여 개인적인 호감을 갖고 있었고, 그와의 관계를 긍정적으로 평가하며, 중국과의 협력 가능성에 대해 낙관적인 견해를 가지고 있었다고 기록하고 있다.

특히 트럼프는 북한 문제에 대해서 중국의 역할과 협력이 필수적이라며 치켜세웠다. 트럼프는 시진핑 주석을 강력한 리더로 묘사하며, 두 정상 간의 개인적인 관계를 중시하는 듯한 발언을 여러 차례 했다. 특히 마라라고 미-중 정상회담 후에도 트럼프는 시진핑과의 만남을 긍정적으로 평가하며 양국 관계의 발전 가능성에 대해 약간 들뜬 어조로 언급했다고 맥매스터는 증언했다.

이런 기록과 증언으로 볼 때, 트럼프는 강하고 터프한 마초적인 권력자형 인간을 선호한다고 볼 수 있다. 예를 들어 웃통을 벗고 근육을 드러낸 푸틴, 중국공산당의 절대 권력자 시진핑, 무림 고수처럼 보이는 젊은 경호원들이 자기 뒤로 줄지어 함께 달리게 하는 김정은이 그가 좋아하는 스타일이다. 트럼프는 그런 인간형에 대하여 자기도 모르게 경의를 품는 성격이다.

이를 볼 때, 그가 전통 아메리카니즘(Americanism)의 강한 가부장적 인간형에 대한 향수를 지니고 있음을 알 수 있다. 서부 개척 시대에 황무지와 원시림에 가까운 숲을 도끼 하나로 개간하고 가족의 생계를 책임지는 아버지, 불현듯 출몰하는 아메리카 흑곰, 코요테 그리고 회색늑대 떼들을 물리치고 가족의 안전을 도맡은 아버지처럼, 권위주의적 인간형에 대한 선호가 있음이 분명하다. 따라서 트럼프가 시진핑에 대해서 꾸미지 않은 호의를 갖고 있었다는 맥매스터의 말은 일리가 있다고 본다.

시진핑에 대한 트럼프의 호의는 맥매스터의 후임 국가안보보좌관을 지냈던 존 볼턴(John Bolton)을 비롯한 측근들의 증언에서도 확인된다. 이들의 자서전을 보면 트럼프의 속내는 외부에 드러난 만큼 중국에 적대적이거나 호전적이지 않았다고 일관되게 증언하고 있다.

한 번은 트럼프의 딸 이방카(Ivanka Trump)와 중국어를 배우는 손녀가 워싱턴의 중국 대사관을 방문한 적이 있는데, 그 이후 중국에 대한 트럼프의 태도가 부드러워졌다고 한다. 트럼프의 사위인 재러드 쿠슈너(Jared Kushner)가 워싱턴의 중국 대사 추이톈카이(崔天凱)와 개인적인 친분을 쌓도록 용인하기도 했다. 모두 트럼프가 그의 공격적인 말투와 달리, 사실은 중국과 시진핑 주석에 대해 기대 이상의 호감을 가지고 있었음을 보여주는 대목이다.

트럼프는 권위주의적이고 가부장적인 아메리카니즘과 마초적인 남성성에 호감을 느끼는 스타일이다. 물론 실리를 다투는 협상에서는 그런 감정과는 완전 별개의 두 번째 인격, 즉 비즈니스 인격이 작동한다. 그는 협상에서 인간적인 호감이나 혐오에 영향을 받지 않으며, 철저히 실리를 추구하는 타산적인 합리주의자로 행동한다. 블러핑은 협상력을 극대화하기 위한 전략적 도구로, 트럼프는 세계 최고 수준의 블러핑 숙련도를 자랑한다.

그렇기에 집권 초기의 트럼프는 중국과 시진핑에게 블러핑을 남발하긴 했지만 그건 협상의 실익을 얻기 위한 것일 뿐, 시진핑이나 중국에 대한 특별한 위기의식이나 악감정을 갖고 있지는 않았음이 분명하다. 2017년 11월, 베이징 회담에서 리커창의 세 시간짜리 선전포고가 있기 전까지는 말이다.

# 리커창의 벌침 효과, 미국의 각성

· · · · ·

2017년 11월, 트럼프-리커창의 베이징 회담 이후 미국 정부의 중국에 대한 접근 방식은 급격히 강경노선으로 선회됐다. 트럼프 이전의 미국 정부는 WTO에 가입하는 등 기본적으로 개방된 세계 질서의 일원이 되겠다는 중국의 선의를 믿었다. 그 때문인지 미-중 사이에 심각한 문제가 터져도 외교적 해결을 촉구하는 데 그쳤다.

하지만 리커창과의 회담 이후 미국 정부는 그저 말로만 해결책을 요구해온 무역 불균형, 불공정 관행, 지식재산권 침해, 기술이전 강요 등 산적한 문제에 대해서, 중국이 실제 개선의 성과를 가시적으로 보여주지 않으면 미국도 그만큼 중국에 손해를 가하겠다는 입장을 내놓았다. 이제는 직접 채찍을 휘두르는 방식으로 중국의 태도 변화를 촉구한 것이다. 이러한 변화는 집권 초기 트럼프가 중국에 대해 긍정적인 인식을 지녔던 사실과 대조를 이룬다.

트럼프 행정부가 대중국 정책을 급격하게 변화시킨 동기에 대하여 당시 언론에는 이견이 분분했다. 트럼프의 중국 방문 때 시진핑이 트럼프를 만나주지 않는 등 홀대했기 때문이라는 설이 나왔고, 그에 대한 반박으로 국무원 총리인 리커창이 중국의 공식적인 국가수반이기 때문에 그가 트럼프를 접대한 것은 걸맞은 회담 형식이었고 큰 무리가 없었다는 등, 여러 설이 나왔다. 트럼프의 사업가적 기질이 발동되어, 중국을 밀어붙인 뒤 더 많은 이익을 얻어내려는 블러핑이라는 설도 입을 타고 떠돌았다. 이때만 해도 세상 사람들은 미-중 갈등을 경제적 실익을 좀더 챙기고자 하는 일시적 다툼으로 여겼다.

왜냐하면 트럼프-리커창 회담이 열린 2017년 11월 이전에는 중국의 정책을 수정하도록 촉구하는 트럼프의 자잘한 블러핑용 트윗이 있었지만, 실제 시행된 대중국 억제 정책은 전혀 없었기 때문이다. 미-중 베이징 회담이 개최되었던 2017년 11월 이전에 실시된 미국의 대중국 관련 주요 정책은 단 1건, 2017년 1월 공표된 TPP(Trans-Pacific Strategic Economic Partnership, 환태평양경제동반자협정)에서 미국의 철수 결정뿐이었다. 그마저 직접적인 대중국 억제나 견제 정책은 아니었다.

트럼프-리커창 회담 이후 실시된 미국의 대중국 경제제재 주요 정책은 총 7건이 있었다. 2018년 3월, 미국 무역대표부(USTR, United States Trade Representative)는 무역법 301조에 따라, 중국의 불공정 무역 관행에 대응하여 중국산 상품에 대한 무거운 관세를 부과했다. 이는 미국의 기술 및 지식재산의 강제 이전 건과 관련이 있다.

2018년 4월에는 같은 법에 따라 추가 관세를 부과할 수 있는 중국산 수입품 목록을 발표했다. 2018년 6월 트럼프 행정부는 약 500억 달러 상당의 중국 상품에 대한 관세를 시행할 것이라고 발표했으며, 첫 번째 관세는 7월 6일에 시작될 것이라고 했다.

2018년 9월 트럼프 대통령은 2,000억 달러 상당의 중국 수입품에 대한 새로운 관세 라운드를 발표했으며, 이는 10%의 비율로 시작하여 중국이 양보하지 않을 경우 연말까지 25%로 증가할 것이라고 했다. 그렇게 미국과 중국 간의 무역 협상이 교착 상태에 빠진 후, 2019년 5월에는 2,000억 달러 상당의 중국 상품에 대한 관세가 10%에서 25%로 인상되었다. 2019년 8월 트럼프 대통령은 트위터를 통해 "9월 1일부터 관세가 부과되지 않은 나머지 3,000억 달러 상당의 중국 수입품에 대해서도 10%의 관세를 추가로 부과할 것"이라고 발표했으며, 이는 나중에 15%로 증가하였다.

사태가 급진전하자, 트럼프의 광폭 행보를 '취임 초기의 시진핑 길들이기' 정도로 여기고 '미-중 간의 일시적 다툼'이라는 정세 판단 논평을 내놓던 각종 언론과 학계의 관계자들은, '미-중 간의 패권전쟁이 시작된 게 아니냐?'는 전망을 내놓기 시작했다. 곧이어 트럼프 행정부가 화웨이(華爲), ZTE(Zhongxing Telecommunication Equipment) 등 중국 기술기업에 대한 제재를 가하고, 첨단기술 유출 방지를 위해 대중국 투자 금지 및 통신장비 협력 제한과 기술교류 제한 조치를 연이어 취하자 '미-중 간 패권전쟁론'은 더욱 힘을 얻어갔다.

미국의 대중국 제재는 무역, 경제, 기술 분야에서 그치지 않고 남중국해 '항행의 자유 작전(Freedom of Navigation Operation, 국제해양법에 근거하지 않은 권한을 주장하는 외국의 해역에 군함을 보내는 미 해군의 무력시위)' 강화, 인도-태평양 전략 강화, 대만과의 정치적 교류 및 첨단무기 제공 등 정치, 군사 분야까지 확대되었다. 상황이 이렇게 되자 이것은 단순히 '패권 다툼'이란 용어로 정의될 사안도 아니라는 인식이 확산되었다. 총알과 포탄만 오가지 않을 뿐이지 명백히 '차가운 전쟁'이 벌어지고 있었다.

마라라고 회담 이후에도 시진핑에 대한 호감이 지속되었다는 점, 블러핑용 트윗과 언론플레이는 넘쳐났지만 실제 액션에 들어간 대중국 압박 정책은 별로 없었다는 점, 거의 모든 블러핑이 중국의 경제적 양보와 미국의 실리에 치중되어 있었다는 점을 볼 때, 트럼프가 처음부터 중국을 미국의 코밑까지 따라붙은 경쟁자로 생각했던 것은 아니었음이 확실하다. 트럼프는 전임 대통령인 클린턴(William Clinton)이나 오바마(Barack Obama) 정책의 연장선상에서 중국을 길들일 수 있다고 믿었던 것 같다. 다시 말해 트럼프 또한 '미국의 의지를 거스를 국가는 이 세상에 없다.'라는 패권국가적 나르시시즘에 젖어 있었다.

그러나 트럼프의 이런 기대는 베이징 회담에서 산산조각 났다. 그 회담에 동행했던 맥매스터와 후임 국가안보보좌관 존 볼턴의 자서전을 보면, 트럼프는 이때부터 중국이 미국이 주도하는 규칙 기반 세계질서와 자유시장경제를 뒤엎으려는 야심을 오랫동안 기획·설계해왔음을 깨달았다. 중국의 장기 전략이 이웃 국가들과 좋은 관계 속에서 경제성장을 이루자는 화평굴기의 세계 대전략에서 패권 추구적 신냉전 중국굴기 대전략으로 노골적으로 선회하고 있음을 트럼프는 직감했다.

2017년 베이징 회담은 미-중 갈등의 도화선인 동시에 신냉전의 불길을 타오르게 한 잉걸불이었다. 트럼프와 그의 참모진이 얻은 깨달음에는 리커창이 쏜 벌침이 주효했다.

## 전략적 나르시시즘에 빠진 미국
· · · · ·

맥매스터는 중국 지도자들의 인식이 변하게 된 결정적 계기가 2008년 서브프라임 모기지 금융위기라고 말한다. 그때부터 미국을 더 이상 국제정세의 절대자인 '라이온킹(lion king)'으로 보거나,

미국의 의지를 더 이상 넘어선 안 될 금지선, 즉 '레드라인(redline)'으로 여기지 않게 되었다는 것이다.[3] 중국은 2008년 미국발 세계 금융위기를 일시적 금융 트러블이 아니라, 자본주의 쇠퇴의 필연적인 과정이고 결정적 징표라고 믿었다.

1990년대 중반부터 미국, 유럽 등 해외 각국에서는 슈퍼차이나론이 분출되기 시작했다. 그런 맥락에서 중국공산당의 관변 단체와 학자들도 21세기야말로 망해가는 미국 자본주의를 제압할 절호의 기회라는 주장을 내놨다. 이러한 주장의 종착역은 예외 없이 중화 부흥으로 이어졌으며 중국 중심의 세계질서 개편이라는 결정적 과업이 중국공산당의 어깨에 떨어졌다. 더 이상 미루지 말고 세계질서 개편 작업에 과감하게 나서야 한다는 여론이 들끓었다.

대중국 안보 전략을 점검하는 과정에서 맥매스터는 중국이 미국을 얕보게 된 현실 뒤에는 이런 이유가 있다는 사실을 깨달았다. 더 나아가 그는 중국의 공격적인 외교와 경제정책을 오랫동안 방치해둔 클린턴, 오바마 행정부의 정책이, 오늘날 중국이 미국의 눈치를 전혀 보지 않는 상황을 초래하게 된 원인이라고 결론지었다. 맥매스터는 미국이 국가 대전략을 시급히 수정해야 할 만큼 긴박한 사태에 이르렀다고 판단했다. 이러한 인식은 맥매스터뿐만 아니라 트럼프 대통령을 포함한 미국 대표단 전체가 공감하는 바였다.

달리 말하면 트럼프-리커창 회담은 미국이 자신도 모르게 오랜 세월 동안 '전략적 나르시시즘(strategic narcissism)'에 사로잡혀 있었다는 사실을 깨닫게 만든 계기였다. '전략적 나르시시즘'은 국제관계학의 대가 한스 모겐소(Hans Morgenthau, 1904~1980)의 이론으로, 오랫동안 패권을 유지해온 국가는 세계에서 일어나는 모든 일들이 자국의 결정과 계획에 따라서만 이루어진다고 착각하는 경향이 생긴다는 것이다.

한 국가의 국제관계에 대한 접근은 철저하게 현실주의에 기반해서 실행되어야 한다. 그러나 미국은 구냉전의 승리 이후 '모든 나라가 미국의 각본과 의지에 따라 움직일 것'이라는 그릇된 믿음을 갖게 되었다. 결국 미국은 자기확신적 사고와 확증 편향에 빠진 외교정책으로 일관해왔다.

맥매스터는 미국의 외교와 국가안보 전략은 여러 행정부에 걸쳐 이런 병리증세에 사로잡혀 있었다고 꼬집었다. 맥매스터는 미국이 사로잡혀 있던 전략적 나르시시즘을 다음과 같이 지적한다.

첫째, 군사력 경쟁은 끝났다는 헛된 희망에 사로잡혀 있었다. 미국은 앞으로도 자신들이 유일한 군사적 초강대국이며, 미국 군대에 도전하는 어떤 적의 도발이라도 신속하고 확실하게 물리칠 수 있는 능력을 갖고 있을 것이라는 자기도취에 빠져 있었다.

둘째, 정치학자 프랜시스 후쿠야마(Francis Fukuyama, 1952~)가 그의 저서 《역사의 종말(The End of History and the Last Man)》에서 "이데올로기 전쟁은 자유주의 시장경제 체제의 승리로 끝났다."라고 했던 주장을 그대로 받아들여 미국은 공산주의 이념전쟁이 끝났다고 믿었다.

셋째, 냉전 이후의 세계는 초강대국인 미국을 중심으로 하는 유일 패권 체제로, 대국 간의 경쟁은 과거의 일이 되었다는 오판을 내렸다.

맥매스터는 미국이 1990년대부터 이러한 전략적 나르시시즘에 푹 빠져 있어 잘못된 대중국 정책을 지속해왔다고 분석했다. 동시에 중국은 미국의 이러한 잘못된 믿음에 동조하는 척하며, 미국이 달콤한 자기도취에 더 빠져들도록 분위기를 조장했다고 말한다.

중국공산당은 미국과 동조하는 한편, 그 이면에서는 국내적으로는 정치적·사회적 통제를 강화하고, 국제적으로는 영향력을 확장하는 작업을 은밀하게 추진해왔다. 한마디로 세계질서 재편과 세계 패권 장악이라는 '중화의 꿈'을 실현하기 위한 은밀한 노력을 끊임없이 해왔다는 뜻이다. 그 결과, 시진핑의 중국은 이제 더 이상 그들의 속내를 억지로 감출 이유가 없다고 판단할 만큼 자기 실력에 확신을 가졌다.

바로 그 시점이 시진핑의 집권 2기가 시작되고 시진핑 사상을 공개적으로 발표한 2017년이다. 이때부터 시진핑은 전략 기조를 '도광양회'에서 '분발유위'로 바꾸고, 대내외 모든 사안에 대하여 공세적이고 적극적으로 분발(奮發)해서 뭔가 성과를 거두라고(有爲) 압박하기 시작했다. 미국의 트럼프뿐만 아니라 서방과 약소국에 대해서도 중국의 의지를 관철하려는 강압적 태도로 돌변했다. 중국의 외교노선은 '전랑외교(戰狼外交)'* 같은 공격적 태세를 취했고, 글로벌 거버넌스 구축 등에 주동적으로 나섰다.

이러한 중국의 중화 부흥과 중국굴기에 대한 숨겨진 야망과 은밀한 공작은 오랜 시간 진행되었다. 이는 도광양회 전략 가운데서

---

* 2017년 이후, 특히 코로나19 팬데믹 시기인 2020년부터 중국 시진핑이 취한 공격적이고 강경한 외교노선을 말한다. 이러한 변화는 패권경쟁과 신냉전 국면에서 중국에 대한 서방의 경제제재, 정치적 견제에 대하여 공격적으로 대응하라는 시진핑의 분발유위의 영향으로 분석된다.

도 진행되었다. 미국이 슈퍼차이나론이나 중국공산당 주변 관변학자들의 주장에 조금이라도 진지하게 관심을 기울였다면 금세 낌새를 눈치챌 수 있었다. 그러나 미국은 전략적 나르시시즘에 푹 빠져서 중국의 움직임에 대한 그런 유의 정보 분석을 묵살해버렸다. 전략적 나르시시즘 증세가 가장 심각했다고 간주되는 클린턴, 오바마 정부는 그럴 수밖에 없었다고 치더라도, 취임 초기의 트럼프와 그의 스태프들도 중국이 설마 미국 주도의 규칙 기반 세계질서를 전복하려 할 줄은 전혀 몰랐다.

## 자기도취적 망상에서 현실주의적 대전략으로의 복귀
· · · · ·

미국의 세계 대전략은 '압도적 우위 대전략(primacy grand strategy)'으로 정의된다. 미국은 이미 국제 시스템에서 지배적인 위치를 유지하고 있기에, 이를 통해 자국의 이익을 극대화하며 세계질서를 안정적으로 관리하고자 한다. 미국의 하위 실행전략과 각종 정책은 이 압도적 우위 대전략을 토대로 수립된다.

이 대전략은 1945년 2차 세계대전 종전 이후 미국에 어떤 행정부가 들어서든지 여태껏 한 번도 변함이 없었다. 냉전 종식 이후 미국의 단극 체제 세계질서가 정착되었을 때에는 미국의 전략적 우위와 주도권을 지속적으로 유지·확대하고자 하는 목적으로 운용되었다. 심지어 베트남 전쟁이나 9.11테러처럼 충격적인 상황 속에서도 '미국 주도의 규칙 기반 세계질서와 자유민주주의를 수호한다.'는 미국의 대전략은 흔들리지 않았다.

이 대전략은 서로 긴밀하게 얽혀 있는 네 가지 원칙으로 구성되어 있다. 첫째 전략은 세계 어떤 국가보다 절대 우위의 군사력을 보유하는 것이다. 둘째 전략은 미국의 동맹국들에게 안보보장을 제공함으로써 그들의 우려를 덜어주고, 동시에 동맹국들이 미국의 이익을 해하거나 미국의 전략적 목표에 반하는 행동을 하지 못하도록 통제하는 것이다. 셋째 전략은 되도록 많은 국가를 미국이 주도하는 정치·경제 체계에 통합시켜 미국의 국제적 영향력을 확대하고 세계질서를 더욱 강화하는 것이다. 미국은 이 전략에 의거하여 최대 다수의 국가를 미국 중심의 글로벌 경제 시스템과 다자간 정치적 기구에 포섭했다. 그 결과 미국은 무역, 투자, 안보, 정책 협력 등 다양한 분야에서 국가 간의 협력을 주도해왔다. 그 과정에서 미국은 국제규범과 기준을 설정하고, 세계 경제와 정치에서 자신이 주도적 역할을 수행할 수 있는 글로벌 거버넌스를 구축했다.

마지막 네 번째 전략은 전 세계적으로 핵무기의 확산을 억제하는 것이다. 이 전략은 새로운 국가로 핵무기 확산과 전파를 막고, 기존 핵보유국의 무기 감축을 장려하며, 핵 기술과 핵 자재의 불법 거래를 방지하는 것을 포함한다. 이는 국제안보를 강화하고 핵무기로 인한 위협을 줄이기 위한 중요한 전략으로, 다양한 국제 협약과 조약, 그리고 외교적 노력을 통해 실현된다.

이 전략은 전 세계의 평화와 안정을 위한 것이긴 하지만, 무엇보다 미국의 압도적 우위를 지키기 위한 목적이기도 하다. 제3국이 미국의 압도적 우위 전략을 흔들 수 있는 유일하면서도 가장 손쉬운 방법은 핵공격이나 핵무기로 위협하는 상황이기 때문에 그 잠재적 위협을 억제하는 데 목적이 있다.

앞에서 지적했듯이 미국은 이러한 압도적 우위 대전략을 2차 세계대전 이후 한 번도 변경한 적이 없다. 그뿐만 아니라, 그 전략을 확고히 준수하고 실행해왔다. 그런데도 중국이 명시적으로 도전장을 내밀 때까지, 중국의 패권 추구 행보를 미국이 파악하지 못한 것은 선뜻 이해하기 어렵다. 그러나 미국의 현실정치를 좀더 깊이 들여다보면 얼마든지 그럴 수 있다고 여겨진다.

미국의 대전략은 불변이었다고 하더라도 그것을 실행하는 최고 명령권자는 미국의 대통령이었다. 미국 대통령 한 사람의 사상과 철학에 따라, 특히 대통령의 정책이 현실주의적이냐 혹은 자유주의적이냐에 따라 미국의 대외정책과 전략적 실천 방향은 좌우로 오락가락하는 경우가 많았다.

국가 간의 관계를 연구하는 국제관계론은 크게 두 분야로 나뉜다. 앞에서 언급한 현실주의적 국제관계론과 자유주의적 국제관계론이다. 현실주의적 국제관계론은 한스 모겐소, 케네스 월츠(Kenneth Waltz, 1924~2013) 같은 학자들이 주장하는 국제정치 이론이다. 이들은 국제정치를 다수의 주권 국가들이 자국의 생존과 번영을 위해서 온갖 권모술수를 다해서 싸우는 치열한 권력투쟁의 장으로 간주한다. 홉스가 말한 인간의 야만 상태, 즉 만인에 대한 만인의 투쟁 상태로 보는 것이다.

이 이론에 따르면 근대의 모든 국가는 주권 국가이다. 강대국이나 약소국이나 다른 국가에 종속되지 않고 자신의 운명을 스스로 결정할 주권을 갖고 있다. 따라서 각 국가는 다른 국가의 법적 판단을 배척하고 오로지 자국의 이익을 위해서 자기 주권을 행사한다. 외교적 합의나 국제법도 주권 국가들 간의 약속일 뿐이다. 한마디로 국가 간의 갈등은 최악의 경우 재판이라는 법적 수단이 아니라 전쟁이라는 폭력으로 해결될 수밖에 없다. 따라서 국제관계는 기본적으로 무정부성, 냉혹성을 띠며, 각국의 이해관계, 즉 국내적 권력 추구 과정 같은 현실주의적 관계성 위에서 분석돼야 한다. 이것을 현실주의 국제정치 이론이라고 한다.

반면 자유주의적 국제관계론은 임마누엘 칸트(Immanuel Kant, 1724~1804)와 존 롤스(John Rawls, 1921~2002) 같은 학자들이 주장한 이론으로, 국가 간 교역이 증가할수록 분쟁은 줄어들고 국제 협력과 규범을 통해서 장차 영구적인 평화를 달성할 수 있다고 믿는다. 다양한 분야에서 대규모로 교역을 하는 국가 간에 전쟁이 벌어질 확률은 희박하다. 전쟁의 이유와 목적이 무엇이든 전쟁에서 승리할 경우 생기는 이익보다 교역 관계의 파괴로 초래되는 피해가 더욱 클 것이기 때문이다.

교통수단의 발달과 이동 속도의 획기적 증가로 인해서 지구촌이 점점 더 좁아지고 각국 간의 교역량과 이해관계가 더 긴밀해지면 어느 시점에서 전쟁은 사라진다. 그러면 영구평화가 이 땅에 정착될 것이다. 현실주의적 관점보다 인간의 합리적 이성을 좀더 신뢰한다. 이것이 자유주의적 국제관계론의 요지이다.

이미 지적했듯이, 미국의 압도적 우위 대전략은 그 기조가 흔들린 적이 없었지만 매번 바뀌는 미국 대통령의 사상과 철학에 따라 하위 실행전략은 민주당의 자유주의와 공화당의 현실주의 사이를 넘나들었다. 예를 들어 1990년 이후 미국의 지도자들은 중국을 개방시켜 국제 무역시장으로 끌어들이는 것이 필요하다고 생각했다. 중국과의 경제 협력과 교류 확대를 통해 개방된 글로벌 질서에 그들을 끌어들이면, 중국의 광대한 시장은 미국의 차세대 주력 시장이 될 것이라는 기대 때문이었다. 이러한 관점은 자유주의 이론에 부합한다. 자유주의적 국제관계론의 요지대로 교역량이 증대하고 서방 진영과 상호 의존도가 높아지면 중국도 종국적으로 자유사회의 일원으로 변신할 것이라는 환상이었다.

특히 클린턴과 오바마 행정부 시기의 중국은 고도 경제성장기를 구가했는데 거대한 시장을 내세워 세계 경제에 대한 영향력을 급격히 키웠다. 클린턴은 중국의 WTO 가입이, 당장은 아니더라도 중국을 서서히 자유사회의 일원이자 자유 진영의 우방으로 변화시킬 것이라 확신한다고 공언했다. 그 정도로 중국에 대한 꿈이 컸다. 중국에 대한 기대와 장밋빛 환상은 중국의 WTO 가입 직후 클린턴이 존스 홉킨스 대학에서 행한 연설에 잘 나타나 있다.

WTO 협정은 중국을 올바른 방향으로 이끌 것입니다. 이는 지난 30년간 미국이 중국에서 추구해온 목표들을 진전시킬 것입니다. 물론 이는 우리의 경제적 이익도 증진시킬 것입니다. 경제적으로 이 협정은 일방통행과 같습니다. 세계 인구의 5분의 1을 차지하는 중국은 잠재적으로 세계에서 가장 큰 시장을 우리 제품과 서비스에 전례 없이 개방해야 합니다. 우리는 단지 중국이 현재 추진 중인 WTO 가입을 인정하고 지속적인 동의를 얻게 하면 됩니다.[4]

이 연설에서 클린턴은 한마디로 중국이라는 엄청난 대어를 드디어 낚았다는 자기 만족감을 맘껏 드러냈다. 이제 미국이 해야할 일은 중국이라는 대어가 개방된 국제 무역시장이라는 큰물로 잘 헤엄쳐 나오도록 가이드해주고, 또 그들을 놀라게 하지 말고 살살 달래는 일이라고 강조한다. 그로 인해 미국이 얻게 될 이익이 엄청날 것이라는 속내도 드러내고 있다. 그런 엄청난 일을 클린턴 자신이 해냈다는 자부심이 드러난 연설이었다. 이와 같은 클린턴의 태도는 자유주의적 관점에서 볼 때 충분히 이해할 만하다. 하지만 클린턴은 자신의 업적에 너무 흥분되어서 그런지 몰라도 중국을 그물에 갇힌 대어처럼 여기고 있다. 중국이 아무 생각 없이 그물에 갇혀 있을 물고기는 아닐 터이다. 이때의 클린턴은 이미 전략적 나르시시즘에 빠진 듯이 보인다.

앞에서 이미 논했듯이 맥매스터는 미국의 '압도적 우위 대전략'에 대한 냉정한 재평가와 미국의 세계 대전략에 대한 검토를 시작했다. 그 평가에 따르면 중국의 개혁개방 과정에서 끌려다닌 쪽은 오히려 미국이었다. 중국에 끌려다니면서 그들의 무례하고 강경한 행동을 통제하지 않고 방치한 결과, 중국이 세계질서 재편의 야망을 공공연히 드러내는 지경에 이르렀다. 이는 그동안의 유화적인 미국의 대중국 정책이 한계를 드러냈음을 의미한다. 자유주의적 관점에서 대중국 관계를 해석하더라도 국제적 균형과 안정을 위한 더 단호한 접근이 필요했음을 시사하는 대목이다.

클린턴의 유화적 대중국 실행전략은 오바마 시기에도 별다른 변함없이 이어졌다. 오바마는 '아시아 회귀 전략'을 수립하고 서태평양에서의 중국의 도발에 압박을 가했지만 실제 그것은 말뿐인 전략이었다. 남중국해에서 불법적인 인공섬을 건설하고 남중국해 전체를 자신의 독점적 관리하에 두겠다는 중국에 대해서, '항행의 자유 작전' 외에는 별다른 군사적 압박이나 경제적 압박을 가하지 않았다. 외교적인 해결을 추진하겠다는 명분하에, 그의 집권 기간 동안 실시된 '항행의 자유 작전'은 작은 순시선을 남중국해에 몇 번 띄운 것밖에 없었다.

이와 같은 자유주의적 국제관계론에 기초한 유화적 실행전략을 현실주의적 강경전략으로 뒤바꾼 대통령이 트럼프였다. 그 계기는 앞에서 논한 내용대로 베이징에서 이틀 동안 리커창의 벌침을 맞은 덕분이다. 그것만으로도 중국에 대한 미몽에서 미국을 깨우기엔 충분했다. 당시 맥매스터가 이끌던 NSC 팀의 결론은 중국에 대한 전략적 관점과 접근 방식에 과감한 변화가 필요하다는 것이었다.

2017년 베이징 회담 이후 촉발된 이런 전략적 공감대를 바탕으로 미국 NSC 팀은 다음과 같은 대중국 전략 수립을 위한 전제를 설정했다.

대중국 전략을 수립하기 전에 반드시 준수해야 할 원칙이 있다. 중국 문제는 중국공산당의 행동원리를 지배하는 그들의 역사적, 심리적 동기, 감정, 문화적 편견 및 열망을 명료하게 이해하고 있는지 확인한 후에 접근해야 한다는 것이다. 중국공산당의 진심은 권위주의적 통제경제를 절대 포기할 수 없다는 것이다. 그뿐만 아니라 그들의 대외전략의 종국적인 목적은 미국 주도의 이익과 자유주의 국제질서를 뒤엎고 그들만의 중화 부흥을 성취하려는 것이다.[5]

이러한 원칙에 더하여 NSC 팀은 대중국 전략이나 정책을 수립할 때 우선적으로 고려해야 할 행동준칙을 마련했다.

그들의 첫 번째 행동준칙은 중국 담당자의 말이나 서명된 서류 내용만을 근거로 그들이 약속을 지킬 것이라고 섣불리 믿지 말라는 것이다. 중국 담당자의 말과 행동은 그들의 행동원리를 제대로 이해해야만 그 진의를 파악할 수 있다. 우선 듣기 좋은 말도 그 역사적 맥락을 찾아보면 '배신의 언어'일 경우가 많다는 뜻이다.

두 번째 행동준칙은 중국공산당은 어떤 경우에도 권위주의적 통제경제를 절대 포기할 수 없다는 점을 명심하라는 것이다. 체제를 포기하는 일은 공산당의 해체로 이어지고 공산당 간부들이 누리는 모든 특권이 사라지는 상황을 의미한다. 그래서 그들의 대외 전략의 종국적인 목적은 미국의 이익과 미국 주도의 자유주의 국제질서를 뒤엎고 그들만의 중화 부흥을 성취하려는 것이다.

이런 원칙과 행동준칙 속에 미국의 NSC 팀은 중국의 전략 방향을 다음과 같이 분석했다.

첫째, 중국은 기존의 국제질서와 규칙을 따르지 않고, 오히려 그것을 어기고 도전함으로써 기존의 체제를 약화시키려 할 것이다. [중략] 셋째, 중국은 불공정 무역 관행을 포함한 경제적 공격성을 정상적으로 수정할 생각이 전혀 없다. [중략] 넷째, 중국의 공격적 태세는 전략적 위치와 인프라를 통제하여 독점적이고 배타적인 우위 지역을 설정하고 운명공동체라는 명목으로 주도하려는 것이다. [중략] 마지막으로, 중국은 자국의 국가주의 경제와 권위주의 정치 모델을 자유시장경제와 민주적 거버넌스에 대한 대안으로 더 공격적으로 홍보할 것이다.[6]

정리하자면 중국은 이념전쟁을 중단할 생각이 추호도 없으며,

불공정 무역 관행이나 비윤리적이고 공격적인 산업스파이 행각 등 공격적 경제활동을 정상적인 경제활동으로 수정할 생각이 전혀 없다는 얘기다. 오히려 국제법에 어긋나는 활동과 주장을 반복함으로써 기존의 규칙 기반 세계질서를 흔들고 체제를 약화시키려 한다. 그렇게 탈취한 핵심기술을 이용하여 파괴적 군사기술을 개발하고 첨단산업의 선두주자로 나서려 한다는 것이다.

또한 '상호 연결성의 획기적 증대', 즉 일대일로 등 '함께 손잡고 힘을 합쳐 더불어 잘 먹고 살자.'라는 명분으로 진행되는 전략적 인프라와 지정학적인 요충지 확보 시도를 늘려나갈 것이라고 한다. 이를 통해 배타적인 우위 지역을 확보하고, 해당 지역 국가들을 운명공동체라는 명분으로 묶어서 정세 변화를 주도하려 한다는 분석이다.

## 중국-러시아에 대한 역포위 전략 수립
· · · · ·

미국이 파악한 중국의 대전략은 한마디로 말하면, 중국과 러시아가 유라시아 대륙의 남방과 북방에 보이지 않는 만리장성을 쌓고 그 안에서 서방 진영이 지칠 때까지 농성한다는 전략이다. 지도에서 보듯이 일대일로 프로젝트로 중국과 운명공동체 협정을 맺은 스리랑카, 파키스탄, 아프가니스탄, 지부티를 서로 연결하면 '보이지 않는 남방 만리장성'이 완성된다. SCO 회원국인 우즈베키스탄, 카자흐스탄, 타지키스탄과 몇몇 중앙아시아 동맹국을 연결하면 '보이지 않은 북방 만리장성'이 완성된다.

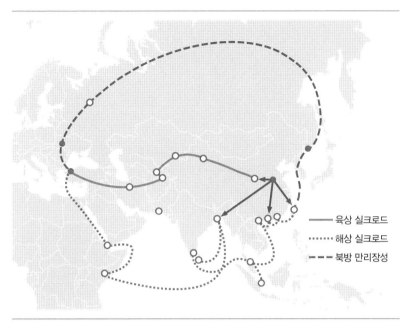

육상 실크로드
해상 실크로드
북방 만리장성

중국-러시아의 남북방 만리장성 개념도, 권위주의 국가 간 연결로 방어선을 구축

　이 국가들의 동맹으로 구축된 만리장성의 나머지 빈 구역은 그 자체로 난공불락의 성벽인 러시아가 채운다. 유라시아 대륙을 2개로 나누어 북방은 러시아가, 남방은 중국이 운명공동체 가입 국가들과 함께 나눠 가지자는 전략 구상인 셈이다. 이 두 지역은 유라시아 대륙 면적의 80%를 차지하고 세계 총인구의 65%를 포함한다. 다시 말해서 세계 인구의 65%를 2개의 만리장성 안에 가두고 그 안에서 서방 진영이 몰락할 때까지 농성하려 한다는 얘기다.

　이들은 만리장성을 쌓고 서방 진영이 그 지역에 발도 못 붙이게 성문을 걸어 잠그면, 미국을 위시한 첨단 산업국들은 결국 모든 시장을 잃고 18세기 식민지 이전의 시기로 퇴행할 수밖에 없다고 믿고 있다. 만약 미국과 서방이 그런 일을 감내할 수 없다면, 중국과 러시아에게 세계질서에 대한 주도권을 양보하고 그 타협책으로 일부 지역 시장에 참여하는 특전을 받는 방법을 택해야 한다. 이로써 신냉전의 최후 승리자는 중국과 러시아, 그리고 여타의 권위주의적 사회주의 국가들이 된다. 미국은 중국의 음모가 이런 방식으로 진행될 것이라 판단하고 있다.

미국은 이와 같은 중국의 '농성 대전략 구상'을 밝히며, 중국은 미국의 주된 경쟁자임을 '2022년 국가안보전략서(NSS, National Security Strategy)'에서 명확히 정의했다. 국가안보전략서에 들어갔다는 것은 해당 내용이 미국의 모든 실행전략, 전술, 작전 수립에 지침으로 사용된다는 의미다.

바이든 행정부는 "중국은 국제질서를 재편하려는 의도와 그런 목적을 진전시키기 위해 필요한 경제, 외교, 군사, 기술 능력을 모두 갖춘 유일한 경쟁자이다. 중국은 인도-태평양에서 영향력을 확대하고 세계를 주도하는 국가가 되려는 야망을 갖고 있다."라고 규정하면서 중국에 대한 압박과 견제를 강화할 것을 시사했다.

국가안보전략서에서 바이든은 "세계는 지금, 미래의 국제질서를 결정짓기 위한 전략적 경쟁의 한가운데에 있다. 그 어느 때보다도 미국의 리더십을 절실히 필요로 하고 있다."라고 말한다. 또 "미국은 자유, 개방, 번영 및 안보라는 자유세계 고유의 가치 수호를 위해, 세계 각국의 동맹국과 파트너 그리고 이익을 공유할 수 있는 모두와 긴밀히 협력해서 경쟁에서 승리할 것이다."라고 강조한다.

맥매스터는 미국의 안보 전략이 이렇게 변경될 수밖에 없었던 동기를 다음과 같이 말한다.

예전과 같이 국제관계의 플레이어들이 스스로 국제사회의 규범과 관행을 준수할 것을 믿고 선의로 지켜보던 시대는 지나갔다. 이제는 새로운 시대에 접어들었고 우리는 국제 규칙 준수가 모두의 이익에 부합한다는 사실을 그들로 하여금 깨닫게 할 새로운 전술을 모색해야 했다. 이는 중국이 권위주의적 통제 체제를 내려놓고 개혁과 개방으로 다시 돌아서야 한다는 것을 깨닫게 만들어야 한다는 의미다.[7]

바이든 정부 들어 발표된 첫 번째 국가안보전략을 살펴보면 미국이 추구하는 전략 목표를 미국 국민의 안전 도모, 국내외 경제적 기회 확대, 미국 주도의 민주적 가치 실현 및 방어라고 설정하고 있다. 이러한 대전략의 선회는 그동안 중국이 아무리 날뛰어도 '중국이 자유주의적 시장경제 체제의 길로 나와야 하는 것은 역사적 필연이다.'라고 믿고 있었던 미국의 환상이 드디어 깨졌다는 사실을 의미한다. 중국이 글로벌 차원에서 전략적으로 추진해온 동화(co-option), 강압(coercive), 은폐(concealment) 공작을 통한 영향력 확장 책동을 볼 때, 미국 지도자들은 선의의 교류만으로 중국공산당을 국제질서와 규범을 준수하는 책임 있는 국제관계의 플레이어로 변화시키기 어렵다는 전략적 판단을 내렸음이 분명하다. 2017년 트럼프-리커창 회담에서 발화된 작은 불씨가, 잘못된 행동에 대해서는 반드시 그 대가를 치르게 만들겠다는 군사력 기반의 강대강 기조로 미국의 대전략마저 전환시킨 셈이다.

일단 미국은 농성하고 있는 중국과 추종 국가들의 연결고리를 공격하여 약한 고리부터 끊어내는 전략을 채택했다. 기존의 우방 및 동맹국과 함께 중국과 러시아의 북방-남방 만리장성을 역으로 크게 포위하여 성을 공략하는 전략이다. 이를 통해 만리장성 안의 물과 식량을 고갈시켜 권위주의 진영의 항복을 받겠다는 '역포위 공성(攻城) 전략'을 채택한 것이다.

바이든이 말했듯이 세계는 지금 미래의 국제질서를 결정짓기 위한 전략적 경쟁의 한가운데에 있다. 두말할 필요도 없이 신냉전의 선전포고이다. 글로벌 차원의 신냉전의 불길이 중국의 농성 전략과 미국의 역포위 공성 전략 간의 대립으로 점화되어 다시 타오르기 시작했다.

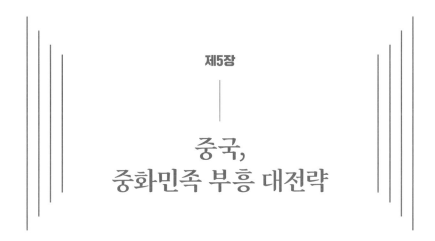

제5장

중국,
중화민족 부흥 대전략

## 덩샤오핑, 중국을 개혁개방하다
∙ ∙ ∙ ∙ ∙

1981년 6월 공산당 제11기 제6차 중앙위원회 전체회의(11기 6중
전회, '중전회'는 다음번 당대회 개최까지 5년간 7차에 걸쳐 열리는 중국공산당
중앙위원회 전체회의를 뜻함)에서 마오쩌둥(毛澤東)의 제1차 역사결의
(1945)에 이어 중국 역사상 제2차 역사결의인 〈건국 이래 당의 몇
가지 역사문제에 관한 결의〉가 통과되었다. 마오쩌둥의 후계자를
자처하던 화궈펑(華國鋒) 노선을 물리치고 덩샤오핑의 개혁개방 노
선에 승리를 안겨준 역사적 사건이었다.

그로부터 10년이 지난 1992년, 덩샤오핑은 자신의 개혁개방 정
책에 대하여 당내 보수파의 심각한 반대에 직면했다. 그의 집권
이래 처음 있는 일이었다. 당내 반대 세력은 '지난 10년간의 개혁
개방이 중국 사회의 빈부격차를 심화시켰고, 서방의 퇴폐 문화를

들여와 중국을 오염시켰다.'라는 명분을 들어 총공세를 펼쳤다.

　개혁개방 노선에 대한 당내의 지지가 넘쳐흘렀던 1980년대와 달리, 1992년경의 중국 정세는 마오쩌둥 시대를 그리워하고 공산혁명을 지지하는 보수 세력이 설치는 등 완연히 다른 장면이 연출되고 있었다. 1989년에는 참혹한 대중 학살로 악명 높은 톈안먼(天安門) 사건이 일어났다. 인민의 자유를 지지하는 것으로 여겨졌던 덩샤오핑이 청년과 학생에 대한 학살을 승인했다는 의외성 때문에 세계가 경악한 사건이었다.

　1991년에는 소비에트 연방이 붕괴되면서 거의 40년을 이어오던 냉전이 종식되고 베를린 장벽(Berlin Wall)이 무너졌다. 이런 국제정세에서 태자당(太子黨)을 비롯한 중국공산당의 보수 세력 내에서는 중국마저 붕괴된다면 공산주의 진영은 완전히 해체되고 역사의 뒤안길로 사라질지도 모른다는 불안감이 팽배해졌다.

　당연히 중국 내부에는 개혁개방 정책을 둘러싼 논란이 심화됐다. 흑묘백묘론(黑貓白貓論)을 위시하여 자본주의 체제를 뒤따르려는 것처럼 보이는 덩샤오핑의 개혁개방 노선은, 중국을 소련이 빠져들었던 붕괴의 나락으로 빠뜨리는 결과를 낳을 것이란 우려가 형성된 것이다.

　이러한 도전에 직면한 상태에서 덩샤오핑은 갑자기 코앞에 다가온 당내 투쟁을 뒤로하고 1992년 1월 18일부터 2월 22일에 걸쳐 온 가족을 이끌고 우한(武漢), 광저우(廣州), 선전(深圳), 주하이(珠海), 상하이(上海) 등 중국 남부지방의 경제도시로 기차여행을 떠나버렸다. 한겨울의 추위를 피해서 따뜻한 남방으로 오랜만에 가족여행을 즐긴다는 뜬금없는 명분이었다. 중국뿐만 아니라 세계인들 모두 그의 행보를 의아하게 생각하는 가운데 그의 가족여행은 아무도 예상하지 못했던 장면을 곳곳에서 연출하기 시작했다.

소위 남순강화(南巡講話)의 시작이었다. 그가 가는 곳마다, 심지어 기차여행 도중 잠깐 머문 역마다 구름 같은 지지자들이 모여들었다. TV 카메라가 덩샤오핑을 정면에서 포착하면, 그의 뒤로 선전과 상하이 같은 중국 경제도시의 고층 빌딩과 크레인이 비춰졌다. 신흥 도시의 스카이라인을 새로 긋는 생생한 장면이 TV 화면을 가득 채운 채 중국 전역으로 방영되었다. 구름같이 모여든 지지자들의 어마어마한 함성이 영상과 함께 송출되었다. 카메라 앵글이 그를 후방에서 포착하면, 그의 앞으로 구름처럼 모인 대중들의 열광과 환호가 화면을 가득 메운 채 TV 전파를 타고 전국으로 퍼져 나갔다.

뜬금없는 가족여행은 잘 다듬어진 영화의 한 장면보다 더 생생하게 개혁개방 노선의 성과를, 전체 중국 인민은 물론이고 그의 노선에 결사 대항하는 반대파에게도 확실하게 각인시켰다. 뜻밖의 장면에 어안이 벙벙해진 당내 보수 세력에게 덩샤오핑의 손짓 하나 말 한마디는 천금의 무게로 누르는 압박처럼 느껴졌다. 또한 덩샤오핑에 대한 대중의 열광적인 지지는 아직도 생생한 문화혁명의 트라우마가, 금방이라도 덩샤오핑의 이름으로 재현될 것만 같은 엄청난 충격과 공포로 다가왔다.

말 그대로 단순한 가족여행인 줄 알았던 덩샤오핑의 남부지방 순시는 그에 대한 중국 대중의 광범위하고도 강력한 지지와 경제 개발의 성과를 전 세계와 전체 중국 인민에게 과시했다. 덩샤오핑은 남순강화 동안 대중의 열광적 지지를 확인한 다음, 반(反)개혁파 보수 세력을 향해 "개혁에 반대하는 자는 그냥 집에 가서 잠이나 자라!"라고 일갈했다. 자신감에 가득 찬 그의 목소리는 상대를 공포에 떨게 했다. 그것은 남순강화라는 신화를 역사의 한 페이지에 기록하는 순간이었다.

덩샤오핑은 그 여행을 통해 그가 1979년 미국 방문 이후 여러 차례 인용한 흑묘백묘론을 반복해서 설파하면서, 형식주의를 배격하고 실용주의의 길을 걸어야 한다고 주장했다. "현재의 중국은 검은 고양이든, 하얀 고양이든 쥐를 잘 잡는 고양이가 필요하다.", "자본주의 체제에도 계획이 있다. 사회주의 체제에도 시장은 존재한다.", "앞으로 생산력 신장, 국력 증진, 인민의 삶 향상 여부가 정책 판단의 절대적 기준이 돼야 한다."라고 설파했다. 덩샤오핑은 '중국 특색의 사회주의 시장경제'를 과감히 실행하고 100년 동안 흔들림 없이 관리해야 한다고 강조했다. 당연한 결과지만, 1992년 3월 베이징의 정치국 회의에서 덩샤오핑은 반대파를 누르고 큰 승리를 거두었다.

그리고 그는 남순강화 도중 '24자 방략'이라는 향후 100년 동안 중국 지도자들이 준수해야 할 국가 지침을 발표했다. 그 내용은 냉정관찰(冷靜觀察), 참온각근(站穩脚筋), 침착응부(沈着應付), 도광양회(韜光養晦), 선우수졸(善于守拙), 절부당두(絶不當頭)인데 순서대로 풀이하면 '냉정하게 관찰하라.', '입지를 확고하게 하라.', '침착하게 대응하라.', '능력을 감추고 때를 기다리라.', '세태에 융합하지 말고 우직함을 지키라.', '실력이 될 때까지 절대로 우두머리가 되려고 나서지 말라.'이다.

24자 방략은 24자 방침, 24자 전략 등 여러 가지 이름으로 인용되고 회자된다. 방략의 최초 출처에 대해서는 여러 설이 있으며, 본래 28자라는 설도 있다. 이 모든 설을 고려하면 덩샤오핑이 처음부터 하나의 문건으로 통일된 방략 지침을 내린 것은 아니라고 볼 수 있다. 추후에 하나씩 가감 첨삭된 것이 확실하다.

예를 들어, 1993년 중국 인민출판사에서 발간된 《덩샤오핑 문선》 제3권에는 1989년 베를린 장벽이 무너지고 소비에트 연방이 붕괴할 조짐이 보이자 덩샤오핑은 먼저, 사태의 추이를 냉정하게 관찰하라(冷靜觀察), 자신의 자리를 굳건히 지켜라(穩住陣脚), 만사에 침착하게 대응하라(沈着應付)는 세 가지 외교 방침을 지시했다고 한다.

한편, 미국의 사회학자 에즈라 보걸(Ezra F. Vogel, 1930~2020)의 저서 《덩샤오핑 평전》에 따르면, 이후 1991년 8월 소련 부통령 겐나디 야나예프(Gennady Yanayev)가 대통령인 미하일 고르바초프(Mikhail Gorbachev)를 상대로 쿠데타를 일으켰다는 소식을 받은 중국 부주석 왕전(王震)은 당 중앙에 전보를 보내 야나예프의 쿠데타를 지지하자고 제안했다. 이때 덩샤오핑은 "도광양회(韜光養晦), 결부당두(決不當頭), 유소작위(有所作爲)"라고 답했다고 한다.[1]

또한 중국의 국제정치학자 예지청(叶自成, 1956~)은 "1991년 덩샤오핑이 하달하여 중국 외교정책의 기조로 삼게 한 20자 방침은 냉정관찰(冷靜觀察), 온주진각(穩住陣脚), 침착응부(沈着應付), 도광양회(韜光養晦), 유소작위(有所作爲)이다."라고 밝힌 바 있다.[2]

종합하면 24자 방략이 하나의 전략으로 완성된 시점은, 1992년 1월 덩샤오핑이 남순강화에서 연설을 할 때라고 봐야 한다.

이 외에도 덩샤오핑은 중국의 미래를 위해서 몇 가지 결정적으로 중요한 장치를 설치했다. 첫 번째는 집단지도 체제다. 1인 독재를 방지하기 위해 국가 정책을 특정 개인이 아니라 당의 공식 기구를 통해 결정하는 것이다.

두 번째는 최고위급 지도자의 장기집권을 방지하기 위한 연령제와 임기제다. 구체적으로는 3연임 제한 원칙과 '7상8하(七上八下)' 원칙이 있다. 7상8하는 정치국, 정치국 상무위원회, 중앙군사위원회, 중앙기율검사위원회에서 67세까지만 취임을 허가하고 68세 이상은 정해진 임기까지만 재임을 인정한다는 제도다.

세 번째는 최고 지도자 선정에 있어서 '격대지정(隔代指定)'의 원칙을 남긴 것이다. 공산당의 차기 최고 지도자, 즉 총서기 후보는 권력을 승계하기 최소한 5년 전에 정치국 상무위원에 선출되어 경험을 쌓은 후 권력을 물려받도록 해야 한다. 그에 따라 후진타오는 2002년에 상무위원이 되어 2007년에 총서기가 되었고, 마찬가지로 시진핑은 2007년에 상무위원이 되어 2012년에 총서기가 되었다. 이렇게 되면 모든 후계자 후보들은 총서기로 취임하기 전에 그 자질을 테스트받을 수 있다.

한눈에 봐도 알 수 있듯이 덩샤오핑이 설치한 모든 장치는 중국 최고 지도자의 자격을 엄격하게 검증하고 연령과 임기를 제한하여 노령이 되도록 권좌를 장악하는 일이 없게 하는 데 있다. 그리하여 지도층에 매너리즘이 아니라 활기가 넘치게 만들자는 취지이다. 또 천안문 사태에서 잘 드러났듯이 어떤 대가를 치르더라도 공산당 일당 독재를 수호해야 하지만, 특정 개인이 독재의 길로 들어서는 것을 방지하기 위하여 집단지도 체제라는 장치를 여러 측면에서 정교하게 설치했다.

개혁개방 이후 40년이 흐른 2020년대 초입에서 바라본 이러한 덩샤오핑의 방략과 제도적 장치들은 그야말로 기적 같은 경제개발 성과를 거두는 데 결정적 기여를 했다. 예를 들어 1980년 일본의 GDP는 1조 1,050억 달러, 미국은 2조 8,570억 달러였지만, 중국의 명목 GDP는 3,061억 달러에 불과했다. 일본의 17.2%, 미국의 6.7%에 불과했다. 하지만 시진핑이 중국공산당 총서기로 집권하기 직전인 2012년, 중국의 명목 GDP는 9조 5,700억 달러로 미국 다음의 세계 2위였다. 이 기간 동안 1인당 명목 GDP는 1980년 312달러에서 2012년 7,020달러로 총 22.5배 성장하였다. 누가 봐도 기적적인 성장을 했다고 말할 수치이다.

덩샤오핑은 중국을 하루라도 조속히 발전시킬 방책을 강구하기 위하여, 미국의 여러 사업가들을 비롯하여 싱가포르의 리콴유(李光耀) 수상에게 여러 차례, 그것도 직접 자문하러 다녔다. 또 한국의 경제개발 모델을 철저히 해부하고 연구할 것을 실무팀에 지시하고 여러 차례 견학 팀을 한국에 파견했다. 어떤 제도 장치가 중국의 근대화와 경제개발에 가장 도움이 될지 직접 발로 뛰고 눈으로 확인하기 위해서였다.

중국이 30년이라는 짧은 기간 동안 기적적인 경제개발을 이룰 수 있었던 것은 근대화의 설계도를 정교하게 디자인하고, 그런 각고의 과정을 자의든 타의든 중국 인민들이 걸어가게 만든 덩샤오핑과 같은 인큐베이터가 있었기에 가능했다.

# 인민의 바다, 양극화에 대한 거센 분노

. . . . .

본격적인 개혁개방이 실시된 지 겨우 40년이 지난 현재 시점에서 중국을 둘러보면 덩샤오핑의 사상, 철학, 노선은 아무 데서도 찾아볼 수 없다. 위대한 근대화의 설계자이자 인큐베이터였던 덩샤오핑의 그늘은 이미 지워졌다. 그의 지혜와 방략에 따라 제도화된 정치, 경제, 사회의 장치는 이제 폐기되었다.

2021년 7월 1일 공산당 창당 100주년 연설에서 시진핑은 "누구든지 중국을 괴롭히려 덤비는 자는 머리가 깨져 피로 적시게 될 것"이라고 공언했다. 향후 100년 동안에는 절대 앞에 나서서 남의 머리가 되려 하지 말고 실력을 충분히 쌓을 때까지 은인자중(隱忍自重)하라는 덩샤오핑의 절부당두(絶不當頭)와 도광양회(韜光養晦)의 방략은 구시대의 유물이 되었다.

거친 말투와 위협적 행동을 앞세운 소위 전랑외교는 이제 중국 외교의 표준이 되었다. "싸워야 할 때 과감히 싸우고, 일단 싸움이 시작되면 잘 싸우는 자를 중용하는 것은 중국 외교의 훌륭한 전통이자 독특한 특징이다." 2022년 10월 20일 당시 중국 외무부 장관 마자오쉬(馬朝旭)는 중국 외교정책의 방향에 관한 기자회견에서 위와 같이 베이징은 현재의 외교 방향을 바꾸지 않을 것임을 명백히 했다. 침착히 대응하고 세태에 섣불리 따르지 말고 우직하게 대응하라는 침착응부(沈着應付), 선우수졸(善于守拙) 등, 덩샤오핑의 유산인 24자 방략은 이런 식으로 철폐되었다.

2021년 중국공산당 19기 6중전회에서 통과된 '제3차 역사결의'는 "마오쩌둥이 중국을 일어서게 했고, 덩샤오핑은 중국을 부유하게 했으며, 시진핑은 중국을 강하게 했다."라는 내용을 합의하는 것을 골자로 한다. 이와 함께 시진핑은 두 번 이상 연임을 제한하는 규정을 철폐하고 영구집권을 향한 길을 텄다. 시진핑의 1인 지도 체제 강화로 격세지정과 집단지도 체제는 흔적도 없이 붕괴되었고 대외 개방 정책은 첩첩 쌓인 규제로 억제되었다.

덩샤오핑의 선부론(先富論) 노선을 통해 자본을 축적한 부자 집단들은 자본주의에 오염된 계급으로 비난받아, 그들의 재산이 일부 국유화됐다. 이로써 덩샤오핑식의 '자유로운 사회주의 시장경제'는 철폐되었다. 대신 그 자리를 샤오캉 사회 건설을 지향하는 시진핑의 중국 특색 사회주의가 차지했다. 그야말로 시진핑 사상이 홀로 중국을 지배하는 뉴노멀의 신시대가 열린 것이다.

2012년에 최고 지도자의 자리에 오른 시진핑은 집권 10년 만에 중국을 덩샤오핑의 중국에서 시진핑의 중국으로 바꾸어놓았다. 이런 극적인 일이 시진핑 개인만의 능력으로 가능했을까? 그런 일을 가능하게 한 주된 동력은 '인민의 바다'에서 출렁이는 거센 조류 덕분이었다. 마오쩌둥은 그의 저서 《게릴라전에 관하여》에서 중국 인민혁명군은 인민의 바다에 섞여 있을 때 어떤 강한 적도 물리칠 수 있다고 주장했다. 바로 이 '인민의 바다'였다.

덩샤오핑의 흔적을 지우고 시진핑의 신시대를 개막한 인민의 힘은 개혁개방 흐름에서 소외된 하층민들의 누적된 불만에서 비롯되었다. 경제가 성장할수록 빈부격차, 주택 부족, 도농격차 같은 불평등이 커져가는 데 대한 하층민의 불만은 이미 터질 듯이 부풀어 올라 있었다.

2013년 로이터의 르포는 당시 중국 사회의 실상과 평등주의 노선의 부활 가능성을 잘 보여준다. 이 르포는 상하이의 화려한 금융지구로부터 겨우 20분 거리에 불과한 곳에서 벌어지고 있는 중국 주택 문제의 비참한 실태를 고발했다. 개혁개방으로 산업화가 급속히 진행되면서 농촌이나 오지의 농민들은 취업을 위해서 도시로 몰려들기 시작했다. 당연히 이들을 위해 마련된 주택이 있을 리 없었다. 주택 부족으로 인해 이주자들은 집 대신 컨테이너에서 살게 되었다. 로이터의 르포는 이런 사정과 함께, 수십 명의 이주 노동자들이 오랫동안 거주해오던 컨테이너 집마저 떠나야 할 상황에 처해 있다고 보도했다.

르포는 중국의 새로운 지도자 시진핑에 의해 이뤄지는 '강화된 도시화 캠페인'의 여파로 난민촌같이 난잡한 도시 변두리 마을이 대대적으로 철거되는 중이라고 보도했다. 그리하여 중국 도시 내 이주 노동자들은 가장 열악하고 임금이 낮은 일자리로 밀려났으며, 토박이 도시 주민들에 의해 이등 시민으로 취급받고 있다고 보도한다.

"아무리 그렇다 하더라도 그들이 그냥 들이닥쳐서 나에게 무조건 이사하라고 하면 안 되죠! 여기는 비록 컨테이너지만 내 가족의 생계를 책임진 가게입니다. 보세요. 여기 쌓여 있는 물건들만 해도 최소 수만 위안어치는 되죠." 안후이성 출신으로 컨테이너에서 작은 가게를 운영하는 리엔신은 억울함을 호소한다. "모든 사람이 고층 아파트에서 살 수 있는 건 아니죠. 그건 잘 알고 있어요. 특히 여기 주민처럼 쓰레기를 주워 팔아서 생활하는 사람들은 더 그렇죠." 화물 컨테이너를 자기 집으로 개조해서 살고 있는 장바오파는 이렇게 말했다.

정부 조사에 따르면, 약 1억 3,000만 명의 중국 농촌 이주 노동자들이, 적당히 개조된 컨테이너 같은 작고 구획된 방에서 생활하고 있다. 상하이의 '유동 인구'로 불리는 농촌 이주 노동자들은, 상하이의 도시 총 인구 2,300만 명 중 약 40%에 달할 정도이다. 중국 특유의 호구제도 때문에 합법적인 도시 거주자 신분증이 없는 이들은 서구 국가들의 불법 이민자들과 처지가 유사하다.[3]

1981년부터 본격적으로 추진된 덩샤오핑의 개혁개방 정책은 기적 같은 경제성장을 중국에 선물했다. 하지만 그로부터 30년 뒤인 2010년대 초입에 들어서면서 앞에서 말한 것처럼 도시와 농촌, 일반 노동자와 사업가, 당 엘리트를 일컫는 '붉은 귀족(Red Aristocracy)'과 일반 평민들 사이의 심각한 빈부격차와 사회적 불평등이 누적되었다. 그 결과 노동자, 농민들은 도시의 변두리로 밀려났다. 그리고 당 엘리트, 국영 및 민영 기업인, 고위 관료와 군인들은 사회와 도시의 중심부를 독차지하는 특권계급이 되었다.

'젓가락을 들고 고기를 먹고, 밥사발을 내려놓고는 당을 욕한다.'라는 말이 유행할 만큼 민심이 흉흉해졌다. 전체적으로 경제생활이 좀 좋아지긴 했으나, 엄청난 빈부격차로 인한 인민의 상대적 박탈감은 점차 한계에 다다르기 시작했다. 세월이 변했다는 말이 실감 나는 변화였다. 다 같이 못살 때는 느끼지 못했던 상대적 빈곤과 열등감이 하층 인민의 가슴을 메웠다. 덩샤오핑의 남순강화에서는 대중 지지의 상징이었던 상하이, 선전, 톈진의 하늘을 찌를 듯한 마천루가 이제는 빈부격차의 원흉으로 치부되었다.

빈부격차, 사회적 불평등, 생산수단 사유화 등 사회 전반에 대한 불만은 2008년을 전후하여 중국공산당 지도자들조차 전전긍긍할 만큼 사회 곳곳에서 들끓었다. 덩샤오핑이 억눌렀던 개혁개방 반대 파들은 빈부격차의 책임을 오롯이 개혁개방론자들에게 돌렸다. 이런 분위기를 틈타 개혁개방 이후 숨죽이고 있던 '신좌파'와 극좌 성향의 '마오 좌파'들이 점차 대중적 지지를 얻어갔다.

백가쟁명(百家爭鳴)의 사상 논쟁이 중국 사회 전반에 걸쳐 격렬하게 벌어졌다. 평등주의와 마오 노선으로의 복귀를 요구하는 목소리가 점점 힘을 얻는 가운데, 이에 반발하는 고전적 자유주의, 수정 사회주의적 자유주의, 실용주의 우파의 반박도 거세게 일었다. 중국 각지에서 불어온 사상의 바람은 2006년 3월에 개최된 제10기 전국인민대표대회(전인대)로 집적되고, 기어코 좌우 양측이 직접 맞붙게 되었다. 이 사상 논쟁의 결말에 따라 중국공산당의 공식적 위상이 결정될 양상이 되었다.[4]

## 중국을 휩쓴 사상 논쟁의 회오리
· · · · ·

2000년대 들어서서 중국을 좌편으로 이끈 요소는 빈부격차와 소외계층의 누적된 불만 때문만은 아니었다. 아이러니하지만 개혁개방의 단맛을 통해서 중국의 중상층 인민들은 더 달콤한 사상의 자유를 갈구하게 되었다. 개혁개방 이후, 지식인 사회를 중심으로 사상 해방과 언론 자유의 물결이 일렁이기 시작했고 그 물결은 노(老) 좌파와 계몽적 자유주의 지식인들 사이의 논쟁으로 이어졌다.

예를 들어 1990년대 말에 인기 일간지《중국 청년보》에 실린 익명의 글은 엄청난 사회적 파장을 일으켰다. 익명의 저자는 국가와

타인보다는 자신을 위해 사는 것이 인간의 본질이라고 주장했던 것이다. 인기 일간지에 발표된 글로서는 중국공산당이 그은 레드라인을 한참 넘어선 내용이었다. 그뿐만 아니라 장쩌민, 후진타오 시대의 광저우 기반 주간지 《남방주말(南方週末)》은 '중국몽은 헌정몽(憲政夢)', 즉 중국의 꿈은 헌법에 기초한 민주적 헌정의 실현이라는 입장을 적극 설파했다. 그리고 1991년 창간된 개혁개방의 선도 잡지 《염황춘추(炎黃春秋)》 역시 2007년 중반 이후부터 2016년까지 줄기차게 정치개혁과 입헌민주제, 즉 헌정을 주장하다가 마침내 당의 압력으로 당 기관지처럼 강제 개조당하는 수모를 겪었다.

이러한 자유주의 개혁 우파의 움직임에 반하여 '중국공산당 일당 독재 체제는 어떤 일이 있어도 흔들려서는 안 된다.'라는 보수적 입장을 지닌 좌파의 격렬한 움직임이 일어났다. 1990년대 계몽적 자유주의와 논쟁을 벌였던 노장 좌파는, 프리드리히 하이에크(Friedrich Hayek, 1899~1992)의 이론을 차용한 고전적 자유주의로 선회한 개혁 우파에 맞서, 신좌파라 불리는 반개혁 노선을 정립했다. 이들은 서구적 개혁개방의 지속적 추진과 헌법에 기초한 자유민주주의를 외치는 우파에 반하여, 공산당 영도의 인민민주주의, 대중 참여에 의한 직접민주주의를 주장하며 마오의 문화혁명을 이어받아야 한다고 외쳤다.

2005년이 지날 무렵 중국공산당의 영도력은 그동안의 경제성장 실적에도 불구하고 큰 상처를 입고 있었다. 우파 지식인 사회에서는 계속해서 자유주의적 개혁 요구를 보내왔고, 인민민주주의 기반의 공산당 일당 독재를 지지하는 좌파에서는 점점 심각해지는 빈부격차를 지적했기 때문이다.

장쩌민과 후진타오 집권기의 중국공산당은 개혁개방의 지속과 덩샤오핑 노선의 계승이라는 절대 명제 앞에서, 개혁개방을 지지하는 우파의 자유주의적 입장에 좀더 관용적일 수밖에 없었다. 그럼에도 불구하고 우파의 이론과 주장은 국가와 집단의 이익이 언제나 개인의 이익에 앞선다는 중국공산주의와 마오 사상을 정면으로 배격하는 것이었다. 공산당의 영도가 아니라 헌법이 최고 통치 준거가 되어야 한다는 우파의 주장은 공산당의 입장에서는 결코 수용할 수 없었다. 그러나 개혁개방을 중단하고 평등한 분배를 통한 인민민주주의로 회귀하자는 신좌파의 주장 또한 그동안의 개혁개방 성과를 모두 원점으로 돌리자는 논리에 지나지 않았다.

　　중국공산당의 입장에서 볼 때, 좌우 모두의 주장은 하나같이 못마땅한 지점이 있었다. 중국공산당의 지배를 부정하거나, 당의 성과에 상처를 입히는 것들뿐이었다. 둘 모두 중국 사회에 균열을 빚는 선전선동에 지나지 않았다. 시진핑의 등극은 이러한 사상 논쟁의 딜레마라는 회오리 속에서 배태되고 있었다.


## 저무는 고도성장과 중화민족주의 부활

· · · · ·

복잡하고 혼란스러운 사상투쟁의 소용돌이 속에서 시진핑 노선의 승리가 서서히 성숙해가고 있었다. 시진핑 노선이 승리한 원인에는 중국공산당 지도부의 위기의식이 있었다. 그 위기의식의 뿌리는 빈부격차와 도농격차로 인해 인민 사이에 팽배한 불만, 그리고 자유주의적 경향의 사상 대두로 인한 당의 영도력 저하가 한 축을 차지했다.

시진핑 노선의 승리를 도운 또 하나의 결정적 요소가 있었다. 중국 인민들의 심각한 불만을 그나마 누그러뜨려온 고도 경제성장이 2010년대에 들어서면서 저물기 시작했다는 사실이다. 중국 경제는 후진타오 집권기인 2007년, GDP 14.2% 성장으로 피크를 찍고 점차 하락하고 있었다. 실제로 2008년부터 2010년까지 중국의 경제성장률은 9.7%, 9.4%, 10.6%로 하락하고 2012년부터는 7% 대로 하락했다.

이렇게 되면 고도성장기에 발생한 거품경제, 고공비행 중인 부동산, 극도로 악화된 환경문제, 빈부격차, 도농격차 문제가 부각될 것은 불 보듯 뻔한 일이었다. 그로 인한 인민의 불평불만을 고도성장의 단물 없이 해소할 수 있을지가 초미의 관심사로 대두됐다.

이러한 가운데 후진타오 다음 세대의 지도자로는, 격대지정의 원칙에 의해 시진핑과 리커창이 내정되었다. 후진타오의 공청단(共青団, 공산주의청년단) 계열의 지지를 업은 리커창은 '개혁개방의 속도를 적절하게 조절하면서 인민의 자유를 지속적으로 넓혀가야 한다.'라는 주장을 폈다. 그러나 그동안의 개혁개방 행진에서 소외당했던 태자당 계열의 시진핑은 '성장률이 떨어지는 지금, 중국 특색 사회주의와 이데올로기 교육의 강화로 대응해야 한다.'라고 주장했다. 온건파와 강경파 정치노선의 대립이었다.

시진핑은 해이해진 중국 인민의 기강을 부정부패 청산으로 다잡고 그동안의 양적 성장으로 발생한 여러 문제를 질적 성장으로 방향 전환해야 한다고 주장했다. 그와 같은 목적을 달성하기 위해서 중국공산당 지도부는 개혁개방기 동안 온갖 사상 논쟁으로 흐

트러진 당의 사상체계를 재정비하고, 확고한 중국 특색 사회주의 전열을 가다듬어 중화 부흥의 기치를 들어야 한다는 이른바 '시진핑 노선'을 천명했다. 마치 황제가 다스리던 옛 중국의 제국처럼 중화민족이 세계에 우뚝 서야 한다는 선언이었다.

시진핑은 중화민족주의 기치 아래 대중적 지지를 모으고, 부정부패 청산이라는 칼날을 무자비하게 휘둘러야 개혁개방의 쓰레기를 청소할 수 있다고 강조했다. 실제 부정부패 청산의 서슬 퍼런 칼날 아래 쓰러지는 소위 호랑이들의 신세를 목격하면서 중국공산당 지도부는 시진핑 사상 아래 집결하기 시작했다. 그러한 태동의 정점이 앞에서 언급한 2017년 19차 당대회 장면이다.

시진핑 사상이 지향하는 최상위 국가전략은 경제·정치·문화·사회·생태가 조화된 '5위1체(伍位一体)'의 국가 시스템 건설이다. 두 번째는 4개 전면 전략, 즉 전면적 샤오캉(小康, 모든 국민이 넉넉하고 풍족한) 사회 건설, 전면적 개혁 심화(사회 전반에 걸친 강도 높은 개혁을 통해 성장 동력 축적), 전면적 의법치국(依法治國, 법에 의한 통치로 어엿한 법치국가로 발전), 전면적 종엄치당(從嚴治黨, 엄격한 당 관리로 당 내부의 기율과 청렴성을 강화)을 강조한다.

시진핑은 19차 및 20차 당대회에서 중국 인민은 누구나 '중국의 꿈' 속에서 행복한 삶을 구현하게 될 것이라는 비전을 제시했다. 소위 중국몽인데 시진핑은 그것을 구성하는 세 가지 주요 기둥으로 첫째 샤오캉 사회를 건설해 빈부격차 없이 모든 인민이 평등한 행복을 누리게 될 것, 둘째 강력한 중국공산당을 중심으로 당의 지도력을 강화할 것, 셋째 미국 중심의 세계질서를 뒤엎고 중국이 글로벌 패권국가로 등극할 것을 제시했다.

시진핑 사상, 공식적으로는 '시진핑 신시대 중국 특색 사회주의 사상(習近平新時代中國特色社會主義思想)'의 내용을 간추려보면 다음과 같다. 중국은 1세기 전의 청나라가 반식민지의 나락으로 떨어졌던 치욕을 씻고 시진핑의 지도 아래 옛 중화제국의 영광을 되찾는 중화민족 부흥과 중국굴기를 향도의 깃발로 내세운다. 바로 중국 인민의 민족주의를 자극하는 전략이다. 이를 바탕으로 중국 인민은 이상적인 국가 사회 시스템 위에서 각자가 꿈꾸는 중국몽, 즉 중국의 꿈을 이루어 행복한 삶을 보장받게 될 것이다. 이때 인민의 꿈을 실현시켜줄 이상적인 국가는 앞에서 논한 5위1체, 4개 전면 전략이 실현된 사회이다.

시진핑은 신시대 중국 특색 사회주의 건설의 목표인 중국몽을 실현하기 위한 다가올 30년 여정에 대한 로드맵을 제시했다. 이는 2035년까지 사회주의 현대화를 실현하고, 2050년까지 중국이 주도하는 사회주의 신질서의 세계를 만들겠다는 내용이다. 2050년이면 중국공산당의 두 번째 100년인 중화인민공화국 건국 100주년이 되는 2049년의 다음 해이다.

요약하면 시진핑은 2050년까지 미국과의 신냉전 국면을 승리로 마무리지을 테니 모든 인민은 그때까지 나를 중심으로 단결하고 인내하자고 말한다. 동시에 중국을 부의 불평등이 없는 중산층 사회를 만들 테니, 참고 견디면 모든 인민이 행복한 삶을 누리는 이상사회가 다가올 것이라는 비전을 제시한다. 덩샤오핑 이후 중국 경제성장을 주도해온 '성장 우선 정책'은 이쯤에서 속도를 늦추고 '분배 우선 정책'으로 급속히 전환하겠다는 의도다.

그뿐만 아니라 이와 같은 중화 부흥은 중국공산당이 최고의 정치 지도력을 가질 때에만 가능하다는 점을 '종엄치당'으로 명백히 밝혔다. 이러한 '당 지배 강화' 선언에는 집단지도 체제를 깨고 단일지도 체제로 나아가겠다는 의도가 내포돼 있다. 결국 중국은 향후 시진핑 1인 독재 체제로 중국 특색 사회주의 건설을 위해 미국을 비롯한 서방 진영과 맞설 것이다. 그렇게 최후의 한 명까지 싸워서 중화 부흥과 세계의 패권국가로 우뚝 서겠다는 목표를 이루려 할 것이 분명하다.

그 내용을 요모조모 따져보면, '시진핑 사상'은 엄격한 의미에서 사상이라기보다는 오히려 특정 정치인과 정치집단의 정치노선으로 보인다. 시진핑은 2017년 3월 17일 국가주석과 중앙군사위 주석의 지위를 장악하고 그해 10월 마오쩌둥 사상에 이어 '시진핑 사상'을 당헌에 삽입하는 데 성공했다. 2018년 3월 11일에는 시진핑 사상을 지도 이념으로 확정하고 그것을 헌법 서문에 추가하는 데 성공했다. 더불어 덩샤오핑에 의해 설정된 국가 주석의 연임 제한을 삭제하는 제5차 개헌안을 통과시켜 장기집권의 토대를 마련했다. 누가 뭐라 해도 향후 중국은 '시진핑의 중국'이라는 데 토를 달 사람은 없을 것이다.


## 디지털 레닌주의 통제 국가로
· · · · ·

중국 특색 사회주의 건설을 전면에 내세운 시진핑 사상의 지배하에서, 중국이 시진핑 종신집권의 독재 체제로 나아갈 것은 분명해 보인다. 하지만 어떤 성격의 국가체제를 구축하게 될지는 확실하지 않다. 그 속성을 명확하게 규정하지 않고서는 장차 중국의 변화무쌍한 전략적 변화에 능동적으로 대처하기 힘들 터이다.

독일의 정치학자 세바스티안 하일만(Sebastian Heilmann, 1965~)은 '레닌주의의 업그레이드: 시진핑하에서의 복원과 혁신'이라는 제목의 강연에서, 시진핑 사상이 목표로 하는 국가체제를 한마디로 '디지털 레닌주의에 기반한 권위주의 체제'라고 정의했다. 하일만은 현대 사회에 넘쳐흐르는 고도의 '디지털 감시 기술'과 고도의 중앙집중적 통제 제도를 토대로, 계획생산 및 중앙 배급제로 상징되는 '레닌주의'를 가미한 정치체제를 '디지털 레닌주의'라고 부른다.

중국공산당은 빅데이터 분석, 인공지능, IoT(Internet of Things, 사물인터넷), IoE(Internet of Everythings, 만물인터넷)를 활용하여 중국 인민들이 연간 소비하는 치약, 콜라, 쌀, 비누의 소비량까지 산출할 수 있다고 믿는다. 중국인이면 누구나 사용하는 중국 은련카드(銀聯卡, Union Pay Card)의 경우, 각 개인의 카드 사용 내역만 파악하면 그들이 어디서 무엇을 사고 무엇을 먹고 하루 종일 어떤 활동을 하는지 거의 완벽하게 파악할 수 있는 정보를 확보할 기회를 제공하고 있다. 왜냐하면 은련카드를 발급하고 결제하는 주체인 중국은행연합회, 즉 중국은련이 중국공산당 관리하에 놓여 있기 때문이다.

그뿐만 아니라 최근 중국에서는 현금보다 QR 코드를 이용한 모바일페이가 지불수단으로 더 권장되고 있다. 사실상 현금 없는 국가라는 말이 허황되게 들리지 않을 정도로 위챗페이(WeChat Pay)나 알리페이(Alipay) 같은 모바일페이 사용 비중이 높아지고 있다. 그저 편리한 세상이 되었다고 생각하면 그만이지만 실상은 그렇지 않다. 이 모든 디지털 지불수단이 사생활의 흔적을 남기고 데이터와 정보를 남기기 때문이다.

《뉴욕타임스(*The New York Times*)》는 중국 정부가 수많은 시민들의 '음성 패턴' 샘플을 수집해 국가 음성 생체 데이터베이스에 입력하고 있다고 보도했다. 또한 중국 공안이 감시카메라에 음성까지 수집할 수 있는 장비를 부착하거나 전화 통화나 기타 SNS 대화에서 개별 목소리를 자동으로 식별하는 시스템을 사용해 정부의 광범위한 감시 능력을 강화하려 한다고 보도했다.[5]

물론 중국 정부는 그런 개인정보를 수집하고 있다는 사실은 인정했지만, 그것은 오로지 범죄 예방이나 범인 추적을 위해서만 사용된다고 해명했다. 게다가 광범한 사적 소비활동에 대한 데이터는 정부가 경제적 자원을 보다 효율적으로 배분하고 시장 변동성을 면밀히 관리하는 근거를 제공해준다고 말한다. 전 인민이 먹고사는 데 필요한 치약, 칫솔 등 일체의 생활용품과 소비제품의 연간 소요량을, 이런 세부적인 데이터를 통해서 정밀하게 계산할 수 있다는 것이다. 그러면 필요한 만큼 생산해서 과부족 없는 소비생활이 가능하고 자본주의 체제의 방탕한 소비활동을 끊을 수 있을 것이라고 주장한다.

간추려 말하면 첨단기술에 의거한 관리감독 시스템을 마련해 중앙 배급 시스템을 효율적으로 운영하는 토대로 삼겠다는 것이다. 돈 많은 부자라고 함부로 흥청망청 소비하는 부패한 자본주의 체제와 달리 스스로 소비해야 할 물품과 그 소요량을 정확히 알게 되면 소비와 향락에 빠질 일도 없고, 그런 일을 탐닉할 돈에 대한 욕심도 사라질 터이다.

중국공산당의 이론가들은 과거 레닌주의 지배하의 중앙통제 및 배급 시스템이 실패한 이유를 사회적 소요량을 정확하게 계측하는 데 실패했기 때문이라고 말한다. 예컨대 연간 100만 톤이 필요할 줄 알고 밀가루를 그만큼만 생산했는데 실제 배급하다 보니 200만 톤이 필요하더라는 것이다. 그래서 부족분 100만 톤을 다른 곡물로 메꾸다 보니 중앙 배급 시스템에 대한 신뢰가 떨어졌다는 주장이다. 하지만 이제는 첨단기술 덕분에 정확한 계량과 통계가 가능해졌다는 이야기다. 과연 그럴까? 그에 대한 판단은 독자들에게 맡기기로 한다.

앞서 논한 4개 전면 전략 중에서도 특히 '전면적 개혁 심화 전략'의 완성을 위해서 시진핑은 첨단기술형 관리 감독 시스템으로 사회신용점수 평가 시스템을 구축할 필요가 있다고 역설한다. 이 신용평가 시스템은 앞에서 논한 개인, 기업, 정부기관에 대한 모든 관리, 감독, 감시의 결과를 그들에 대한 신용도와 사회적 신뢰 지수로 수치화하는 디지털 통제 시스템의 최종 완결판이다. 이 시스템은 2014년에 공식적으로 발표되었으며, 2020년대 초반부터 적용 및 확장되고 있다.

그 운영 상황을 살펴보면, 개인에 대해서는 그 사람이 올린 온라인 구매 후기, 금융대출 상환 실적, 세금 납부 실적, 공공질서 준수 여부와 교통 범칙금 납부 실적을 인공지능으로 평가해 행동 패턴에 점수를 매긴다. 기업과 정부기관에 대해서는 개인의 평가 항목에 추가하여 법규 준수 여부, 소비자 평판, 당에 대한 충성도 여부를 평가해 점수화한다. 높은 점수를 받은 사람이나 기업은 대출 금리 인하, 행정 절차 간소화, 사회적 혜택 우대 등 특전을 받는다. 반면에 낮은 점수를 받은 사람이나 기업은 대중교통 이용 제한, 대출 거절, 자녀의 학교 입학 제한, 온라인 쇼핑 계정 제한 등의 불이익을 받는다.

이러한 신용평가 시스템은 정부에 몇 가지 주요한 통제 수단을 제공한다. 첫째, 당국은 신용평가 시스템을 통해 매우 효율적으로 시민들의 행동을 조정할 수 있다. 언제 어디서 사회신용점수 평가 시스템이 작동할지 모른다는 의심은, 시민들의 좋은 행동을 장려하고 부정적인 행동을 억제하는 수단이 된다.

둘째, 국민들의 소비 상황과 성향을 감시하여 건전한 생산 통제를 가능케 한다. 신용카드, 전자화폐 등의 사용 내역과 패턴을 분석하는 사회신용점수 평가 시스템은 개인의 소비 패턴을 추적하고 분석함으로써 소비자 행동에 대한 깊은 이해를 제공한다. 이 정보는 앞에서 논했듯이 전체 국민의 연·월간 상품별 소비량 등을 파악할 수 있게 하고, 이를 토대로 계획경제와 생산량 통제의 효율을 증대하는 효과도 있긴 하다. 하지만 특정 개인이 술과 담배 또는기타 성인용품을 주로 구매하는지 시진핑 사상 서적을 주로 구매하는지에 따라, 퇴폐적인 인간인지 혹은 당이 바라는 사회주의 인간형인지를 인공지능이 판단하게 된다는 얘기가 된다.

하일만은 이러한 사회 및 인간 통제 시스템을 디지털 레닌주의라고 정의한다. 지난 역사 속의 레닌주의와 달리, 디지털 레닌주의는 권위주의 통제가 디지털 시대의 첨단기술과 정교하게 결합하여 만들어진 사회 통제 시스템이다. 디지털 레닌주의 통제 시스템은 조지 오웰(George Orwell, 1903~1950)의 소설 《1984》의 장면들처럼 빅브라더가 모든 국민의 은밀한 사생활까지 감시하고 개인적인 생각과 감정까지 통제하고 징계할 수 있는 수단이 된다.

따라서 비평가들은 이 시스템이 권위주의적 감시와 통제를 강화하며, 개인의 선택과 표현의 자유를 제한하는 첨단 디지털 독재 시스템이라고 지적한다. 또한 사회신용점수 평가 시스템 자체가 설사 기술적 오류 없이 제대로 운용된다고 하더라도 정부의 손을 전혀 타지 않을 수 있을지 의문을 제기한다. 예를 들어 특정 개인에 대한 평가 알고리즘을 조금만 오염시키면 정치적인 적대세력이나 경쟁자 한 사람쯤 제거하기는 어렵지 않을 것이다.

결론적으로 디지털 레닌주의는 중국공산당이 국민을 감시하고 통제하는 데 특화된 국가체제이다. 이 시스템은 체제의 효율성과 안정성을 증진시키는 잠재력을 가지고 있지만, 동시에 개인의 권리와 자유에 대한 심각한 위협을 제기한다. 이러한 강제력은 정부 정책에 대한 반대 의견과 대안적인 견해를 사라지게 할 것이다.

결국 디지털 레닌주의의 중국은 과거 냉전기 공산주의 체제 사회에서 행해진 것 이상으로, 공산당의 강력한 중앙집권적 체제와 국민경제 전반에 대한 중앙 배급 시스템을 구축하는 방향으로 나간다고 본다. 그 말은 마오쩌둥 시대로 되돌아간다는 의미이기도 하다. 물론 좀더 현대화되고 디지털화된 마오쩌둥 시대지만.

현재 중국의 경제적 침체는 단순히 일회성 경기순환의 문제가 아니라, 앞서 살펴본 디지털 레닌주의와 정부의 규제 일변도로 인한 사회 구조적 문제에 가깝다. 정부가 사회 분위기를 풀어주지 않으면 극복할 수 없는 경제 프레임의 문제인 것이다.

그러나 시진핑은 부정부패 척결을 명분으로 2023년 기준 약 230만 명의 정부 관료들을 숙청했고, 이 중에는 120명이 넘는 호랑이급 고위 관료들과 수십 명의 고위 군 장성들이 포함되어 있다고 한다. 그러니 시진핑을 둘러싼 수많은 한 맺힌 자들은 그의 실각만 기다린다고 추정되고 있다.

반대로 보면 그렇기 때문에 시진핑이 호랑이 등에서 스스로 뛰어내리는 일은 당분간 없을 것이다. 한마디로 중국 경제는 장기간에 걸친 해체의 길로 들어섰음이 확실하다.

지금까지 중국에 한정하여 논의를 진행해왔지만, 디지털 레닌주의라는 국가체제 문제의 심각성은 첨단기술사회에서 인간과 사회가 어떻게 통제될 수 있는지 명확한 그림을 보여준다. 다가올 퀀텀 모프 시대에 권위주의 혹은 전체주의적 독재 국가는 모두 중국과 크게 다르지 않게 돌아갈 터이다. 푸틴의 러시아든, 김정은의 북한이든, 어떤 권위주의 체제든 중국의 디지털 레닌주의를 수입하는 데 군침 흘리는 자들이 많을 것이다. 그리고 그들은 그러한 사회를 퇴폐적이고 부패한 자본주의 인간형을 극복한, 건전하고 평등한 사회주의 인간형들의 이상향이라고 선동할 것이다.


## 시진핑, 지역을 넘어 글로벌 패권을 노리다

· · · · ·

중국의 세계 대전략은 러시 도시의 분석처럼 '미국의 세계 패권을 약화시켜 중국이 글로벌 리더인 미국을 대체하고, 종국적으로 중국 특색 사회주의 거버넌스 시스템을 세계질서의 기본적 프레임으로 확장하는 것'이다.

2017년 이래 시진핑은 몇 차례의 대외정책 관련 연설에서 오늘날의 세계는 지난 한 세기 동안 겪어보지 못한 대격변[百年未有之大变局]을 겪는 중이며, 세계질서가 다시 한 번 위태로운 상태에 처했다고 선언했다. 이는 전례 없는 지정학적 관계와 첨단기술의 변화라는 양방향의 지각변동 때문으로, 이에 대응하는 전략적 조정은 불가피하다고 주장했다. 시진핑은 이러한 격변의 원인을 중국의 급격한 국력 신장과 서방의 자멸이 명백해진 탓이라고 생각했다. [중략] 영국의 EU 탈퇴, 즉 브렉시트(Brexit)와 미국이라는 세계 최강의 민주주의 국가에서 트럼프라는 포퓰리스트가 대통령으로 당선된 것, 그리고 2021년 극단주의적 트럼프 지지자들이 국회의사당으로 쳐들어간 사건들이 모두 시진핑으로 하여금 '시간과 추세는 우리 편'이라는 인식을 강화하게 했다. 그리고 중국의 지도부와 외교정책 엘리트들은 '흔치 않은 역사적 기회의 시기[历史机遇期]가 왔다.'는 말을 공공연히 언급하기 시작했다. 즉, 중국의 전략적 초점을 아시아에서 더 넓은 세계로 확장해야 할 적기이고 중국 특색 사회주의 거버넌스 시스템을 세계질서의 프레임으로 확장할 수 있는 '역사적 기회의 시기'가 도래했다는 말이다.[6]

러시 도시의 《기나긴 게임》에는 중국공산당의 국제정세 인식과 대전략의 면모를 이해하는 데 도움이 될 만한 내용이 나온다.

첫째, 오늘날의 세계는 "지난 한 세기 동안 겪어보지 못한 대격변"을 겪는 중인데, 이는 "전례 없는 지정학적 관계와 첨단기술의 변화라는 양방향의 지각변동" 때문이라고 규정한다. 지각변동의 한 방향은 지정학적 관계의 변화이고 다른 방향은 첨단기술의 변화이다. 즉, 지정학적이며 지경학적인 변화로 세계질서가 위태로울 지경에 처했다는 진단이다.

둘째, 시진핑은 이러한 격변의 원인을 서로 반대되는 두 방향의 움직임 때문이라고 규정한다. 한편에서는 중국의 급격한 국력 신장으로 인해 글로벌 최강국으로 부상하는 추세가 뚜렷한데, 다른 한편에서는 서방의 자멸이 점점 더 명백해지고 있다고 본 것이다. 즉 체제 우월성 경쟁에서 권위주의적 사회주의 체제의 우월성이 이미 드러났다는 말이다.

셋째, 시진핑은 현 시점을 한 세기에 한 번 있을까 말까 한 "역사적 기회의 시기"로 간주했다. 따라서 중국은 이런 절호의 기회를 놓치지 말고 중국공산당의 전략적 초점을 아시아에서 글로벌 차원으로 확장해야 한다. 이런 전략 변화를 단호하게 수행함으로써 기존 미국 중심의 규칙 기반 세계질서를 뒤집고 중국 특색 사회주의 거버넌스 시스템으로 세계질서의 프레임을 바꿀 수 있다는 인식이다. 이것이 신냉전 국면을 읽는 중국의 속내이고 거기에 대처하는 중국 대전략의 본질이다.

2020년대를 관통하는 이와 같은 중국의 대전략은 주로 시진핑 사상이라는 이름으로 다듬어지고 발전을 거듭해왔다. 이를 시진핑 집권기별로 살펴보면, 시진핑 집권 1기(2012~2017)의 대전략은 아시아를 중심으로 한 지역 패권의 토대를 구축하는 것이었다. 이후 시진핑 집권 2기(2017~2022)와 집권 3기(2022~)의 대전략은 글로벌 차원으로 중국의 영향력을 확장하여 미국의 패권을 약화시키고 중국이 그 지위와 패권을 대신 장악하고자 하는 것이었다. 지역 패권에서 글로벌 패권으로 전략의 대전환이 일어난 것이다.

시진핑 1기 중국의 주요 정책과 사건은 다음과 같다. 하나의 중국 원칙하에서 대만을 무력 통일하겠다 선언했고, 대만해협과 서태평양 지역에서 무력충돌을 감수하며 이에 대비한 급격한 군사력 증강을 이뤘다. 또 남중국해의 내해화를 위해 일대의 산호섬을 군사시설화했고, 동중국해와 센카쿠열도(尖角列島)를 분쟁지역화했다. 이 과정에서 한국의 사드(THAAD, 고고도 미사일 방어 체계) 배치에 대한 경제 보복을 했다. 글로벌에서는 SCO 확대와 중-러 협력 강화, 일대일로 추진, AIIB(Asian Infrastructure Investment Bank, 아시아 인프라투자은행) 설립의 등의 행보를 보였다.

시진핑 1기에서는 '중화민족의 위대한 부흥(중국몽), 2개의 100년, 중국 특색의 강대국 외교' 등 정치 구호 측면에서 글로벌적인 행보를 보이기도 했지만, 실질적으로는 대체로 지역 내에서의 패권 획득을 위한 정책을 추진했다. 그렇다 하더라고 이전 장쩌민, 후진타오의 '도광양회에 준거한 낮은 자세의 대국외교'는 아니었다.

다시 말해서 시진핑은 집권 초기부터 중국의 세계 대전략에서 덩샤오핑의 24자 방략을 서서히 철폐하고 시진핑 사상으로 대전환을 추진하기 시작했다. 국내적으로는 부패 청산을 명목으로 대대적인 공무원·관료 숙청을 감행, 내적 긴장을 고조시키고 자신의 권력을 강화하는 한편, 대외적으로는 아시아 지역에서의 패권을 확보하고자 공격적이고 강경한 외교정책을 펴나갔다. 따라서 이 시기 시진핑의 정책은 남중국해 해상 군사시설 설치, 아시아지역은행제도 설치 등 '아시아 지역 내에서 중국의 영향력 확장을 위한 구체적인 기반 마련'이라는 특성을 갖고 있었다.

이 시기의 시진핑은 패권 확장 정책을 추진하는 동시에, 다른 한편으로는 미국, 영국, 프랑스 등 세계 초강대국들을 안심시키는 데 주력했다. 시진핑은 자신이 추진하는 중국 개혁이 기존의 세계 질서를 전복하려는 것이 아니라 아시아 지역 내에 한정된 것임을 강조했다. 시진핑은 중국과 그의 이웃 국가들이 '운명공동체'로서 함께 혜택을 누리고 그것을 지속적으로 유지하기 위해 필요한 국제 시스템을 구축하는 데 중국이 헌신하고 있다고 강조했다.

실제로 시진핑은 2013년 6월 급조된 비공식 미-중 정상회담에서 오바마 대통령과 그의 고문들에게 "태평양은 중국과 미국 두 나라가 맘껏 활동할 수 있을 만큼 충분히 넓다.", "최고의 강대국인 미국과 중국이 상호 존중과 윈윈의 상호 협조를 바탕으로 하는 '새로운 유형의 대세 권력 관계'를 형성해야 하며, 이를 통해 '투키디데스의 함정'에 빠지지 않도록 해야 한다."라고 설득했다.

2013년 10월, 베이징에서 개최된 인도네시아와의 업무 회의에서 시진핑은 '주변부 외교'에 관해서 역설했다. 그는 "중국과 아시아 지역의 이웃 국가들과의 관계를 개선하고 중국의 부상에 대한 그들의 우려를 해소하기 위해 노력할 것"이라고 말했다. 눈 가리고 아웅 하는 이러한 태도는 태평양의 분할 통제에 대한 그의 야심을 드러내는 동시에 글로벌 지배에 관한 미국의 우려를 달래려는 수사학에 불과했다.

집권 1기까지만 하더라도 시진핑이 여전히 조심스러운 행보를 포기하지 않았음을 보여주는 증거 사례들이다. 30여 년에 걸친 덩샤오핑의 도광양회 방략은, 시진핑 집권 1기만 하더라도 미진하나마 중국 외교정책에 영향을 끼쳤음을 알 수 있다. 시진핑 집권 2기, 즉 2017년 19차 당대회 이후 중국공산당은 집단지도 체제, 격대지정 등 덩샤오핑의 유산을 중국 현실정치에서 지우는 작업을 시작했다. 이를 통해서 시진핑 1인에게 권력을 집중시켰고 이데올로기 통제 강화를 추진했다. 구체적으로 자신의 이름이 병기된 국정철학인 '시진핑 신시대 중국 특색 사회주의 사상'을 당 헌법에 해당하는 당장(黨章)에 지도 이념으로 삽입했다. 국가주석의 3연임 금지조항이 폐기되고 시진핑 이론의 핵심이라 할 수 있는 '중화 부흥'과 '운명공동체'가 헌법 전문에 명기되었다.

눈에 띄는 것은 그동안 주변국과의 관계에서만 주로 적용했던 '운명공동체' 담론을 글로벌 차원으로 확장하여, 전 세계 모든 국가를 대상으로 '운명공동체'라는 더욱 확대된 전략 개념을 내놓았다는 점이다. 이는 시진핑 집권 2기의 중국 특색 강대국 외교가 집권 1기에 비해 더욱 과감하면서도 공격적인 대외전략으로 발전했음을 보여준다. 한마디로, 도광양회를 깨끗이 지워버리고 분발유위로 전략을 바꾼 것이다.

앞에서 논했듯이 분발유위는 무언가를 성취하는 적극적이고 주동적인 외교정책을 가리킨다. 이러한 전략 변화에 맞춰 중국의 외교노선에는 소위 '전랑외교'가 유행했다. 시진핑이나 중국의 정책에 대한 비판은 국내외를 가리지 않고 절대 용납하지 않겠다는 폭언이나 협박, 위협이 공식 외교 석상에서도 심심찮게 흘러나왔다. 특히 중국공산당은 일대일로와 글로벌 거버넌스 구축에 공격적이고 주동적으로 임하게 되었다.

2022년 10월, 시진핑은 20차 당대회를 기점으로 3연임에 성공했다. 그의 집권 3기가 열린 것이다. 20차 당대회에서는 당의 영도 전면 강화, 국제적 영향력 전면 제고, 외교적 배치 전면 확장, 공평정의의 전면 촉진, 국가 이익의 전면 수호, 발전 기여 전면 심화,

전략 운용의 전면 강화 등이 발표됐다. 마지막으로 이러한 정책의 수행 과정에서 평화 발전의 길 모색, 운명공동체화, 전체 인류의 공통가치 추구 등이 요청되었다. 이 모든 일들은 시진핑 대전략의 최종 목표가 중국 일국에만 해당하는 것이 아님을 명백히 한다.

시진핑 집권 3기와 1, 2기 사이의 근본적인 차이는 중앙정치국 상무위원회 7인을 전원 자신의 측근들로 채웠다는 점이다. 1, 2기에서는 명분상일지라도 상하이방, 공청단 출신도 한두 명 정도는 정치국 상무위원에 임명되어 있었다. 하지만 3기에서는 전원 시자쥔(習家軍, 시진핑을 따르는 태자당 내 계파)들이 독점해버렸다. 이제는 어떤 눈치도 보지 않겠다는 배포를 드러낸 셈이다.

중국 패권국가론과 중국몽과 중화 부흥 이데올로기를 설계한 왕후닝(王滬寧)이 모두의 예상을 깨고 서열 4위로 승격된 점도 충격이었다. 중국공산당의 이념 생산 부서의 책임자인 그는 2008년 미국발 금융위기가 세계 자본주의와 미국의 붕괴를 드러내는 징조라는 등의 주장으로 미-중 관계를 갈등 국면으로 몰아넣은 장본인이었다. 그런 책임을 지고 그의 낙마가 예상되던 시점에 오히려 중국공산당의 최고위직을 차지하면서 세상을 놀라게 했다. 2023년 11월 시진핑과 회담을 마치고 돌아서던 바이든이 기자들에게 "그는 독재자야!"라고 내던진 말은 이런 상황을 반영하고 있다.[7]

시진핑은 그나마 조심스러웠던 집권 1, 2기와 달리 집권 3기의 출발점인 20차 당대회를 통해 중국의 새로운 국가전략을 노골적이고 담대하게 공개했다. 그 핵심 내용은 우선 마오 공산당이 이룩한 역사적 사명과 업적을 칭송하고 공산주의 이데올로기의 우월성을 강조하는 것이다. 또한 현재 국제정세 속에서 중국은 대내외적으로 심각한 도전과 위험에 당면했으나, 이는 동시에 엄청난 역사적 기회이기도 하다고 진단한다. 그렇기에 도전과 위험을 극복하고 기회를 차지하기 위해서는 총력을 다하여 과학기술과 강력한 안보를 구축해야 한다고 강조한다.

중국은 이러한 국제정세 인식에 따라 총체적 안보관을 추진하고 있으며 이를 통해 산업 안보, 과학기술 안보, 식량 안보, 공급망 안보 등 '모든 것의 안보화'를 시도하고 있다고 밝혔다. 한마디로 오늘날 국제정세의 우열은 과학기술 경쟁에서의 승리가 결정적 요인임을 인정하고, 이를 확보하기 위해 모든 산업적 공급망과 문화, 이념까지 국가가 나서서 관리하겠다는 의지를 피력한 셈이다.

시진핑 집권 3기를 한마디로 요약하면, 지역 내 패권 확보에 필요한 제도적 장치, 새로운 국제규범의 구축을 시도하면서도 '시진핑 사상'에 기초한 시진핑 절대 권력의 지도체제가 구축된 시기다. 또한 집권 3기는 그 자체로 시진핑 주석의 영구집권을 명시한 대목이다. 그러나 그에게 권력이 집중될수록, 구냉전의 이데올로기 전쟁과는 다른 대립 양상이 드러나면 드러날수록, 개혁개방기 동안 지속되었던 미국과 서방의 지원과 협조는 끝날 것이다. 이로 인한 봉쇄와 억제의 역풍이 불면 미-중 대결이 본격화하는 대변혁의 시기가 다가온다.


## 시진핑 사상의 설계자, 왕후닝
· · · · ·
흔히들 푸틴의 속내를 알려면 알렉산드르 두긴(Aleksandr Dugin,

1962~)의 책을 읽고, 시진핑을 알려면 왕후닝을 읽으라고 말한다. 러시아 인민들 사이에 정서적으로 공유되고 있는 전통적 사상인 '유라시아 제국주의(Eurasian Imperialism)'를 푸틴의 이념적 토대이자 현대적 의미로 재정의한 정치학자가 바로 두긴이다. 마찬가지로 시진핑 사상에 담긴 많은 슬로건과 방침은 단어들만 놓고 보면 역대 중국 지도자들이 공히 즐겨 읊던 말들이긴 하지만, 그것을 '시진핑 사상'이란 틀 속에서 체계화한 사람은 왕후닝이다.

한편, 두긴은 러시아 크렘린이나 푸틴과 직접적인 정치적 인연이 거의 없는 재야 학자인 데 비해서 왕후닝은 현재 중국 정치서열 4위의 정치국 상무위원이며, 장쩌민, 후진타오, 시진핑 3대에 걸친 중국 공산당의 이데올로기 생산 책임자이다. 그런 면에서 왕후닝은 시진핑의 최측근에서 시진핑이 요청하거나 필요로 하는 이데올로기와 정치 논리를 개발하고 공급해주는 두뇌인 셈이다.

따라서 이 절에서는 왕후닝의 저서나 논문, 언론 비평을 종합적으로 분석하여 시진핑 사상의 속내를 살펴보고자 한다. 시진핑의 국가 대전략 방향을 그의 미사여구가 아니라 그 뿌리에서 훑어보자는 뜻이다.

왕후닝은 1981년 중국 후단대학에서 석사학위를 취득하고 1989년까지 같은 대학에서 조교수로 활동했다. 이때 1988년 8월, 왕후닝은 6개월간 미국 아이오와 대학에 방문학자로 초빙받아 갔다. 처음 3개월은 아이오와 대학에서 수학하다가, 후반기 3개월은 중국 대사관의 도움으로 미국 30여 개 도시와 20개 대학을 순회 방문했다. 그는 귀국 후 6개월간의 미국 여정을 기반으로 《아메리카에 반대하는 아메리카(*America Against America*)》라는 제목의 책을 1991년에 출간했다. 이 책에서 그는 미국 사회의 모순을 나름 신랄하게 비판했는데, 그것이 장쩌민의 눈에 띄어 1995년 당 중앙 정책연구실 정치 조장(組長)으로 발탁되었다.

이 책에서 왕후닝은 자신이 직접 관찰한 인상평을 바탕으로 미국을 둘러싼 이론과 실제를 대비시켜 미국의 허상을 고발했다. 그는 세계 최고로 부유한 국가인 미국의 이면에 숨어 있는 빈곤한 미국 사회를 들추어낸다. 그리고 미국식 민주주의 시스템과 자본주의의 특수이익에 의한 비민주주의적 통제 사이에서 갈등하는 미국의 내재적 모순을 파헤친다. 예를 들어 그는 미국의 민주주의와 선거를 주식회사의 주주에 비유한다. 한마디로 모든 주주가 의사결정에 참여할 수 있긴 하지만 실제로는 몇몇 대주주가 회사를 통제한다. 그렇기 때문에 미국은 진정한 민주주의 국가가 아니라고 비판한다.

왕후닝은 미국의 양당 정치체제를 잡상인이 우글대는 시장에 빗대어, 대통령 후보라는 인물들은 그들의 헛된 비전을 길거리에 펼쳐놓고 국민을 상대로 판매 경쟁에 몰두할 뿐이라고 비판한다. 또한 미국 사회는 모든 것이 무한경쟁과 상품화되어 있는 부패한 사회로, 거기에서 비롯된 문란한 성적 탐닉, 성 해방론, '외로운 미국인(Lonely American)' 문제, 저하된 노동윤리, 마약, 갱단 그리고 흑인과 원주민 인디언에 대한 인종차별 등 심각한 내부모순에 시달리고 있다고 진단한다. 요약하자면 미국은 민주주의라고 불리지만 실상은 민주주의가 아니며, 부유하고 강해 보이지만 실제로는 장기적으로 쇠퇴하고 있다는 얘기다. 그는 미국은 곧 자본주의의 내재적 모순이 심화함에 따라 대규모 위기를 당해 붕괴할 것이라고 진단했다.

왕후닝이 1990년대 초에 쓴 미국에 대한 인상평은 그 이후에도 비슷한 논조로 반복되었는데, 2008년 글로벌 금융위기 이후 중국 사회 및 학계에서 갑작스레 주목을 받기 시작했다. 왕후닝의 예언 이 드디어 적중했다고 온 중국이 야단법석이었다.

예를 들어 팡중잉(龐中英, 1962~)은 "비록 서구 패권 시대가 아직 종결된 건 아니지만 가까운 시일 내로 서방이 자신의 위기를 해결 할 새로운 길을 찾지 못한다면 서구 패권이 빠르게 종결될 것임을 예측하는 몇몇 추세가 있다."라는 주장을 피력했다. 짜오커진(趙可金, 1975~)은 "21세기 초 가장 큰 국제정치의 변화는 중국의 지속 적 부상"이라고 지적하며 "중국이 이미 국제사회의 주변적 위치 로부터 벗어나 지금은 글로벌 경제, 정치, 안보 영역에서 두드러진 역할을 하게 되었다."라고 주장했다. 옌쉐퉁(閻學通, 1952~)은 "2023 년이 되면 세계에는 2개의 슈퍼파워가 있을 것이며 중국이 그중 하나"라고 전망하면서 "덩샤오핑의 '도광양회' 외교를 폐기할 때가 되었다."라고 주장했다. 옌쉐퉁처럼 과감한 전망은 아닐지라도 상 당수 중국 학자들은 서구 중심적 국제질서가 약화되고 있으며 동 요되고 있다는 관점을 피력해왔다.

중국이 부상하면서 과거의 영화를 되찾는 역사적 흐름과 추세 가 전개되고 있다는 인식이 점차 중국학계의 주류를 차지하게 되 었다. 왕후닝의 주장은 때마침 전개된 이러한 우호적인 상황으로 인해서 당 지도부의 강력한 주목을 받게 되었다. 서브프라임 모기 지 사태로 인한 리먼 브러더스의 몰락은 미국 자본주의 체제의 위 기이자, 그의 주장이 옳다는 증거로 여겨졌다.

2005년을 전후로 중국 사회는 신좌파, 마오 좌파, 사회주의적 자유주의와 하이에크식 신자유주의의 노선 갈등이 심각하게 대두되던 때였다. 이런 정세에서 왕후닝이 주장한 대로 2008년 미국 자본주의의 쇠퇴를 알리는 전주곡이 울리자, 당시 중국의 사상적 조류를 아우르는 태자당의 시진핑 노선이 강력한 세력을 모으기 시작했다.

냉전 후 유행했던 워싱턴 합의(Washington Consensus)가 힘을 잃고 베이징 합의(Beijing Consensus)가 중국 지도부의 사상적 흐름을 장악하기 시작했다. 자본주의 모델보다 사회주의 모델이 우수함이 증명되었으니 중국 특색 사회주의를 고수해야 한다는 인식이 중국공산당 간부들 사이에 널리 선전되고 퍼져 나갔다.

왕후닝의 정치 이론은 다음과 같이 정리된다.

첫째, 중국을 포함한 개발도상국은 서양의 근대화와 다른 자국 특색의 독특한 정치 모델을 개발해야 하며, 강력하고 중앙집중적인 지도력을 발휘할 수 있는 권위주의 체제가 필요하다.

둘째, 서양의 개인주의, 쾌락주의 및 거짓 민주주의는 결국 아시아의 집단주의와 권위주의에 의해 물리적으로 패배할 것이다. 체제와 이데올로기 두 측면에서 조만간 중국은 역사적 필연에 의하여 글로벌 차원의 패권을 장악하고 사회주의 체제 구축의 선도자로 나설 것이다.

셋째, 중국은 기존 서방 진영 동맹의 세계질서에 대한 대안으로, 이웃 선린외교와 그 이상의 운명공동체 체제를 제시해야 한다. 일대일로, 중국 중심의 무역·금융 질서 구축, 지역 안보의 운명공동체적 부담을 통해서 중국몽과 중화 부흥을 실현해야 한다.

이러한 왕후닝의 정치 이론은 모든 궤적에서 시진핑 사상의 이데올로기를 뒷받침하고 있다. 시진핑이 세계 대전략을 구축하는 데 있어 무엇이 밑바탕 되고 있는지를 충분히 알 수 있는 대목이다.

## 시진핑, 사생결단의 칼을 뺐지만

· · · · ·

세계는 지난 한 세기 동안 겪어보지 못한 대격변을 겪고 있지만, 시간과 추세는 우리 편에 있다. 우리의 힘과 활력이 여기에 있으며, 우리의 결심과 자신감도 여기에 있다.[8]

2019년 군사위 회의, 2020년 중국공산당 19기 5중전회, 2021년 창당 100주년 기념행사, 2022년 20차 당대회 등 사적이나 공적인 자리를 막론하고 시진핑이 가장 자주 애용하는 말 중에 하나가 '백년대격변(百年大変局)' 국면이다. 시진핑은 현 국제정세를 '지난 한 세기 동안 겪어보지 못한 대격변'의 국면으로 본다는 뜻이다. 그가 누차 인용한 맥락을 고려하면 그가 지적하는 '대격변'은 기존 미국의 규칙 기반 세계질서가 중국 중심의 세계질서로 재편되는 현상을 말한다. 앞에서도 인용했듯이 시진핑은 지금 당장은 미국의 횡포로 인해 중국이 고전하는 듯하나 시간이 지나면 중국은 세계질서의 패권국으로 등극하게 될 것이라고 주장한다. 그는 말미에 '우리는 신냉전을 결심했고 끝내 승리할 자신이 있다.'라고 외친다.

여기서 의문이 생긴다. 사실 트럼프가 요구했던 지식재산권의 엄격한 적용, 기술 절취 방지, 국가보조금으로 기업 간 경쟁의 공정성을 훼손하는 정책의 수정 등은 나름의 일리가 있고 긴 안목에서 볼 때, 중국에 오로지 해만 되는 요청은 아니었기 때문이다. 그런데 시진핑은 왜 그리도 조급하게 칼을 뽑아 들었을까? 왜 그만한 일에 사생결단하자고 덤벼들었을까?

트럼프가 남발한 블러핑이나 부당한 경제정책과 관행에 대한 수정 요구는 시진핑이 죽자고 싸울 이슈가 아니었다. 덩샤오핑, 장쩌민, 후진타오 같은 개혁개방의 지도자들이라면 대미 유화 정책으로 압박의 수위를 낮추고 도광양회 전략으로 실력을 더 양성했을 터이다. 하지만 시진핑은 어떤 압박이 있더라도 시간과 추세는 중국의 편이라고 인민을 독려하면서 이에 적극 대항하기로 결정했다. 미국과 신냉전을 치르기로 한 시진핑의 이 결심은 중국 현대사의 시계를 되돌린 결정적인 계기인 동시에, 금세기의 최고로 중요한 정책 결정 중의 하나라고 해도 무리가 없다.

대체로 공산당의 의사결정 과정은 비밀리에 행해진다. 아무리 중요한 의사결정이 있었다고 하더라도 그 과정이나 계기는 거의 외부에 공개되지 않는다. 대중에게 공개되는 부분은 극히 일부의 내용이다. 그렇다고 시진핑이 어떤 이유로 미국과 신냉전을 한판 치르기로 결심했는지 그 속내를 전혀 추론할 수 없는 바도 아니다. 그 결정에 이르기까지 중국 내 속사정의 변화, 중국공산당의 정책 결정의 방향성, 시진핑의 연설과 공개활동을 통해서 간간이 비춰진 그의 생각의 단편을 수집하고 모자이크를 맞추면 대충 그 윤곽을 알 수 있다.

우선 주목할 점은 시진핑이나 관변학자들이 주장하는 '대격변'

은 '무엇의 대격변인가?'라는 이슈다. 시진핑은 직접적이고 노골적으로 기존 미국의 규칙 기반 세계질서가 중국 중심의 세계질서로 재편되는 대격변 현상이라고 밝혔다. 그런데 왜 그런 패권 변동이 일어난다고 시진핑이 판단했는지 그게 우리가 여기서 밝혀야 할 핵심 논점이다.

앞에서 논한 바대로 신냉전은 2017년 10월 19차 당대회에서 시진핑 사상을 공식화함으로써 은밀하게 개시되었다. 이 당시는 트럼프가 고관세 부과 등 대중국 경제 압박을 위한 블러핑을 남발하던 때였다. 그리고 10월 당대회를 마친 한 달 뒤인 11월에는 미-중 정상회담이 예정되어 있었다. 트럼프 방문 한 달 전인 이런 미묘한 시기에 시진핑은 명시적인 것은 아니지만, 신냉전도 마다하지 않고 트럼프와 싸우겠다는 암묵적 맥락이 담긴 시진핑 사상을 전 세계에 공개했다. 그리고 연이어 개최된 베이징 회담에서 리커창의 입을 빌려 트럼프와 그의 참모들에게 이러한 맥락을 명확히 전달했다. 우리가 이미 자세히 살펴본 바 있는 장면이다.

이런 일이 언론에 보도된 초기에는 시진핑이 트럼프의 기를 눌러놓기 위한 제스처라든가 혹은 미-중 간 경제전쟁이 벌어질 것 같다는 분석기사가 많았다. 하지만 정상회의를 마치고 워싱턴으로 돌아간 트럼프가 전혀 예상치도 않게 베이징을 엄청난 화력으로 무차별 폭격하자, 이것은 경제전쟁 수준이 아니라 미-중 패권전쟁이라는 분석기사가 각종 매체를 도배하기 시작했다. 이런 과정을 거쳐 중국 경제는 심대한 타격을 받았다.

지금부터는 '대격변'에 대한 시진핑의 진정한 의중을 알기 위해서, 2020년 10월 19기 5중전회와 2020년 12월 중앙경제공작회의에서 그가 밝힌 신냉전 국면하에서 중국이 쟁취해야 할 세 가지 목표를 살펴보고자 한다. 공산당 공식 문헌이나 시진핑 연설문인 만큼 '미국을 때려잡겠다.'는 식의 노골적 표현은 등장하지 않는다. 다만 '외부 억압(打压)', '복잡하고 준엄한 대외환경', '핵심기술 봉쇄' 등의 완곡한 표현은 미국의 제재와 압박을 뜻함을 밝혀둔다. 이 연설에서 시진핑이 밝힌 두 가지 전략 목표는 다음과 같다.

첫째, 자력갱생과 쌍순환 체제 가속화 전략이다. 해외시장을 중요시하면서도 동시에 외세가 건드릴 수 없는 국내 내수시장을 키워, 일정 수준의 자력갱생 경제 체질을 강화하겠다는 것이다. 중국의 땅은 넓고 인구는 많다. 지금까지 해외 수출시장에 주력했다면 이제부터는 내수시장을 확대해야 한다. 이렇게 되면 쌍순환하는 국내외 시장이 중국 경제를 밑받침하는 경제개혁을 달성할 수 있게 된다는 전략이다.

둘째, 세계 최고 수준의 첨단기술 국가로 중국을 변혁하는 것이다. 시진핑은 "자립자강을 통해 핵심기술·부품 분야의 취약점을 보완하지 않으면, 글로벌 가치사슬에서 언제든지 목이 졸릴 수 있다."라고 주장했다.[9] 이 말은 이번 대격변기에 핵심기술과 부품 분야에서 미국을 추월하지 못하면 장차 중국은 생존 문제에 직면할 수 있다는 말이다.[10] 여기서 핵심기술과 부품은 미국의 수출금지 품목에 포함된 첨단 반도체를 비롯하여 퀀텀컴퓨팅, 인공지능, 핵융합 에너지 관련 차세대 기술을 중국식 어법으로 두리뭉실하게 지칭한 것이다.

특히 '핵심기술'이란 용어가 의미하는 바는 "퀀텀컴퓨팅, 퀀텀통신, 퀀텀센싱 분야에서는 세계 최고의 기술력을 확보해 퀀텀 패권을 장악하겠다.”라는 중국과학원의 호언장담에서 명확히 드러난다. 2024년 12월, 504큐비트의 퀀텀칩을 탑재한 ‘톈옌(天衍)-504’ 퀀텀컴퓨터를 공개하면서 인터뷰한 내용이다. 또 2020년 11월, 시진핑은 ‘상하이 푸둥(浦東) 개발·개방 30주년 축하대회’의 기조연설을 통해 중국은 2050년까지 반도체, 바이오·의약, 인공지능과 같은 핵심기술 자립을 위한 ‘혁신 엔진’을 강화해서 세계 최강국으로 올라서는 장기 목표를 달성해야 한다는 각오를 밝혔다.[11] 여기서도 핵심기술은 문맥상 앞에서 우리가 상정한 퀀텀모프에 관한 제반 기술을 지칭함이 나타난다.

정리하자면, 시진핑과 중국공산당 지도부는 기존의 디지털문명이 여태껏 경험한 적이 없는 퀀텀기술 기반의 문명으로 전환할 것이라는 사실을 미리 감지했음을 알 수 있다. 그리고 청나라 말기에 근대화에서 밀린 탓에 200년 넘는 긴 세월 동안 서방으로부터 온갖 수모를 받아온 중국이, 지금 한 번 더 서방과의 경쟁에서 밀리면 더 이상 회복이 불가능하다고 생각했을 터이다.

간추려 말하면 시진핑이 2020년 초부터 2050년까지를 대격변의 시기라고 규정한 이유는 문명이 전환하고 시대정신이 바뀌는 시대임을 직감했기 때문일 것이다. 그래서 우리가 말하는 퀀텀모프 패권을 장악하지 않으면 다음 세기 동안 또 서방의 기술력 앞에 무릎 꿇어야 할 터이니 그것은 생존이 걸린 문제라고 주장하는 것일 터이다.

어쩌면 트럼프가 클린턴이나 오바마처럼 중국의 여러 부당한 관행에 대하여 적당히 눈감아주고 중국 제품을 대량으로 값싸게 미국 국민에게 공급하는 데 만족했다면, 시진핑은 자신이 감췄던 발

톱을 한참 동안 더 드러내지 않았을지도 모른다. 또 트럼프의 요란스러운 부당 관행 철폐 요구를 마냥 수락하는 척하며, 자신의 장기 계획을 은밀하게 진척시켰을 수도 있다. 그러면 베이징 회담에서 리커창이 쏜 별침이나 전랑외교가 보여준 험한 말로 센 척하는 것도 조금 더 자제되었을지도 모른다.

그러나 트럼프가 하는 행동을 보면 그는 클린턴이나 오바마처럼 자유주의적 정치관을 가진 인간형이 아니다. 철저히 현실주의적 정치가라고 시진핑은 판단했을 터이다. 그래서 미국의 요구조건을 다 들어주면 미국보다 낮은 수준의 기술밖에 없는 중국이 문명 전환 이후에도 미국의 뒤를 쫓아갈 수밖에 없다는 전략적 판단이 있었을지도 모른다. 어쩌면 그런 방식이 덩샤오핑의 도광양회에 부합하는 길이었을 터이지만, 시진핑은 그런 모양새가 중화의 자존심에 흠집을 낸다고 여겼다.

한편 중화 부흥, 중국굴기로 대전략의 방향을 수정한 중국의 거센 일격에 미국은 움찔하지도 않았다. 오히려 중국 쪽이 예상외로 강한 미국의 대응에 적잖이 당황한 표정이다. 미국은 중국을 상대로 고율의 관세를 부과하고 화웨이와 ZTE 같은 기술 중심 기업에 미국의 첨단기술과 부품의 수출을 제한하는 등 무역전쟁을 감행했다. 또한 미국 증권시장에 중국 기업의 상장을 제한하는 등 쉴 새 없이 규제 조치를 행했다. 결국 미국은 디커플링(de-coupling), 디리스킹(de-risking) 수준의 공급망 재편을 일궈 대중 긴장도를 한층 끌어올렸다.

솔직히 말하자면, 그런 조치들로 인해 중국 경제는 황폐한 풍경이 연출되고 있다. 시진핑과 중국공산당은 기회가 있을 때마다 달콤한 미래의 중국몽을 설파했지만 현실은 그들의 달콤한 말과는 엇나갔다. 시진핑이 2021년까지 달성하겠다던 샤오캉 사회 건설은 커녕 오늘의 실제 중국 현실은 높은 청년 실업률과 낮은 경제성장 률에 시달리고 있다. 부동산 경기는 붕괴하고 있으며, 기업은 경영 위험에 직면했다. 청년 실업률은 취업 포기자를 포함한다면 거의 40%에 이른다. 그 때문에 청년들은 농촌으로 하방하여 부유한 농촌 건설에 봉사할 것을 권유받고 있다는 보도가 심심찮게 눈에 띈다.

이런 상황에 직면하여 중국은 '운명공동체 지구촌을 건설하기 위한 동반자 관계 구축'이라는 외교 기조를 내세우고 있다. 글로벌 규모의 형제국 확보를 통해 미국이 주도하는 중국 포위 전략에 맞 대응하겠다는 의지를 피력한 것이다. 소위 중국의 농성 대전략 구 성이다.

하지만 이 구상도 순조롭지 않다. 중국의 운명공동체 형제국들 은 대부분 일대일로 프로젝트의 참가국들이다. 이들 가운데 최소 한 10개국 이상이 팬데믹과 일대일로 사업으로 인해 상승한 국가 채무를 상환하지 못해 채무불이행(default) 국가가 되었다. 그래서 각 국가 내부에서 이 사업에 대한 원성이 높아져 탈퇴국이 증가하 는 상황이다. 이를 감안하면 운명공동체를 구축하고 자기들끼리 잘살겠다는 구상은 환상에 가깝다.

중국은 형제국들의 이런 사태가 미국의 중국 포위 전략 때문이 라고 미국에 책임을 돌리려 한다. 하지만 현지에서는 미국의 정책 과는 무관하다는 사실이 유튜브와 기타 SNS를 통해서 실감 나게 전해지고 있다. 결국 중국과 운명공동체로 결속하기로 약속한 국가들은, 중국이 권유한 사업 때문에 망하게 되었다는 결론이다.

향후 미국의 중국에 대한 공세는 더욱 강력하고 전방위적으로 전개될 것이다. 예를 들어, 인도-태평양 경제 프레임워크(IPEF, Indo-Pacific Economic Framework) 구상과 '칩4(Chip-4)' 구축은 중국에 치명적인 조치가 될 수 있다.

바이든은 디커플링이 아니라 디리스킹이라는 약간 완화된 수사학을 구사했으나, 용어 자체가 그리 중요하진 않다. 중국은 미국이 반도체, 배터리 등 첨단산업에서 중국을 배제하는 글로벌 공급망의 재편을 통해 사실상 중국의 숨통을 끊으려고 한다고 받아들이고 있다.

향후 중국의 행보에 관해서는 시진핑의 최근 당대회 발언을 주목해볼 필요가 있다. 시진핑은 20차 당대회 보고에서 '사회주의 현대화 실현(2020~2035)'과 '사회주의 현대화 강국 건설(2035~2050)'이라는 중장기 목표와 비전을 구체적으로 설정하고 이것의 실현에 대한 강한 의지를 표명했다. 어떤 곤경에도 불구하고 반드시 중화 부흥과 중국몽 달성을 성취하겠다고 중국 인민을 향해 다짐한 셈이다.

또 한편으로는 국제사회를 향해서 "중국의 발전은 세계를 떠날 수 없고, 세계의 발전은 중국을 필요로 한다."라며 중국은 세계화된 경제체제 속에 계속 머물 것임을 천명했다. 이 발언은 이전의 전랑외교와 강대국 외교 같은 공격적 대외정책에서 생겨난 세계 각국의 중국에 대한 반감과 경계심을 조금이라도 낮추려는 노력의 일환이라는 분석이 지배적이다.

또 같은 당대회 보고에서 "높은 수준의 대외 개방을 유지하고,

국내 시장의 성장을 중심으로 국내외 시장의 쌍순환을 상호 촉진하는 신(新)발전구도의 가속화"를 강조했다. 동시에 시진핑은 "중국은 패권을 장악할 의도가 없다. 그리고 모든 형태의 패권주의와 강권 정치, 냉전식 사고, 내정간섭, 이중 잣대를 반대한다."라고 주장했다. '모든 형태의 패권주의'란 중국 자신은 패권을 포기했기 때문에 '미국 너희도 포기하라.'라는 맥락임이 분명하다.

결국 중국은 패권 탈취의 의향이 없다는 고백을 세계시민을 향하여 선언한 셈이다. 특히 이 발언은 미국을 향해 화해의 의사를 표명한 것이라는 해석이 분분했다. 물론 만약 미국이 계속 중국을 괴롭힌다면 이에 단호히 저항하겠다는 의지도 함께 표명했다.

정리하면, 디지털문명을 넘어 퀀텀문명으로 이행하는 2050년까지의 중차대한 시기를 대격변의 시대라고 본 시진핑의 판단은 옳았다. 그리고 그 시기 동안 행해질 퀀텀모프의 과정에서 문명적 파괴와 건설이 일어나리라는 판단도 정확했다. 그리고 그 결과에 따라 차세대 세계질서 주도권을 누가 장악할지가 결정될 것이라는 정세 분석도 옳았다. 그러나 퀀텀모프 패권을 향한 첫 발걸음이 미국에 벌침을 쏴 극단적 신냉전 상황으로 몰고 가야 했는지에 대해서는 의문이다. 시진핑의 발언이 앞에서 본 것처럼 거센 말투에서 조금씩 부드럽게 변하고 있는 것만 봐도, 그 스스로도 설불렀다는 현실 인식을 갖고 있음을 알 수 있다.

중국에는 어려운 시기를 만나면 일단 고개를 숙이고 다시 일어설 때를 기다리라는 뜻의 '잠룡물용(潛龍勿用)'이란 사자성어가 있다. 정확히는 '잠재적 능력이 있어도 적절한 때를 기다리고 인내해야 품은 뜻을 이룰 수 있다.'라는 의미의 경구다.

시진핑은 너무 일찍 칼을 빼 들었다고 후회하고 있는지도 모른다. 지금에 와서 빼 들은 칼을 다시 칼집에 넣겠다고 하면 체면을 구기는 일이다. 어느 누가 그것을 중국의 진심이라고 존중해줄지도 의심스럽다. 칼은 칼집 속에 묵직하게 들어 있을 때 그 진가를 발휘하는 법이다.

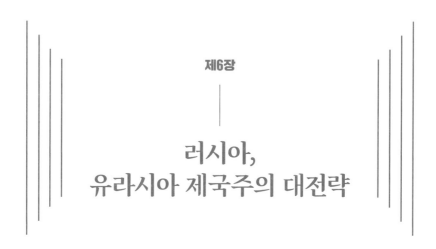

# 러시아,
# 유라시아 제국주의 대전략

## 푸틴의 체스게임: 우크라이나 침공이라는 한 수

· · · · ·

만약 (침공) 작전이 정말 준비되고 있는 것이라면, 내가 마음으로부터
하고 싶은 말은 하나밖에 없다. 푸틴 대통령, 우크라이나에 대한 공격
을 멈춰달라. 평화에 기회를 줘보자. 이미 많은 사람들이 숨졌다.[1]

2022년 2월 23일 밤, 전쟁이 임박했다는 징후가 점점 짙어지
는 우크라이나 사태를 논의하기 위해, 미국 뉴욕에서 두 차례의
UN 안전보장이사회 회의가 열렸다. 안토니우 구테흐스(Antonio
Guterres) UN 사무총장은 절박한 목소리로 블라디미르 푸틴 러시
아 대통령에게 자제를 요청했다.

그럼에도 아랑곳없이 2022년 2월 24일 오전 6시경(모스크바 시각)
불길한 공습 사이렌과 함께 우크라이나 수도 키이우(Kyiv)와 인근

162　　　제2부 _ 미-중-러, 그들의 세계 대전략

보리스필(Boryspil) 국제공항에 미사일과 헬리콥터 공격, 그리고 포격이 개시되었다. 곧이어 우크라이나 전역의 공항과 주요 군사시설에 공습이 가해지면서 러시아와 우크라이나는 전쟁의 화염 속으로 속절없이 휩쓸려 들어갔다. 인구 140만 명의 도시인 우크라이나 북동쪽의 하르키우(Kharkiv), 동쪽의 루한스크(Luhansk), 북쪽의 접경 국가 벨라루스, 그리고 남쪽의 크림반도에서도 탱크와 지상군이 밀려들었다. 낙하산 부대가 키이우 바로 외각의 비행장을 점령했고 러시아군은 우크라이나의 최대 항구도시 오데사(Odesa)와 마리우폴(Mariupol)에도 상륙했다.

누가 봐도 이것은 그동안 우려해오던 러시아와 우크라이나의 전면전이었다. 그럼에도 불구하고 푸틴은 침공 직전 TV 연설에서 자신의 군사행동은 전쟁이 아니며, 러시아가 우크라이나에서 잠정기간 동안만 전개하는 '특수군사작전'이라고 밝혔다. 그는 이번 군사작전이 나치화되고 있는 우크라이나 정부를 막아, 집단학살의 대상이 된 돈바스(Donbas)의 러시아 분리주의자를 보호하고, 우크라이나를 '비무장화', '비(非)나치화'하기 위한 정의 구현을 위한 행동이라고 규정했다.

그리고 이 군사작전의 책임은 미국과 그 동맹국에 있다고 강변했다. 왜냐하면 우크라이나의 NATO 가입을 거부하고 모스크바에 충분한 안전보장을 요구해달라는 러시아의 요구를 서방이 지속적으로 무시한 탓에 이런 상황이 벌어졌기 때문이다. 그러면서도 러시아는 우크라이나 전역을 점령할 의도가 없다는 점을 명백히 했다.

그러나 푸틴의 말을 믿는 사람은 아무도 없었다. 대다수의 국제

관계 전문가들은 그의 레토릭(rhetoric) 가운데 '비무장화'는 우크라이나의 무조건 항복을 받아내고 무장해제를 하겠다는 의미이고 '비나치화'는 폭력을 행사해서라도 우크라이나 정권을 러시아의 괴뢰정부로 만들겠다는 뜻이라고 해석했다.

푸틴은 특수군사작전을 성공리에 마무리하는 데 일주일이면 충분하다고 호언장담했고 실제 상황은 그렇게 흘러가는 듯 보였다. 러시아군은 개전 후 겨우 아홉 시간 만에 키이우 외곽에 이를 정도로 파죽지세로 밀고 들어왔다. 우크라이나 정부의 대다수 지도자들은 자포자기 상태거나 이미 외국으로 도망쳤다는 소문이 파다하게 돌았다.

그러나 극적인 반전이 생겼다. 전쟁 사흘째인 2월 26일. '키이우를 떠났다.'라는 소문이 파다하던 볼로디미르 젤렌스키(Volodymyr Zelensky) 우크라이나 대통령이 페이스북에 동영상을 올렸다. "나는 여기 키이우에 있다. 모든 것을 지키겠다고 맹세한다. 무기를 놓지 않겠다."라며 결연한 항전 의지를 만천하에 쏘아 올렸다. 곧이어 미국의 도피 제안을 받은 젤렌스키가 "내게 필요한 건 오직 무기, 무기, 무기다."라며 단호하게 거절했단 보도가 나오자 우크라이나 국민은 젤렌스키를 중심으로 뭉치기 시작했다.

우크라이나에 거주하던 많은 외국인들은 "지난 2014년 크림반도 침공 때와 분위기가 다르다."라며 "설사 이길 수 없더라도 싸우다 죽겠다는 사람들이 많다."라는 분위기를 전했다. 드라마틱한 상황 반전 속에서 결연한 우크라이나인의 저항 의지와 투쟁 정신을 목격한 서방 진영은 결집하기 시작했다. 미국의 주도로 서방은 우크라이나에 무기를 공급하기 시작했다. 특히 대전차 미사일 재블

린(Javelin)은 시가전에서 획기적인 전과를 올렸고 '키이우의 유령'으로 불린 우크라이나 공군이 러시아에 대해 제공권을 지켜낸 것도 반전의 계기가 됐다.

일주일이면 끝날 전쟁이라던 푸틴의 기대와 국제사회의 예상은 빗나갔다. 이제 이 전쟁은 누가 이길지, 언제 끝날지 모를 장기전에 돌입했다.

## 푸틴의 룩이 우크라이나로 간 까닭

. . . . .

체스게임에서 룩(rook)은 장기의 차(車)와 동일한 역할을 하는 기물이다. 등대처럼 생긴 망루인데 상단이 요철형의 총안구가 구축된 성탑 모양으로 생겼다. 체스에서의 룩은 고대 전쟁의 전차에서 비롯되었는데 동선 규정은 전후좌우 직선으로 마음껏 움직일 수 있다. 기동성이 좋은 만큼 《삼국지연의》의 조자룡이나 장비처럼 순식간에 적진으로 들어가 결정타를 먹이는 용도로 자주 사용된다. 상대 진영을 휘저어 쑥대밭으로 만들거나 결정타를 먹이거나 적의 강약점을 테스트하고자 할 때 사용된다.

그렇다면 푸틴이 2022년 우크라이나라는 벌집을 룩이라는 창으로 쑤셔버린 노림수는 무엇일까? 애초부터 일주일 내에 특수군사작전을 마무리하겠다고 큰소리친 것을 보면 푸틴은 우크라이나를 텅 빈 종이상자로 여겼던 모양이다. 물론 실제로 쑤셔보니 그게 엄청난 벌집이란 걸 알았지만 말이다. 푸틴의 속내를 탐색하기 위해서는 전쟁 발발에 즈음한 우크라이나, 러시아, NATO, 그리고 유럽의 전반적 정세를 살펴볼 필요가 있다.

첫 번째로 눈여겨 볼 점은 2014년 러시아의 크림반도 합병 과정이다. 푸틴은 먼저 대규모 친(親)러 시위대를 조직해, 이들이 크림반도에 친러 자치정부를 수립하게 했다. 그런 후에 '크림반도에 독립된 자치정부를 세우는 데 푸틴의 도움과 지지를 원한다.'라는 공개선언을 하게 만들었다. 푸틴은 이를 즉각적으로 수락하여 러시아군을 크림반도의 세바스토폴(Sevastopol)에 진주시켰다. 며칠 뒤 자체 주민투표를 실시하고 이를 러시아 영토에 합병시켰다.

이때 미국을 비롯한 서방 각국은 푸틴의 크림반도 합병을 못 본 체했다. 비난의 목소리를 높이고 개별적인 경제제재를 한 국가도 있었지만, 별다른 군사 지원이나 압박은 없었다. 오바마는 "푸틴은 큰 대가를 치르게 될 것"이라는 짧은 코멘트 한마디 날리고 끝이었다. 그런 식으로 푸틴의 크림반도 합병은 유야무야 별탈 없이 성공리에 마무리되었다. 이 경험은 푸틴에게 값진 전략적 통찰을 안겨준 것으로 보인다.

그 후 크렘린은 더 이상 우크라이나 침공 계획은 없다고 여러 차례 강조했다. 서방의 의구심과 경계심을 누그러뜨리기 위한 레토릭이었다. 푸틴도 그러한 우려를 '비상식적'이라고 일축했다. 그러나 푸틴은 전쟁 발발 몇 개월 전인 2021년 9월 무렵, 이런 입장을 바꾸어 우크라이나의 NATO 가입 시도를 맹비난했다. '그것은 러시아가 감내하기 힘든 레드라인이 될 것'이라고 경고하고, 우크라이나에 NATO 군 기지와 훈련 기지를 더 이상 배치하지 말 것을 요구했다.

젤렌스키는 2019년 4월 대통령에 당선된 이후 우크라이나의

NATO 가입만이 푸틴의 침략을 막을 유일한 길이라고 한결같이 주장했다. 그리고 그것을 어떤 정책보다 더 적극적으로 추진했다. 양국 간의 긴장이 고조되고 푸틴의 군대가 우크라이나 국경을 향해 집결하기 시작한 2022년 12월에도 젤렌스키는 NATO 가입을 한시라도 빨리 처리해달라고 바이든에게 요청했다. 바이든은 "NATO 가입은 우크라이나의 마지막 결심만 남은 최종 단계에 도달했다."라면서 NATO 가입을 기정사실로 확인했다.

젤렌스키의 주장처럼, 우크라이나가 좀더 일찍 NATO에 가입했다면 러시아가 함부로 침공할 수 없었을지 모른다. 하지만 우크라이나의 NATO 가입이 임박했다는 바이든의 바로 그 말이 푸틴이 우크라이나 침공을 결심하도록 자극했는지도 모른다. 푸틴은 이전부터 어떤 일이 있어도 우크라이나의 NATO 가입을 절대 용납하지 않겠다고 강하게 반발해왔기 때문이다.

사실 우크라이나의 NATO 가입 문제가 좀더 빨리 완결되었으면 하는 아쉬움은 남는다. 그러나 한 국가가 NATO의 회원국으로 가입하기 위해서는 조건이 있다. 첫째, 그 국가는 현재 '분쟁이 없는 상태'여야 한다. 만약 영토분쟁, 내전과 같은 분쟁이 있는 상태에서 가입한다면 NATO가 그 분쟁에 즉각 개입해야 한다는 딜레마에 빠진다. 왜냐하면 NATO는 회원국 전체의 공동방위 조직이기 때문이다. 불행히도 우크라이나는 2014년 러시아의 크림반도 병합 이후, 동부 돈바스 지역에서 친러 분리주의 세력과 장기간 분쟁을 겪고 있었다. 둘째, NATO 가입을 위해서는 회원국이 만장일치로 합의해야 한다. 옛 동구권 국가였다가 NATO 회원국이 된 국가들은 우크라이나 가입을 찬성했지만, 본래의 회원국인 서방 국가들은 셈법이 제각각이어서 완전한 컨센서스를 형성하기 어려웠다. 예를 들어 독일은 러시아의 시베리아 천연가스와 에너지로 국내 경제를 간신히 유지하고 있었는데 우크라이나의 NATO 가입은 러시아와의 좋은 관계를 깨부술 가능성이 농후해 이를 반대했다. 독일과 유사하게 이탈리아, 헝가리, 오스트리아, 불가리아 등이 러시아산 천연가스·석유에 대한 의존도가 높았기 때문에, 우크라이나를 NATO 회원국으로 신속하게 받아들이기는 조심스러울 수밖에 없었다. 이들 국가에서 에너지 공급 망실(喪失)로 인한 경제 침체가 벌어질 경우 내부 친러 정치세력이 주도권을 갖게 될 것은 불 보듯 뻔한 현실이었다.

더욱이 러시아는 우크라이나가 NATO에 가입하게 되면 NATO 군대의 동진이 자국 국경과 맞닿는 셈이 된다. 푸틴은 자주 이런 상황은 러시아가 감내하기 힘든 '레드라인'이 될 것이고 그 대가는 받아들이기 힘들 것이라고 경고해왔다. 우크라이나 전쟁에서 러시아의 전력을 까보기 전에 러시아는 세계 2위의 군사대국으로 통했음을 감안할 때 서방 국가들이 이러한 경고를 완전히 무시하긴 힘들었을 터이다.

결국 2022년 2월 러시아 군대가 우크라이나로 밀고 들어가자, 독일은 이에 대응해 노드스트림2(Nord Stream2)의 진행을 중단했다. 동시에 러시아산 천연가스와 석유의 구매를 끊었다. 이로 인해서 독일과 프랑스는 한때 시중 에너지 가격이 30% 이상 급등하는 위기 상황을 겪었고 심각한 경제적 손실을 입었다.

구냉전 이후 일부 유럽 국가들이 보여온 자기도취의 늪에서 비롯된 해이함과 자국의 사소한 이익에 집착하는 이기적 태도가 끝

끝내 유럽과 지구촌 전반에 걸쳐 큰 인명과 물적 피해를 만들어 냈다. 푸틴은 미국과 유럽을 주축으로 하는 서방 진영의 이런 허점을 크림반도를 합병할 때부터 파악하고 있었다. 아마도 '전쟁'이 아니라 '특수군사작전'이라는 간판을 내걸고, '우크라이나와 러시아는 한 민족이며, 이것은 민족 내부의 문제다.'라는 명분을 내세우면 서방 진영은 크림반도 합병 때와 거의 같은 반응을 보이리라 기대했을 것이다. 계획한 대로 일주일 만에 작전 종료를 한다면 말이다. 이것이 푸틴이 우크라이나 깊숙이 룩을 밀어넣겠다고 판단한 첫 번째 근거다. 자기도취에 빠져서 해이해져 있는 서방 진영의 정신 상태를 테스트한 것이다.

두 번째 이유는 푸틴이 대(大)러시아주의자이자 유라시아 제국주의 신봉자라는 점에서 찾을 수 있다. 이런 정치철학을 가진 푸틴의 최종적인 꿈은 '무너진 소비에트 연방을 회복하고 과거처럼 세계 최대, 최고의 초강력 제국을 건설하는 것'이다. 푸틴의 주변 사람들이 과거 러시아제국 로마노프(Romanov) 왕조의 표트르(Pyotr) 대제를 본떠, 푸틴을 '대제(the Great)'라 부른다는 사실은 이미 널리 알려져 있다.

푸틴은 제정 러시아를 이룩한 표트르 대제의 현대적 화신이 되고자 하는 욕망이 강하다. 영원히 '대제'로 불릴 러시아 민족 영웅이 되고자 하는 꿈을 꾼다. 한마디로 러시아의 현실적 필요와 푸틴의 개인적 야망이 결합되어 결국 우크라이나 침공을 낳았다고 결론지을 수 있다. 아마도 푸틴은 꿈을 이룰 때까지, 즉 발트해에 이를 때까지 서진(西進)하며 호전적인 행보를 멈추지 않을 것이다.

그를 위해서 가장 먼저 성취해야 할 과업이 우크라이나, 조지아, 벨라루스를 러시아의 연방국으로 통합하는 일이다. 그런 꿈을 꾸는 푸틴에게 우크라이나의 NATO 가입은 영원히 회복할 수 없는 상처가 된다. 왜냐하면 집단방위를 최고 전략으로 삼고 있는 NATO는 푸틴의 살아생전에는 넘을 수 없는 벽이기 때문이다.

우크라이나가 NATO에 가입하면 그건 손아귀에 들어왔다고 믿었던 물고기가 태평양으로 도망치는 꼴이라는 것을 푸틴은 누구보다 잘 알고 있다. 그것이 푸틴에게는 절대 용납할 수 없는 도발이고 푸틴의 야망을 저지하는 결정타라는 사실은 분명하다. 그것은 푸틴의 공언대로 레드라인이 될 수밖에 없기 때문에, 그의 입장에서는 '특수군사작전'이 불가피하다고 여겼을 것이다. 이것이 지금 우크라이나를 쳐야 한다고 판단한 세 번째 이유이다.

지금까지의 정황을 보면 푸틴은 우크라이나의 NATO 가입만큼은 어떤 대가를 치르더라도 막아야 한다는 억제할 수 없는 충동을 느끼고 있었다. 개전 초기에는 자신이 유럽이라는 체스판 위에서 룩을 우크라이나로 밀어넣어 러-우 전쟁이라는 절묘한 행마를 했다고 착각했을지 모른다. 하지만 긴 역사의 흐름 속에서 볼 때는, 푸틴 자신이 신냉전 국면이라는 체스판 위에 놓인 일개 룩일지도 모른다는 점을 몇 년이 지난 지금은 서서히 깨닫고 있을 것이다.

## 룩의 공세 전야, 푸틴의 수읽기와 전략

. . . . .

그렇다면 푸틴은 우크라이나로 러시아 군대를 밀어넣기 전에, 서방 각국과 NATO의 반응에 대해서 어떤 수읽기를 했고 그에 대한 대비책을 어떻게 세웠나? 침공 이전에 이뤄진 푸틴의 전략적 움직임 가운데, 대표적인 두 가지만 분석하고자 한다.

첫 번째는 우크라이나 침공 전인 2022년 2월 4일 베이징 동계 올림픽 개막식에 푸틴이 등장한 사건이다. 《가디언(*The Guardian*)》지는 2022년 2월 4일 자 기사에서 시진핑과 푸틴이 베이징 동계 올림픽 개막 전에 회담을 갖고 상호 긴밀한 의견을 나누었다고 보도했다.[2] 얼마 후 양국에서는 〈신시대로 진입하는 시기의 국제관계와 글로벌 지속가능한 발전에 관한 러시아 연방과 중화인민공화국의 공동성명서〉를 발표했다. 이것을 자세히 보면 이 둘 사이에 어떤 대화가 오갔는지 대충 짐작이 간다. 공동성명서의 제목에서 언급된 '신시대'는 시진핑 사상에 시대적 정당성을 부여하는 중요한 개념이다. 결국 이 공동성명서의 내용은 '미국 지배하의 기존 문명이 새로운 문명으로 전환하는 국면에서, 러시아와 중국이 국제사회에서 어떤 협력을 펼칠지'에 대한 논의를 의미한다.

우선 공동성명서의 주요 내용만 훑어보면 시진핑과 푸틴은 '냉전 방식의 이념적인 접근을 버릴 것'을 서방에 촉구했다.[3] 이러한 촉구는 몇 가지 중요한 의미를 내포하고 있다. 중국과 러시아를 서방의 적대 진영으로 몰아가지 말라는 요청인 동시에 미국과 그 동맹들의 독점적인 단극 체제의 세계질서를 보다 다극 체제의 질서로 전환할 것을 요청하는 도전장이기도 하다.

공동성명서는 또 두 나라 사이의 유대에는 '한계가 없다.'라고 강조하면서 '우리가 협력하지 못할 금단의 영역은 존재하지 않는다.'라고 선언했다. 군사동맹을 넘어 운명공동체 국가라는 뜻이다.

그러니 우리가 어떤 일을 하더라도 미국은 함부로 개입하거나 간섭하지 말 것을 요구하는 내용이다. 결국 푸틴은 우크라이나 침공을 이미 결심한 상태에서, 미국과 NATO의 간섭을 배제할 덫을 치기 위해 시진핑과 함께 전략적 제휴를 맺고자 했음이 확실하다. 서태평양이건 동유럽이건 푸틴이 우크라이나를 치는 동안 미국과 서방이 동아시아에서 러시아의 뒤를 노린다면 중국이 가만있지 않을 것이라는 경고인 셈이다.

사실 이 공동성명서가 발표되기 전 2021년 9월 27일 로이터와의 인터뷰에서 푸틴은 "우크라이나가 NATO에 가입하려 한다면 그것은 러시아가 감내하기 힘든 레드라인이 될 것"이라고 경고했다. 그 후 석 달이 채 못 된 12월 17일에 푸틴은 미국을 향해 '유럽에서 장기적이고 법적 구속력이 있는 안전보장의 구축'을 제안했다. 이 제안은 하나의 조약과 하나의 협정으로 추진됐는데, 공식 명칭은 〈국가안전보장에 관한 러시아 연방과 미국 간의 조약〉과 〈러시아 연방 및 북대서양조약기구 회원국 간의 안보보장 조치에 관한 협정〉이다.

조약과 협정의 취지는 "위헌적인 권력 변화를 옹호하는 조직, 단체, 개인에 대한 지원 거부와 계약 당사국 중 일방의 정치 또는 사회체제 변화를 목표로 하는 모든 행위를 포함하여 내정불간섭 원칙의 엄격한 준수를 기반으로 한다."라고 그 내용에 명시되어 있다.

푸틴이 평소 우크라이나를 "러시아와 불가분의 관계에 있는 러시아의 일부"이며 "한 번도 주권국가의 위상을 누린 적이 없는 정권"이라고 매도했음을 상기하면, "위헌적인 권력 변화를 옹호하는 조직, 단체, 개인"이 누구를 겨냥하고 있는지 잘 알 수 있다. 다름

아닌 젤렌스키의 우크라이나와 그 정부 조직을 일컫는다.

또 제1조에서는 "미국과 러시아, 각 당사국은 개별적으로나 또는 국제기구, 군사동맹, 연합의 틀 내에서 다른 쪽 당사국의 근본적인 안보 이익을 훼손할 수 있는 조치를 행하지 않는다."라고 명시하고 있다. 이 역시 러시아가 소위 특수군사작전을 전개할 때 미국이나 NATO는 내정불간섭 원칙과 이 조항에 의거하여 절대 러시아의 행동을 저지할 생각을 품지 말라는 뜻이다. 그리고 제4조는 "미국은 북대서양조약기구의 동쪽 방향 확장을 배제하고 이전에 소비에트 사회주의 공화국 연방의 회원국이었던 동맹국의 가입을 거부할 것을 약속한다."라는 내용이다. 우크라이나, 조지아, 발트 3국 등의 NATO 가입은 절대 허용해서는 안 된다는 요구이다.

조약과 협정 문안은 모두 미국과 NATO 동맹국이 군사 개입할 여지를 없애겠다는 내용으로 구성되어 있다. 물론 푸틴 또한 실제로 이것의 체결을 기대하고 제안한 것 같지는 않다.

푸틴의 이러한 조약과 협정에 대해, 중국도 공동성명서에서 러시아의 제안을 무조건 지지한다고 공개적으로 밝혔다. 시진핑이 아무것도 모른 채 푸틴의 손을 들어주지는 않았을 것이다. 그렇다면 시진핑은 이미 푸틴의 우크라이나 침공 계획을 알았고 푸틴의 작전을 지지했다고밖에 해석할 도리가 없다.

이에 대해《가디언》지는 러시아와 중국의 공동성명서 내용은 중국과 러시아가 공유하는 야망과 불안을 동시에 보여주며, 서방 권력과의 불화라는 공통의 지점에서 양국의 공통된 이익을 찾고 있는 것이라고 분석했다. 그리고 모스크바와 베이징 간의 완전한 동맹이 형성될 가능성은 낮지만, 양측은 자신들의 지역에서 미국의 영향력을 후퇴시키고자 하는 의지를 명시적으로 보여주고 있다는 논평을 냈다.

정황을 다시 한 번 정리해보자. 2021년 9월 27일의 로이터와의 인터뷰에서 푸틴은 우크라이나의 NATO 가입이 러시아가 감내하기 힘든 레드라인이라고 경고했다. 같은 해 12월에는 미국과 NATO를 향하여 유사시 내정불간섭과 상대국의 국가안보에 위협이 되는 군사 조치를 금지하자는 조약과 협정을 제안했다. 이후 2022년 2월 4일 베이징 동계 올림픽 직전에는 시진핑을 만나 지지를 구했다. 푸틴의 이러한 일련의 행동은 그가 우크라이나 침공이라는 목표 달성을 위해서 치밀하게 준비했다는 사실을 잘 보여주고 있다.

그리고 불과 17일 뒤인 2022년 2월 24일, 본격적으로 우크라이나 침공이 이루어졌다. 이 점을 고려할 때 푸틴은 미국과 중국, 그리고 관련 국가들의 반응에 대한 세심한 수읽기를 했고 중국에 유사시 자신의 뒷배까지 부탁한 후에 액션을 취했음을 알 수 있다.


## 우크라이나의 전략적 가치와 푸틴의 노림수

• • • • •

지금까지 논의를 요약하면 푸틴의 우크라이나 침공 목적은 다음과 같다. 첫째, NATO가 점차 동진하는 데 위협을 느끼고 이를 중지시키고자 하는 목적이다. 조지아와 우크라이나 등에 NATO의 군사기지와 훈련 시설이 야금야금 설치되고 그 영향력이 점차 옛 소비에트 연방국들까지 확장되자, 푸틴으로서는 이를 막아야 한다는 현실적 필요를 절실하게 느꼈다.

둘째, 옛 소련의 연방국들이 일단 NATO에 가입하게 되면 푸틴은 과거의 소비에트 연방처럼 러시아 제국을 복구하고 유라시아 제국을 건설하고자 하는 꿈을 포기해야 하기 때문이다. 그런 결과는 푸틴으로서는 결코 수용할 수 없는 일이다. 특히 우크라이나가 NATO에 가입된다면 우크라이나와 벨라루스, 조지아, 발트 3국을 러시아의 연방국으로 복귀시키려는 푸틴의 계획에는 족쇄가 채워지게 된다.

반면에 우크라이나를 일단 장악하게 되면 리투아니아, 라트비아, 에스토니아로 구성된 발트 3국을 함께 손에 넣을 확률이 높아진다. 벨라루스는 여전히 그리고 꿋꿋하게 푸틴의 동맹이기 때문에 우크라이나가 뒷배를 봐주면 벨라루스가 발트 3국을 요리하기가 한결 쉬워진다.

다음의 지도 위에 그어진 선은 우크라이나, 벨라루스, 발트 3국을 러시아 연방에 합병하거나 꼭두각시 국가로 만들었을 때 구축될 새로운 전략 방어선을 보여준다. 만약 러시아가 우크라이나와 맞닿은 현재의 러시아 국경선이 아닌, 우크라이나를 버퍼존으로 구축함으로써 폴란드, 슬로바키아, 헝가리, 루마니아와 접경하는 전략적 방어선으로 러시아군을 전진 배치할 수 있다면 러시아가 얻을 이익은 숫자로 환산이 어려울 만큼 어마어마할 것이다.

만약 우크라이나가 NATO에 가입하여 러시아와 NATO 군대가 현재의 국경선에 항시 집중 배치되어야 하는 상황이 온다면, 위험 관리 부분에서 러시아로서는 감내하기 힘든 측면이 있다. 반면에 NATO 군대와 충돌이 있더라도 1차적으로 우크라이나, 벨라루스,

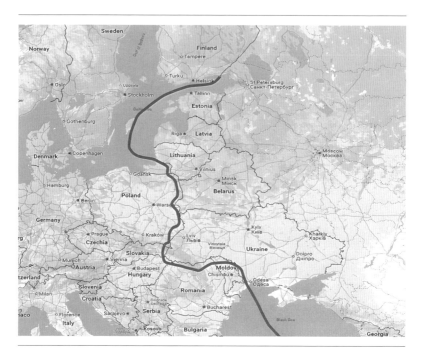

푸틴이 원하는 러시아의 새로운 전략적 방어선

조지아 군대가 NATO 군대의 진격을 저지할 경우 러시아는 여러 대책을 준비할 시간을 충분히 확보하고 여유 있게 반격 준비를 갖출 수 있을 터이다.

더욱이 러시아는 핀란드와 스웨덴이 NATO에 가입하게 되면서, 유사시 발트해와 북해의 제해권을 상실할 가능성이 높아졌다. 그러나 지도에서 보듯이 이러한 방어선이 구축되면 유사시에도 러시아가 발트해를 자기 앞마당처럼 사용할 기회를 되찾게 된다. 이러한 전략적 유용성은 유사시 전쟁의 결과를 반전시킬 수도 있는 결정적 가치를 지닌다.

푸틴은 우크라이나 땅의 전략적 가치를 누구보다도 잘 알고 있다. 우크라이나는 그런 면에서 푸틴에게 어마어마한 기회요소다. 만약 푸틴이 전략적 방어선 구축에 성공한다면 그것만 해도 러시아 국민들은 푸틴을 '표트르 대제의 화신'이라고 칭송할 것이다.

그뿐만 아니라 푸틴은 러시아 국민의 민족주의적 감성을 건드리고 있다. 푸틴은 우크라이나 침공의 목적을 우크라이나 동부 4개 주, 즉 도네츠크(Donetsk), 루한스크(Luhansk), 헤르손(Kherson), 자포리자(Zaporizhzhia)를 러시아 영토로 복속시키는 일이라고 대내외적으로 여러 차례 공언한 바 있다.

그 이유는 러시아 접경 지역인 이 지역의 주민들 상당수가 러시아어를 사용하는 동슬라브인들이기 때문이다. 이들은 본래 이 지역에서 삶을 일궈온 토착 주민들이기보다는, 1922년 우크라이나가 소비에트 연방에 강제 합병되었을 때부터 이후 오랜 시간에 걸쳐 러시아 본토에서 이 지역으로 이주해온 정착민들이다. 그래서 이들 중에는 강한 친러시아 성향을 가지고 있고 자기들의 진정한 조국은 우크라이나가 아니라 러시아라고 여기는 사람들이 많다.

푸틴은 공개석상에서 젤렌스키가, 러시아어를 사용하는 이들 친러시아 성향의 사람들을 말살하려 한다고 여러 차례 주장해왔다. 그러면서 키이우의 권력자들은 나치 정권이라고 비난했다. 이들의 생명과 삶의 터전을 보호하기 위해서 러시아군의 파병은 불가피했다는 것이다. 이런 식으로 푸틴은 러시아 인민에게 민족을 위한 정의로운 지도자로 자신을 각인시킨다.

젤렌스키 대통령의 발표에 따르면, 지금까지 러-우 전쟁에서 드론이나 기타 위성사진 자료로 확인된 러시아 측 전사자가 2024년 2월 기준으로 18만 명을 넘었다고 한다. 그럼에도 불구하고 푸틴은 거의 88%에 가까운 지지율로 대통령 선거에서 5선에 성공했다.

국제 문제 칼럼니스트 프리다 기티스(Frida Ghitis)는 최근 러시아 프로파간다의 핵심 내용이 "러시아는 더 이상 우크라이나와 싸우고 있는 것이 아니라 미국 및 서방 진영 전체와 전쟁을 치르고 있다."라는 것으로 변했다고 말했다. 그 이유는 전체 서방 진영과 홀로 맞서 싸우는 크렘린의 영웅적 투쟁을 강조하기 위해서다. 그래야만 러시아 대중의 반발을 누그러뜨릴 수 있기 때문이다.

사실 그동안 푸틴은 글로벌 반미 아이콘이 되지 않으려고 노력해왔다. 여전히 서방과 거래를 확대하고 싶은 마음이 굴뚝같았기 때문이었다. 그러나 이제 그런 염려는 사치에 불과하게 되었다. 생존을 위해서라도 푸틴은 대중들의 불만을 무마하고 자신의 위신을 세워야만 한다. 그렇기에 소련 붕괴 이후 최초로 러시아가 미국과 싸우고 있다고 선전하면서, 공개적으로 서방 진영과의 대결을 명확히 하였다.[4] 이제 푸틴은 '21세기의 블라디미르 푸틴 대제'로 역사에 기록되고 싶은 야망을 노골적으로 드러내고 있다.

## 러-우 전쟁의 양상: 신냉전은 토탈 워

• • • • •

러시아는 우크라이나 전쟁에서 식량, 에너지, 그리고 납치된 아이들까지 무기로 삼고 있다. 한 나라를 향한 증오가 무기화되면, 그것은 거기에서 멈추지 않는다. 지금 러시아가 벌이는 우크라이나 전쟁의 목적은 우리 땅, 우리 사람들, 우리의 삶, 우리의 자원만 빼앗고자 함이 아니다. 우크라이나가 무너지면 푸틴은 당신들의 조국을 향해, 그리고 마

침내 국제적인 규칙에 기반한 세계질서를 뒤엎기 위해 이러한 무기들을 사용할 것이다.[5]

2023년 9월 20일, 취임 후 최초로 우크라이나 대통령 젤렌스키가 국제무대인 UN 총회에서 행한 연설의 일부이다. 그의 연설은 매우 심각하고 중요한 메시지를 전하고 있다. 첫째, 러시아는 식량과 에너지를 무기화하고 있다. 둘째, 러시아는 아이들을 대량 납치하여 러시아를 위해 싸우는 전사로 키우고자 한다. 셋째, 러시아가 우크라이나를 침범한 이유는 우크라이나 한 나라만 장악하고자 하는 목적이 아니다. 우크라이나를 점령하고 나면 궁극적으로 현재의 규칙 기반 세계질서, 즉 서구 중심의 자유시장경제 체제를 뒤엎고 권위주의적 통제경제 체제로 대체하려 할 것이다. 현재의 러-우 전쟁은 바로 신냉전의 한 국면이라는 사실을 젤렌스키는 UN, 즉 세계인들에게 상기시켰다. 다시 말하면, 푸틴의 우크라이나 침공은 푸틴이 가고자 하는 종점이 아니라 출발점이라는 주장이다.

마이클 콕스(Michael Cox, 1988~)를 비롯한 많은 정치학자들은 이 전쟁을 서방 자유주의 질서에 대항하는 세계관으로 뭉친 권위주의적 도전 세력 연합의 부활이라고 정의한다. 이 전쟁의 결과로 기존 세계질서를 주도하는 미국 및 자유주의 동맹들이 승리할 것인지, 아니면 스스로 밝고 새로운 미래의 상징이라고 주장하는 러시아와 중국 같은 새로운 패권 권력이 승리할 것인지가 결정될 것이라고 말한다. 결국 러-우 전쟁은 어떤 면에서는 민족 내 분쟁이라는 거짓 명분을 내세워 푸틴 자신의 사적인 야욕을 채우기 위한 전쟁이기도 하지만, 사실은 구냉전에 이은 신냉전의 복합성이 유럽의 우크라이나라는 지역에 분출된 것이기도 하다는 말이다.

## 질적으로 달라진 현대전의 양상
· · · · ·

많은 전쟁 연구자들은 러-우 전쟁에서 벌어지는 현대 전쟁의 양상이, 지난 역사에서 볼 수 없었던 새로운 차원의 경지를 보여주고 있다고 말한다. 물론 동의하지 않는 사람도 있지만, 전쟁을 직접 치르는 젤렌스키마저 전통적인 방식의 전쟁은 이제 사라졌다고 공언했다.

통상 선전포고와 함께 개전되고, 일정한 공간에 전쟁터(battle field)가 구축되고, 전투를 수행할 화력과 전술 전략의 우세가 승패를 결정짓는 전통적 전쟁은 더 이상 존재하지 않는다.

현대전은 네트워크 전쟁이다. 디지털과 인터넷이 함께 만드는 초연결 네트워크는 러-우 전쟁을 통해서 그 탁월함이 두드러지게 나타났다. 드론, 정밀유도 미사일, 레이저 무기 시스템 같은 최첨단 디지털 무기들이 전통적인 재래식 무기로 무장한 병력을 압도한다. 스타링크(Starlink, 스페이스X의 지구 저궤도 통신망) 위성 기반의 최첨단 우주통신 시스템은 이러한 최첨단 무기 체계가 하나의 초연결 네트워크에서 유기적으로 상호작용하게 만들기 때문이다.

정보전쟁과 첩보전도 활발하다. 국제적으로 자신들에게 유리한 여론을 조성하고, 적국의 사회에 반전운동을 선동하는 사이버 전쟁 역시 상대 진영의 전쟁 수행 의지를 좌절시켜 전쟁의 승패를 좌우하는 중요한 요소임이 확인되었다. 현대전은 전쟁이 발발한 지역 사회를 넘어 전쟁을 바라보는 글로벌 사회의 여론 동향도 면밀하게 감시하고 통제한다. 전 세계 대부분의 국가들이 직간접적으로 해당 전쟁에 관여하기 때문이다. 글로벌 차원의 여론이 어떤 방향으로 형성되고 누구를 지지하고 성토하는지는 그대로 국제관계의 이슈가 되고 전쟁의 향방에 반영된다.

더구나 미사일, 드론, 위성 첩보 등 새롭게 등장한 무기와 전쟁 기술은 모두 디지털에 기반하기에 이들을 생산·유지하기 위한 반도체와 전자부품 공급이 매우 중요해졌다. 장갑차, 탱크, 전투기, 미사일 등 재래식 전력 역시 디지털 기반으로 운용되도록 발전했기에, 반도체와 전자부품 공급 없이는 무기의 수리와 생산은 물론 지속적인 전투를 수행할 수 없는 지경에 이르렀다.

실제로 러시아는 반도체와 전자부품 공급 차질로 인해 무기 생산에 어려움을 빚고 있다. 스위스 취리히연방공과대학 군사경제학자인 마르쿠스 코이프(Marcus Keupp, 1977~) 박사는 2024년 6월 29일 독일 일간지 《프랑크푸르트 알게마이네 자이퉁(Frankfurter Allgemeine Zeitung)》과의 인터뷰에서 "러시아는 지금까지 전차 3,000대를 포함하여 장갑차 등 각종 장비 1만 6,000대 이상을 파괴당했다."라며 "러시아는 수리된 치장(置藏)용 전차와 신품을 포함하여 연간 300~500대의 전차를 생산할 수 있다고 장담하지만, 그 말을 그대로 믿는다고 해도 위성사진으로 확인되는 러시아의 일일 전차 소모량은 최소 하루 4대 정도로 보인다. 그런 식으로 전차를 파괴당하면 연간 1,000대의 전차를 생산해도 절대 부족하다."라고 말했다.[6]

1958년에 설립되어 국제안보와 전략 연구 분야에서 최고로 권위 있는 기관 가운데 하나로 평가받는 영국의 IISS(국제전략문제연구소)는 "전쟁물자 생산량을 늘리려는 모스크바의 안간힘에도 불구하고 현재의 소모율을 상쇄할 만큼 충분한 전차를 생산하는 일은 점점 더 어려워질 것이다."라고 전망한다. 여러 통계와 전황을 고려하여 코이프 박사는 히틀러(Adolf Hitler)가 봉착했던 문제를 푸틴이 그대로 끌어안고 있다고 결론 내린다.

크렘린 당국도 이런 사정을 잘 알고 있지만 이 문제를 해결할 뾰족한 방법이 없다. 경제가 완전 봉쇄당하고 첨단 무기에 사용될 반도체의 재고가 바닥나면서 무기 생산은 중단되고 고장 난 탱크의 수리도 불가능한 상황에 직면했기 때문이다. 인공위성의 지상 정찰이 제대로 이뤄지지 않아 공격 목표를 지정하고 발사된 미사일은 허허벌판에 떨어지기 일쑤다. GPS를 통해서 공격 목표의 좌표를 찍어야 미사일을 쏘든 드론을 날리든 할 것인데 그조차도 원활치 않게 되었다.

러시아는 전쟁물자를 생산하기 위해 연 1,180억 달러까지 늘어난 군비 관련 예산을 철저하게 통제하고 군수산업을 다시 일으켜야 장기전에 대비할 수 있다. 푸틴이 자신의 오랜 측근으로 우크라이나 전쟁을 이끌어온 세르게이 쇼이구 국방장관을 경질하고 경제부총리였던 안드레이 벨로우소프(Andrey Belousov)를 국방장관으로 깜짝 발탁한 이유도 그것이다. 그러나 푸틴의 간절한 바람은 장관 한 사람 경질했다고 해서 이뤄지지 않는다. 러시아의 오랜 부정부패 관행과 비효율적 시스템이 하루아침에 획기적으로 개선될 리가 없다.

경제 봉쇄, 첨단 반도체 및 부품 공급의 차단은 어떤 무기보다도 현대전의 승패를 강력하게 좌우하는 수단으로 떠올랐다. 전쟁 당사국에 대한 경제 봉쇄는 별 효과가 없다는 설도 있었으나, 러-우 전쟁 같은 현대전에서는 그 효과가 엄청나다는 사실이 새롭게 증명되고 있다.

예를 들어, EEAS(The European External Action Service, 유럽대외협력청)는 러시아 경제제재에 대한 보고서를 공개했다. 인용하자면, 우크라이나 침공이 시작된 이래 EU는 총 11차에 걸쳐 러시아 경제제재 정책을 실행했다고 한다. 보고서는 경제제재에 착수한 지 1년 이내에 모스크바는 재정적 압박을 받기 시작했으며, 주요 시장에서 교역이 차단되자 러시아의 산업 및 기술 능력은 크게 저하됐다고 결론지었다.

다음의 그래프는 2021년부터 2023년에 걸쳐 EU가 러시아에 보낸 수출 물량을 주 단위로 보여준다. 2021년, 2022년, 2023년을 비교해보면 2022년 2월 전쟁 발발 이후 EU의 대(對)러시아 수출 물량이 얼마나 급감했는지 시각적으로 확실히 드러난다.

전쟁이 발발하자 EU는 2021년 기준 약 54%에 해당하는 대러시아 수출 품목에 대하여 수출제한 조치를 취했다. 이들은 대부분 러시아가 EU, 영국, 미국 및 일본에 크게 의존하던 핵심 부품 및 중간재였다. 그 결과, 러시아가 전쟁용 장비와 무기를 생산하는 데 직접적으로 필요한 품목 및 첨단기술 제품만 집계하면, EU의 2022년 대러시아 수출 물량은 2019~2021년 대비 78%나 감소했다. 2023년에 들어 전반적인 EU의 상품 수출은 이미 악화된 2022년보다 훨씬 더 악화되고 있음을 볼 수 있다.

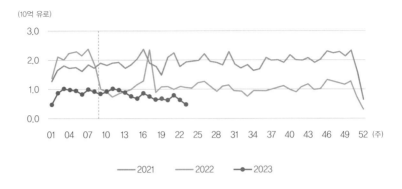

(10억 유로)

── 2021　── 2022　─●─ 2023

**EU의 러시아 수출 주별 물량 상대비교**(자료: EU Commission 〈https://www.eeas.europa.eu/eeas/yes-sanctions-against-russia-are-working_en〉)

러시아는 전쟁 이전부터 첨단제품은 물론이고 약품, 음식, 의료기기, 농업기계 그리고 주로 사적 소비를 위해 생산되는 제품, 고급 소비재까지 EU로부터의 수입에 의존해왔다. 경제 봉쇄는 애초 예상했던 것보다 상대국의 전쟁 수행 능력을 훨씬 더 위축시킨다는 사실이 입증되었다. 특히 러시아나 중국처럼 서방의 도움 없이 최고급 레벨의 AI를 구축하는 데 필요한 최첨단 나노 반도체를 독자적으로 생산하는 데 어려움이 많은 국가는 시간이 갈수록 전쟁 수행 능력이 급격히 위축될 것으로 예측된다.

이에 반해 푸틴은 흑해를 봉쇄하고 아프리카 대서양 연안에서 동남아시아 등으로 이어지는 우크라이나의 식량 수출을 차단했는데, 이것의 효과 또한 엄청나 해당 지역에 일시적이나마 식량 소동이 일어나기도 했다. 우크라이나 대통령 공식 웹사이트(https://www.president.gov.ua/), 인터뷰, SNS에서 언급한 젤렌스키의 말을 간추리면 "이 전쟁은 식량 전쟁이고 드론 전쟁이며, 사이버 공간에서는 별도의 프로파간다 전쟁이 동시에 벌어지고 있다. 인공지능은 이미 전쟁에 충분히 활용되고 있고 조만간 기후를 무기화할 가능성도 높다."라는 것이다. 그의 말에 따르면 현대전은 그야말로 우주전까지 아우르는 전방위적 토탈 워가 되어버린 것이다.

이러한 전쟁 양상의 변화는 전쟁을 승리하기 위해서는 여러 국가들과 상호작용하고 협력하는 것이 중요함을 일깨워준다. 이는 각 국가가 충돌과 갈등에 대응하는 방식을 바꿔놓고 있으며, 이로 인해 국제관계는 크게 변화하고 있다. 러-우 전쟁을 통해서 1945년 이후의 질서는 급속하게 침식되었다. 그리고 세계는 예상치 못한 시나리오를 따라 정처 없이 흘러가고 있음이 확인됐다. 러-우 전쟁이 세계에 미치는 영향의 진정한 범위와 깊이는 이제 막 가시권에 들어오기 시작했다.

## 푸틴이 빚어낸 권위주의적 올리가르키 체제

· · · · ·

푸틴은 자신의 이념이나 정치적 목표를 중국의 시진핑 사상과 같은·방식으로 체계화하거나 정리하여 대외적으로 공포한 적은 없다. 중국은 시진핑 사상을 중국공산당의 공식 이념으로 채택하여 국내외에서 광범위하게 홍보하지만, 푸틴은 주로 실용적이고 은밀하게 국가의 이익을 추구하는 스타일이다.

그래서 그의 정치적 행보와 목표를 이해하려면, 그의 연설이나 정책 결정 과정에서 은연중에 드러나는 조각들을 읽고 해석해야 한다. 본 절에서는 푸틴의 러시아가 추구하는 세계 대전략을 좀더 구체적으로 파고들기 위해서 그가 집권 이후에 추구해온 정책이나 발언들을 살펴보고자 한다.

1991년 소비에트 연방(소련)이 산산이 해체되고 우여곡절 끝에 보리스 옐친(Boris Yeltsin)이 집권했다. 그러나 그의 권력구조는 여러 가지 측면에서 부실하기 짝이 없었다. 그런 비상 상황에서 법적으로는 신생 독립국이었던 러시아 연방에 남겨진 유산은, 이미 사라진 소련의 헌법 위에 세워진 낡은 정치체제뿐이었다. 소련의 최고 통치기구는 국가 위에 군림하는 소련공산당이었다. 하지만 신생 러시아 연방에서 공산당은 절대 권력을 완전히 박탈당한, 이름과 껍데기만 남은 보통의 정당이었다. 옐친은 신생 러시아 연방의 초대 대통령으로서 과거 공산당에 비견할 권력을 휘두르고 싶었지만, 러시아 의회가 용인하지 않았다.

《워싱턴포스트(Washington Post)》 1993년 10월 4일 자 기사는 러시아 의회의 권력과 옐친의 정부 권력이 지속적으로 대립하고 갈등이 고조된 결과, 러시아 최대의 헌정 위기가 발생했다고 보도한다. 옐친의 10월 친위 쿠데타가 발발한 것이다. 옐친은 소비에트 연방의 관료이자 공산당원으로 출발하였으나, 기실은 고르바초프를 능가하는 과격한 페레스트로이카(Perestroika, 개혁), 글라스노스트(Glasnost, 개방) 및 데모크라티아(Demokratia, 민주주의) 지지자였다. 그의 개혁 의지와는 달리 소련의 제도와 법은 사사건건 그의 행보를 방해했기 때문에, 그는 망가진 러시아 연방을 재건할 목적으로 상징적 반대 세력인 의회 세력을 폭력적으로 제압하려 했다. 그러나 강력한 반(反)옐친 세력의 저항은 만만치 않았고 옐친은 알

코올 중독에 빠질 만큼 끊임없이 곤경에 시달렸다. 그 정도로 러시아 의회의 저항은 거세고 끈질겼다.

엎친 데 덮친 격으로 1998년에 러시아는 금융위기에 휩싸였다. 러시아 루블화의 가치가 급락하고 극심한 인플레이션이 발생하여, 러시아 경제는 극도의 침체 상태에 빠졌다. 그렇게 러시아 연방은 2000년까지 무정부 상태라고 해도 전혀 이상하지 않을 만큼 혼란한 정세에서 벗어나질 못하고 있었다. 푸틴이 옐친의 뒤를 이어 러시아 최고 지도자로 등극할 무렵, 러시아의 정치적 상황은 이처럼 거의 망조가 든 스산한 풍경 속에 있었다.

푸틴이 러시아 총리로 취임한 1999년, 러시아의 경제는 몇몇 올리가르키(oligarchy, 과두정치 체제, 경제적 특권 계층)에 의해서 지배되고 있었다. 소련 붕괴 이후 러시아는 글라스노스트, 즉 무역 및 경제 개방 정책과 페레스트로이카, 즉 자본주의 원칙에 기반한 시장경제로 개혁하고자 애써왔다. 이러한 개혁개방 과정에서 국유자산의 상당 부분이 민간으로 이전되었는데, 이때 권력과 친분관계에 있던 몇몇 특수 계층들이 자원과 산업 부문에서 강력한 올리가르키를 형성하게 되었다. 이들 올리가르키, 즉 몇몇 과두 가문들은 러시아의 자원과 산업을 독점하고, 권력에 줄을 대어 러시아 사회와 정치에 큰 영향력을 행사했다. 그들은 정치, 기업, 미디어, 자본시장 등 다양한 분야에서 활동하며 국가의 경제와 정책을 통제했다.

이 시기 러시아의 대표적인 올리가르키로는 우선 미디어, 에너지, 자동차 산업 등 다양한 분야에서 지배적 영향력을 행사한 보리스 베레좁스키(Boris Berezovsky)가 있다. 그는 미디어를 통한 여론 조작으로 정치적 영향력을 확보해 국제적으로도 잘 알려진 인물이었다. 이밖에 미하일 로마노프(Grand Duke Michael Romanov)는 러시아 로마노프 왕조 출신으로, 다양한 비즈니스 및 금융 분야에서 활동했다. 알렉산드르 스몰렌스키(Alexander Smolensky)는 금융 부문에서 영향력을 행사한 올리가르키 중 한 명으로, 대형 민간 은행을 설립하고 러시아에서 누구도 무시 못할 경제 권력을 획득했다. 미하일 호도르콥스키(Mikhail Khodorkovsky)는 에너지 부문에서 활동하며 석유 회사 유코스(Yukos)를 설립했는데, 국제적인 유명 인사로도 널리 알려져 있었다. 보리스 로텐베르크(Boris Rotenberg)는 건설 및 에너지 분야에서 지대한 영향력을 가진 인사로, 푸틴 대통령과의 막역한 친분으로도 유명하다.

푸틴은 집권 1기(2000~2004) 동안 정치권력 강화에 주력했다. 푸틴의 권력 강화는 기존 정치권력과 유착 관계를 형성한 올리가르키의 부정적인 영향력을 제한하고, 국가의 권위를 강화하려는 노력 가운데 이뤄졌다. 이 과정에서 푸틴은 몇몇 올리가르키 멤버를 탄핵하거나 유배시키고, 민영화된 기업들을 다시 국가 통제로 되돌렸다. 이로 인해 푸틴은 올리가르키들에게 거스를 수 없는 권력자로 등극하는 데 성공했다. 한마디로 '지배계층의 지배자'로 등극했다는 얘기다.

이 기간 푸틴의 주요 치적을 보면 첫째, 러시아의 과두 가문들, 즉 올리가르키들을 조련하는 데 성공했다. 머리 숙이기를 거부하는 몇몇 올리가르키는 제거하고 기꺼이 푸틴에게 충성하겠다는 나머지 올리가르키와 상호 협력을 통한 공존에 합의했다.

2003년 10월 세계 랭킹 359위, 러시아 국내 랭킹 1위 에너지 업체였던 유코스는, 세금 체납을 이유로 회사는 강제로 분해되고,

오너인 호도르콥스키는 부정부패 혐의로 구속되었다. 그 후 유코스는 곧바로 국가 자산으로 귀속되어 국유화되었다. 하지만 파산의 진짜 원인은 호도르콥스키가 푸틴의 적인 자유주의 진영에도 정치자금을 헌납한 사실이 푸틴의 귀에 흘러 들어갔기 때문이다.

이런 방식을 통해 올리가르키를 길들인 푸틴은 중앙집권적 권위주의 정권을 구축하는 데 필요한 막대한 자금줄을 확보했다. 한편으로는 그의 충복이 된 올리가르키에게는 막대한 정치적, 경제적 특혜를 주었다.

자신의 권력과 권위주의 체제 강화를 위해서 푸틴이 사용한 또 다른 방법은 자신을 강인하고 잔인하며 용맹스러운 러시아 민족의 지도자로 메이크업하는 작업이었다.

푸틴은 자신의 권력 강화와 대중적 지지 획득을 위한 목적에 합당하다면, 인질극까지 서슴없이 이용하는 등 물불을 가리지 않았다. 2002년 10월 23일 체첸 분리주의 반군이 모스크바의 한 극장을 공격하여 850여 명의 관객과 직원을 인질로 잡은 사건이 발생했을 때, 푸틴은 인질의 안전을 전혀 고려하지 않고 독가스를 사용하는 진압 작전을 승인했다. 그 결과 약 130명의 인질이 사망했고, 극단주의자들 역시 모두 사망했다. 이런 처리방식을 사용함으로써 푸틴은 잔혹하고 냉정한 해결사, 절대 건드려서는 안 되는 지도자라는 이미지를 갖게 되었다.

많은 러시아 국민과 국제사회는 큰 충격과 함께 이 사건으로 인해 푸틴의 권력이 시험대에 들어섰다고 진단했다. 하지만 직후 실시된 여론조사 결과는 놀랍게도 83%의 국민이 푸틴의 처리방식을 지지하는 것으로 나타났다. 그 사건 후 1년 뒤인 2003년에 푸틴은 병력을 동원하여 보복이라는 명분하에 체첸을 잔인하게 짓밟아 점령하고 자치국을 세워 러시아 연방의 일부임을 선언했다. 푸틴의 지지율은 이때 절정에 이르렀고 그의 권력 기반 역시 확고해졌다.

푸틴이 두 번째 집권에 성공한 지 6개월이 겨우 지난 2004년 9월, '베슬란(Beslan) 학교 인질 사건'이 발생했다. 이슬람 성향의 과격파 체첸 반군이 러시아 북오세티야(North Ossetia)의 베슬란 공립학교를 점거해 학생과 교직원을 인질로 잡은 것이다. 푸틴은 다시금 인질과 어린이의 생명을 전혀 고려하지 않은 잔혹한 진압 작전을 펼쳐, 186명의 어린이를 포함하여 총 364명의 사망자가 발생했다. 푸틴의 관리감독을 받는 러시아 언론과 여론조사기관들은 '과감한 구출 작전과 진압 성공을 봤다면 반역과 인질극을 기획하는 자들이 더 이상 어리석은 생각을 못 할 것'이라고 선동했다. 물론 이 당시 푸틴의 지지율은 72%로 치솟았다.

이를 목격한 국제사회의 전문가들은 더 이상 놀라지도 않았다. 러시아 국민들은 '그 정도쯤의 일'을 인권침해로 보거나 국가의 과잉대응으로 비난할 생각이 전혀 없다는 사실을 경험상 체득했기 때문이었다. 이러한 사례는 한둘이 아니다.

2006년 10월에는 러시아군의 부패와 체첸에서의 잔혹한 행동을 폭로한 저널리스트인 안나 폴리코프스카야(Anna Politkovskaya)가 자신의 아파트 건물 로비에서 총격을 당해 사망했다.

푸틴은 외교에서도 자신의 냉철한 모습을 연출하는 데 주력했다. 2007년 1월에는 소치(Sochi)에 있는 자신의 흑해 별장에, 독일 총리 앙겔라 메르켈(Angela Merkel)을 초대하여 만났는데, 푸틴은 개에 대한 공포증이 있는 것으로 알려진 메르켈 앞에 자신이 기르는 맹견, 검은 래브라도리트리버를 풀어놓아 메르켈이 눈에 띄게 불편해하는 모습을 즐겼다.

푸틴은 상대방과 대중들에게 자신을 절대 권력자로 각인시킴으로써, 도전 의지를 꺾는 방식을 즐겨 사용했다. 요약하면 푸틴은 '용맹하고 강인하며 동시에 잔인하다.'라는 이미지를 대중과 협상 상대에게 인식시킴으로써 자신의 의지를 관철시키는 방법을 즐겨 사용했다. 중세의 왕이나 제정기의 황제들이 흔히 사용하는 이미지 메이크업(image make-up) 수법이다. 에른스트 칸토로비치(Ernst Kantorowicz, 1895~1963)가 주창한 '왕의 두 몸 이론(The King's Two Bodies Theory)'을 적극 활용한 셈이다.

이 이론은 왕은 자연적인 몸과 정치적인 몸, 2개의 몸을 보유한다는 내용을 골자로 한다. 이 이론에 의하면 왕의 자연적인 몸, 즉 타고난 육체는 죽을 수밖에 없는 존재지만, 정치적인 몸은 상징적이며 불멸의 몸이다. 법치주의가 없던 시절에 왕의 정치적인 몸은 법과 질서를 유지하고 국가 정체성과 권위를 상징했다. 왕의 정치적인 몸은 육체적인 몸이 죽더라도 후대로 계승되어 전해짐으로써 불멸의 몸이 된다. 영국의 리처드 1세(Richard I)는 '사자왕 혹은 사자의 심장을 가진 왕(Richard the Lionheart)'이라는 별칭으로도 잘 알려져 있다. 그가 쌓은 이미지, 명성은 인간의 영역을 초월하여 백수의 왕, 사자로 상징됨으로써 불멸의 정치적인 몸으로 길이 남게 되었다.

실제로 리처드 1세가 생전에 쌓아올린 '용맹한 전사'라는 명성은 그의 후계자들이 왕권의 정당성을 인정받고 외교·군사적 목적을 달성하는 데에 중요한 자산으로 활용되었다. 예컨대 리처드 1세가 1199년에 후계 없이 사망하자 동생 존(John)이 왕위를 계승하게 되었는데, 지방 영주와 대귀족들의 반대 여론이 만만치 않았다. 이때 존은 측근과 궁정 사람들에게 '사자왕 리처드가 생전에 이미 동생 존을 후계자로 지명했다.'라는 서사를 퍼트려 존의 즉위가 '사자왕의 의지'를 잇는 정당한 계승이라고 반대파를 설득했다. 당연히 중앙이나 지방의 모든 귀족과 영주가 리처드 왕의 뜻이라는 말 앞에 고개를 숙였다.

이러한 사례는 헨리 3세와 에드워드 1세로 하여금 리처드 왕의 기사도 정신과 십자군원정에서의 영웅적 활동에 대한 백성의 기억을 자주 소환하여 이용하게 만들었다. 그뿐 아니라 리처드 왕의 업적은 민간 이야기·연대기 작가들을 통해 신화화되면서, 그의 후대 군주들에게 '조상 대대로 용맹한 왕가'라는 명예를 자동으로 안겨주었다. 이 이미지는 오늘날까지도 잉글랜드 왕실의 대표적 상징인 '세 마리 사자 문장(Three Lions)' 문화와 결합하여, 국민들에게 자부심과 충성심을 고취하는 효과를 내고 있다. 왕의 정치적 몸은 불멸의 몸이자 죽어서도 통치하는 몸이라는 사실을 잘 보여주는 사례들이다.

푸틴은 자신의 정치적인 몸을 극도로 잔혹한 성품을 가진 냉혈한으로 꾸몄다. 그리고 그러한 푸틴의 정치적 몸 앞에 러시아 내부의 정적들과 러시아 외부의 반국가 세력들은 모두 고개를 숙였다. 푸틴은 몇몇 올리가르키 가문들을 자신의 손아귀에 넣었고 나머지는 모두 짓밟았다. 그 결과, 집권 1, 2기 동안 푸틴은 러시아 경제를 전면적으로 장악하고 있던 올리가르키 가문들을 길들여서

제2부 _ 미-중-러, 그들의 세계 대전략

자신의 자금줄로 삼는 데 성공했다. 그들을, 금덩이를 캐내서 그의 무릎 앞에 갖다 바치는 '황금 개'로 만든 셈이다. 그 풍부한 자금력은 군부와 신하들을 충복으로 만들고 그들의 충성을 확보하는 데 다시 투자된다. 이런 식으로 집권 1, 2기 동안 푸틴은 자신을 절대 권력자로 떠받드는 강압적 권위주의 체제를 수립하는 데 성공했다.

## 유라시안 제국 건설을 위한 푸틴의 디딤판
· · · · ·

집권 2기가 끝난 2008년, 푸틴은 자신의 충복인 드미트리 메드베데프(Dmitry Medvedev)에게 대통령직을 임시로 맡겨두고 자신은 총리로 재임했다. 러시아 헌법의 3연임 금지 조항을 우회하기 위한 조치였다. 메드베데프의 임기가 끝나던 2012년 푸틴은 다시 대통령으로 추대되어 2012~2018년 동안 집권 3기를 역임했다.

이 시기 푸틴의 행보 가운데 가장 주목할 만한 사건은, 2013년 6월 푸틴이 범(汎)러시아 인민전선(All-Russian People's Front)의 대표 직책을 맡은 것이다. 이러한 소식이 발표된 직후 국내외의 많은 저널리스트와 전문가들은 '범러시아 인민전선이 무엇인지', '그가 무슨 목적으로 대표가 되었는지' 주목하기 시작했다.

처음에 이 단체는 저널리스트인 스티브 로젠버그(Steven Rosenberg, 1968~)의 표현대로 '크렘린과 러시아 국민을 다시 연결하기 위한 러시아 범국민운동'을 위한 시민조직으로 여겨졌다. 그러나 그로부터 10여 년이 지난 지금 이 단체의 조직 구성을 보면 결코 푸틴을 지지하는 단순한 외곽 시민단체가 아니다.

푸틴을 수장으로 한 범러시아 인민전선은 직계 회원이 12만 5,000명에 이르며, 러시아의 주요 8개 정당이 정당회원 자격으로 가입되어 있다. 그뿐만 아니라 주요 비즈니스 협회, 노동조합, 청년 조합, 여성조합 및 재향군인회 조직까지 아우르는 대규모 조직으로 발전했다. 전(全) 러시아 사회에서 푸틴에게 충성을 바치는 인맥과 조직이라면 모조리 이 조직에 들어와 있는 형세이다.

마치 히틀러유겐트(Hitlerjugend, 나치의 청소년 조직)같이 푸틴의 친위 조직으로서 푸틴의 뜻에 반하는 어떤 의견도 용납하지 않는, 전체주의 세력의 엔진이 되어 있다. 그러고 보니 푸틴은 요즘 한국에서 유행하는 팬덤 정치의 힘을 이미 십수 년 앞장서서 실천한 셈이다.

이 조직의 존재는 우크라이나 전쟁 개전 이후 비공식적으로 20만이 넘는 전사자와 40만이 넘는 부상자가 발생했다는 집계에도 불구하고 러시아 국민들이 별다른 저항 없이 푸틴의 추가적인 징병을 받아들이는 기묘한 상황을 이해하는 데 도움이 되는 단서이다. 한마디로 푸틴의 러시아는 이미 확고한 전체주의 국가로 변형되었음이 분명하다. 그리고 이는 푸틴이 노리는 궁극적 목표 성취에 결정적 역할을 할 것이다.


## 러시아 제국의 정복왕이 되고픈 푸틴의 꿈
· · · · ·

전체주의적 획일화를 통해서 확고한 대중 지지를 확보한 푸틴은, 2014년 2월 우크라이나 영토인 크림반도에 군사 침입을 감행했다.

친(親)유럽 성향의 유로마이단(Euromaidan) 시위대가 친러시아 성향의 우크라이나 대통령 빅토르 야누코비치(Viktor Yanukovych)를 축출한 이후였다. 무표식의 러시아 군인들은 우크라이나 영토인 크림반도의 전략시설과 인프라를 장악했다. 이후 러시아는 크림반도 주민들을 대상으로 러시아 연방 합류에 대한 찬반투표를 실시하고, 99.6%의 찬성표를 얻어 크림반도와 세바스토폴을 러시아 영토로 병합했다.

그다음 해인 2015년 9월 30일, 푸틴 대통령은 시리아 정부로부터 반군 및 지하디스트(Jihadist, 이슬람 무장투쟁주의자) 단체에 대항하기 위한 군사 지원을 공식적으로 요청받았고, 즉각 시리아 내전에 러시아의 군사개입을 승인했다. 러시아군의 활동은 공습, 순항미사일 요격, 군사 자문으로 정해졌다. 여기에 시리아 정부에 반대하는 무장단체들, 즉 시리아 반군뿐 아니라 이라크-레반트 이슬람국가(Islamic State of Iraq and the Levant), 알누스라 전선(al-Nusra Front), 타흐리르 알샴(Tahrir al-Sham), 아흐라르 알샴(Ahrar al-Sham) 등의 군대를 진압하기 위한 러시아 특수부대 투입이 허용됐다.

2016년 3월 14일 푸틴은 "러시아군이 시리아에서 설정한 임무가 대체로 완수되었다."라고 발표하고 시리아에서 러시아 주력군의 철수를 명령했다. 그러나 시리아에 배치된 러시아군은 시리아 정부를 지원하기 위해 군사기지를 설치하고 계속 운영되고 있다.

집권 3기의 푸틴은 다른 어느 때보다 국제관계에 깊숙한 영향을 미치기 위해 노력했다. 그것은 러시아의 영향력을 글로벌 차원으로 확장시키기 위한 파워게임으로 보인다. 그 한 예로 2017년 1월 미국 정보기관은 푸틴이 힐러리 클린턴(Hillary Clinton)과 도널드 트럼프의 대선 경쟁에 부당하게 개입했다고 공개적 입장을 표명했다. 이때 트럼프는 미국 선거에 러시아의 개입이 있을 수 없다고 지속적으로 부인했다.

그럼에도 불구하고 2018년 7월과 2019년 9월,《뉴욕타임스》는 두 차례에 걸쳐 미국 CIA(Central Intelligence Agency)가 자신들의 정보원을 푸틴의 고위 측근으로 키워왔고, 그를 통해서 2016년 푸틴이 미국 대선에 직접적으로 관여하고자 했다는 주요 정보를 받았다고 보도했다. 아마도 푸틴은 앞으로의 미국 대통령 선거에서도 유사한 시도를 계속할 것이다.

2018년 집권 3기를 끝내고 4기를 시작한 푸틴은 2020년 7월 3일, 러시아 헌법의 대통령 임기제에 관한 내용을 공식적으로 수정하여 두 번의 6년 임기를 추가적으로 수행할 수 있게 되었다. 그에 더하여 2020년 12월 22일, 푸틴은 러시아의 대통령은 임기 후에 종신 검찰 면책권을 갖는다는 법안에 서명했다. 이로써 푸틴은 퇴임 후에도 어떤 범법 혐의에 대해서도 형사소추를 받지 않는 무적의 권력자가 된 셈이다.

푸틴은 러시아에 구(舊) 소비에트 연방처럼 미국을 떨게 한 세계 최강대국이라는 이미지를 구축하고 싶어한다. 그리하여 자신의 묘비에 '정복왕 푸틴(Putin, the Conqueror)'이라는 칭호가 새겨지길 희망한다. 이러한 푸틴의 열망은 러시아 세계 대전략의 밑바탕에 깔려 있는 원동력임이 분명해 보인다.

# 알렉산드르 두긴의 유라시아 제국주의

$\cdot\cdot\cdot\cdot\cdot$

푸틴의 사상과 철학을 제대로 공부하기 위해서는 알렉산드르 두긴의 이데올로기 체계를 검토할 필요가 있다. 그런 뒤에야 푸틴의 정치이념을 정리한 푸티니즘(Putunism)을 통해서 푸틴이 어떤 인간인지, 그가 궁극적으로 노리는 것은 무엇인지를 이해할 수 있다.

본격적인 논의에 들어가기에 앞서 몇 가지 의문을 제기하고자 한다. 푸틴도 시진핑처럼 공산주의 혹은 사회주의 신봉자인가? 그가 궁극적으로 건설하고자 하는 사회는 사회주의 사회인가, 자본주의 사회인가, 혹은 제3 형태의 사회인가? 러시아도 신냉전 국면의 주역 가운데 하나라면, 그가 추구하는 사회 체제는 시진핑의 중국 특색 사회주의처럼 러시아 특색 사회주의 체제인가? 이런 의문점은 알렉산드르 두긴이 주장하는 '유라시아 제국주의'에 관한 논의를 한층 흥미롭게 해줄 것이다.

알렉산드르 두긴은 러시아의 사상가이자 지정학 이론가이다. 그의 이데올로기적 정치사상인 유라시아 제국주의는 전통적인 러시아 국수주의를 지지하고 서구 문명에 대한 감성적 반대를 주요 내용으로 한다. 두긴은 특히 서구의 자유주의와 개인주의, 세계화, 그리고 미국 주도의 자본주의적 세계질서에 강한 반감을 나타낸다.

두긴은 러시아의 전통적 민족주의 사상 '유라시아주의(Eurasianism)'를 현대적으로 재해석하여, 러시아가 유럽과 아시아의 교차점에 위치한 독특한 문명권임을 주장한다. 러시아가 유럽과 아시아 대륙, 시베리아를 아우르는 세계의 중심이라는 지정학적 위치를 차지하고 있다고 믿는다. 따라서 러시아는 지정학적 태생이 글로벌 강대국의 운명을 타고났다고 주장한다. 이후 펼쳐지는 두긴의 유라시아 이론은 러시아 인접 국가들에 대한 광범위한 지정학적 전략 수립과 문화적, 정치적 영향력 확장을 다루고 있다. 이런 측면에서 그의 유라시아주의는 제국주의적 경향을 띤다.

유라시아주의의 역사적 기원은 1920년대 초 러시아의 이민자 지식인들 사이에서 발전한 담론에서 찾을 수 있다. 두긴은 러시아가 유럽과 아시아의 문명이 교차하는 지점에 존재하기 때문에, 그들 모두를 결합한 유라시아 제국을 형성할 수 있다고 말한다. 중앙아시아, 동유럽, 심지어 중동에 이르기까지 넓은 지역에서 군사적, 경제적, 문화적 영향력을 행사하는 중심국 혹은 종주국의 역할을 수행하는 것이다. 두긴은 러시아가 이러한 지정학적 확장을 통해 세계적인 강대국의 위치를 확고히 하면, 서구의 자유주의와 자본주의에 충분히 대항할 수 있다고 주장한다.

두긴은 서구의 자유주의와 자본주의를 대체할 대안으로 러시아의 전통적 가치, 강력한 국가 권력, 집단주의를 꼽는다. 두긴은 2012년에 출간된 자신의 책 《제4의 정치이념(*The Fourth Political Theory*)》에서 다음과 같이 주장한다.

(자유주의의 최종적인 승리라는) 이러한 역사적 변혁의 결과로, 지난 세기 동안 서로 열정적으로 다투었던 모든 다른 정치이념은 그 가치를 잃었다. 보수주의, 파시즘, 공산주의와 그것으로부터 파생된 많은 사상은 사상전에서 패배함으로써 역사의 뒤안길로 사라졌고, 승리를 거머쥔 자유주의는 이제는 일종의 생활 방식으로 변이돼버렸다. 즉 자유주의는 이제 정치이념이 아니라 소비주의, 개인주의, 그리고 전통적인

정치적 활동이나 이념의 범주를 벗어난 아(亞)정치적(sub-political)인 것, 서로 무관하게 파편화된 포스트모던한 존재를 지칭하는 개념으로 변이돼버렸다. 전통적 의미의 정치는 생명정치로 변했고 그 대상은 사회나 국가가 아니라 개인이나 그보다 미세한 아(亞)개인(sub-individual) 수준, 즉 개인의 심리적, 생리적 혹은 유전적 요소처럼 아주 마이크로한 것으로 이동했다. 무대를 떠난 것은 패배한 정치이념만이 아니라 정치 그 자체였고, 심지어 자유주의조차도 그 이념적 형태에서 퇴장했음이 밝혀졌다.[7]

두긴에 따르면, 공산주의 및 기타 사상과 사상적 대결에서 승리한 자유주의는 우리의 일상을 강력하게 통제하고 지배하는 정치이념의 형태로 남아 있는 것이 아니다. 생활 속에 그저 자연스럽게 스며들어 눈에 띄지 않게 작동하는, 우리 머리 속에서 우리 자신을 스스로 규제하는 일종의 생활 방식으로 작동하고 있다고 주장한다. 그 때문에 자유주의에 동의하지 않는, 다시 한 번 자유주의에 싸움을 걸고 싶은 사람들은 난처한 지경에 빠졌다고 말한다. 왜냐하면 승리를 쟁취한 자유주의가 스스로의 실체를 해체해버린 것이다. 우리가 보고 느낄 수 있는 것은 자유주의라는 이데올로기가 아니라 기껏 '생명정치(bio-politics)'니 어쩌니 하는 생활양식뿐이기 때문이다.

그래서 두긴은 "19세기와 20세기에 정치적 투쟁에 이용되었던 공산주의, 파시즘, 자유주의를 넘어선 제4의 정치이념을 개발해야 한다."라고 주장한다. 그는 "제4의 정치이념을 개발하기 위해서는 일단 우리 눈앞에 나타나는 글로벌 사회의 심오한 구조와 현상적으로 나타나는 포스트모더니티의 패러다임을 올바르게 해독할 필요가 있다."라고 역설한다. 이러한 작업을 통해 "역사상 가장 비정치적이고 파편화된 후기 근대사회이자, '현상유지 제일주의'가 판치는 오늘날의 객관적 현실을 깨달아야 한다."라고 말한다.

결론적으로 두긴은 "세상을 해석하는 새로운 방식과 프로젝트를 제공하는 자율적인 정치 모델을 구축해야 한다."라고 이야기한다. 그는 이어서 자유주의, 공산주의, 파시즘이라는 이미 지나간 세 가지 정치이념에 이어, '국민적 볼셰비즘(National Bolshevism)'과 '유라시아 제국주의'가 제4의 이데올로기에 가장 근접한 이념이라고 주장한다.

국민적 볼셰비즘, 유라시아 제국주의 같은 철 지난 단어가 불쑥 나오다 보니 두긴의 이론이 비현실적인 몽상이라고 느껴질 수도 있다. 그래도 이러한 개념은 그가 최초로 출간한《지정학의 기초(Foundations of Geopolitics)》에 언급되는 '태생으로부터 타고난 지정학적 운명론', '러시아 민족의 영성' 등 초기 유라시아 제국주의 개념에 비해 훨씬 더 다듬어지고 정교화된 것이다.

두긴의 정치 이론을 좀더 깊이 파고들어 보자. 두긴은 미국과 서방 주도의 단극 체제 속에서 대다수 지역 국가는 그들 고유의 역사·문화적 전통을 보존하지 못하고 필연적으로 서구의 자본주의적 폐해에 오염되게 된다고 말한다. 이것을 씻어내기 위해서는 각국 고유의 국가 정체성과 탈(脫)영토화된 문화를 회복하고 강화해야 한다. 두긴은 지역성을 회복하고자 하는 지역 국가들의 열망은 꺾을 수 없기 때문에 단극적 세계질서에 집착하는 '현대 미국과 서방 진영은 여러 의미에서 그리스의 종말'과 같은 끝을 맞이

　　제2부 _ 미-중-러, 그들의 세계 대전략

할 것이라고 주장한다. 그리고 지금이야말로 러시아의 국가적, 문화적 정체성을 다시 모색해야 할 시기라고 결론짓는다.

그런 면에서 두긴의 유라시아 제국주의는 현대 러시아 정치, 특히 블라디미르 푸틴의 정책과 상당히 밀접한 관련이 있다는 느낌을 받는다. 푸틴의 서구에 대한 적대적이면서도 호시탐탐 기회를 노리는 외교적 태도와 중동과 아프리카에서 끊임없이 러시아의 영역과 역할을 강화하려는 시도는 두긴의 유라시아 제국주의와 일맥상통하는 부분이 많다.

두긴의 사상은 극단적인 러시아 민족주의, 제국주의적 경향을 가지고 있다는 지적이 많으며, 국제사회에서도 논란의 대상이 되고 있다. 그러나 그의 이론은 러시아의 일부 정치인과 지식인들에게 상당한 영향을 미치고 있으며, 러시아의 국가 정체성과 외교정책에 대한 논의에서 중요한 역할을 하고 있다.


## 반서방 실용주의를 표방하는 푸티니즘
· · · · ·

오늘날 러시아 정치에 가장 결정적 영향을 미치고 있는 두 가지 사상을 말하라면, 알렉산드르 두긴의 유라시아 제국주의와 블라디미르 푸틴의 정치 이데올로기인 '푸티니즘'을 들 수 있다. 이 두 사상은 국제정치에서 러시아의 역할과 정체성에 대한 서로 다른 접근 방식을 제시하면서도, 상호 밀접한 유사성과 관련성을 가지고 있다.

앞에서 말했듯이 푸틴 본인이나 크렘린 관변학자들은 푸틴의 정치사상과 철학의 체계를 공식적으로 발표한 적이 없다. 푸티니즘은 러시아 정부 외부에서 그를 연구하는 학자들에 의해 세워졌다. 따라서 푸티니즘은 푸틴이 집권 기간 보여준 다양한 활동과 정책 방향, 그의 발언을 바탕으로, 의식적이든 무의식적이든 그가 추구하는 이데올로기를 정치학자들이 종합하고 통합한 푸틴의 사상 체계라고 정의할 수 있다. 그렇기에 푸티니즘은 명시적인 철학적 텍스트로 정리되지는 않으며, 주로 발언, 일화, 상징을 통해 전달된다. 그 때문에 다양한 청중에게 전달되기 쉽고 유연하게 응용될 수 있다는 장점도 있다. 말 바꾸기가 쉽다는 뜻이기도 하다.

그를 전문적으로 연구하는 입장에서 보면, 푸티니즘은 현실 상황의 변화에 따라 끊임없이 입장을 바꾸면서 오늘날의 정세에 가장 적합한 전략적 콘텐츠를 지속적으로 구성해온 카멜레온이다. 그리고 시시각각 변하는 카멜레온의 피부색에 혹하지 않고 그 실체인 바디(body)를 파악하여, 푸틴 전략의 원칙 혹은 흐름의 일관성에 대한 체계를 잡으려는 시도가 바로 푸티니즘 연구다.

지금까지 여러 전문가들이 발견한 푸틴 전략의 원칙 혹은 흐름에 따르면, 푸티니즘은 차르주의(Tsarism)와 소비에트 테마, 그리고 20세기 극우주의의 요소를 혼합한 이데올로기다. 푸티니즘은 러시아의 위대함, 예외성(exceptionality), 서방과의 역사적 투쟁 내러티브를 강조하는 제국주의-민족주의 국가관을 지지한다.

푸티니즘의 핵심은 강력하고 안정적인 국가를 찬양하는 국가주의를 기초로 삼고 있다. 앞서 말한 러시아의 예외성, 러시아의 전통 가치, 러시아적인 정체성 보존이 주요 정책의 맥락이다. 반서방 정서도 무시할 수 없다. 반서방 정서가 러시아의 예외성과 결합하면 러시아를 주요 강대국이자 문명국가로 탈바꿈시키고 말겠다는 열망의 원천으로 작동한다. 사회적으로는 러시아 중심의 다문화주의, 전통적 가족 및 성역할주의를 옹호하며, 물질주의와 개인주의에 맞서는 메시아적 개념을 촉진한다.

미국 역사가 앤 애플바움(Anne Applebaum, 1964~)은 푸티니즘이 형성된 푸틴의 생애를 분석한다. 그녀는 푸틴의 러시아에 대한 비전, 러시아 역사에 대한 푸틴의 해석, KGB(소련 국가보안위원회) 경력, 소비에트 연방에서의 개인적 경험이 푸티니즘에 미친 영향이 엄청나다고 지적한다. 푸티니즘은 인물에 권위가 집중된 형태의 통치 방식으로 발전했기에 개인의 경험이 깊은 영향을 미친다는 견해를 피력한다. 이런 점에서 푸티니즘과 유라시아 제국주의를 구분해서 살펴볼 필요가 있기는 하다.

이 둘의 내용적 유사성을 먼저 살펴보면, 첫째, 강력한 국가권력을 추구한다는 것이다. 두긴의 유라시아 제국주의는 강력한 지도자가 이끄는 국가가 세계의 중심인 유라시아 대륙의 교차점에서 세계질서를 유지하는 중요한 역할을 해야 한다고 주장한다. 푸티니즘 역시 러시아가 국제무대에서 생존하고 번창하는 길은 푸틴과 같은 강력한 리더십밖에 없다고 주장한다.

둘째, 두 사상 모두 서구의 자유주의, 민주주의, 자본주의에 대한 반대를 특징으로 한다. 두긴과 푸틴 모두 서구 중심의 세계질서에 대한 대안으로서 권위주의적 사회주의 체제를 제시하며, 러시아는 문란하고 윤리적으로 타락한 서구의 영향력에서 벗어나 독자적인 길을 걸어야 한다고 주장한다.

이번엔 두 사상의 차이점을 살펴보자. 첫째, 두긴은 러시아가 세계적인 대국으로서 글로벌 차원에서 영향력을 행사해야 한다고 주장하는 반면, 푸티니즘은 보다 실용적이고 지정학적인 접근을 추구한다. 푸티니즘은 러시아의 이익과 안보를 최우선으로 두고 현재의 영토주권을 더욱 굳건히 다지는 방향으로 서구와의 관계에서 현실정치적 접근을 취한다.

둘째, 두긴의 접근은 이데올로기적이고 철학적인 반면, 푸틴의 접근은 보다 실용주의적이다. 푸틴은 러시아의 국제적 입지와 경제적 이익을 강화하는 데 중점을 두는 반면, 두긴은 러시아의 문화적, 문명적 정체성의 강화를 강조한다.

이런 점들을 고려할 때, 푸티니즘과 유라시아 제국주의는 서로 영향을 주고받긴 하지만 이념이냐 실용이냐의 면에서 차이를 보이는 것을 알 수 있다. 통상 두긴의 이데올로기적 철학이 푸틴과 그의 외교정책에 영향을 미쳤다는 통설과 달리, 두긴의 이론이 푸틴 정부의 일부 정책에 영향을 미친 정도는 그리 크지 않다. 반대로 푸틴의 정치적 성공은 두긴의 이론을 보다 정교화하는 데 실제적이고 경험적인 기반을 제공해왔다는 주장이 더 설득력 있다.

결론적으로 두긴의 유라시아 제국주의와 푸티니즘은 러시아의 정체성과 세계 정치에서의 역할에 대해 유사한 접근 방식을 갖고 있으나, 러시아의 국제적 영향력 확대를 위한 접근법에 대해서는 때때로 어긋나는 모습을 보인다. 이들은 러시아가 국제사회에서 강력한 위치를 차지하는 데 기여하고 있으나, 서구에 대한 적대감과 의구심을 지속적으로 유지하면서 긴장과 대립을 증가시키는 결과를 낳고 있다.

# 러시아 세계 대전략의 사상적 토대

$\cdots\cdots$

이 책은 복잡한 인간 집단과 제도와 기관들의 복합체인 러시아를 러시아라는 국가명보다 '푸틴'이라는 개인의 이름으로 불러왔다. 왜냐하면 현재의 러시아는 푸틴 개인과 동의어이기 때문이다. 알렉산더 바우노프(Alexander Baunov, 1969~)가 주장하듯 오늘날의 러시아라는 기계를 운전할 수 있는 사람은 지금으로서는 푸틴밖에 없다. 따라서 이 논의에서 '러시아 대전략'이란 말은 '블라디미르 푸틴의 대전략'과 동의어로 쓰인다. 그 정도로 푸틴은 강력한 중앙집권적 리더십을 갖추었기 때문이다.

푸틴은 전체주의적 국민 조직을 구축하는 등, 자신의 권력 기반을 안정시키는 데 있어서는 거의 달인의 솜씨를 자랑한다. 그는 자신의 목적 달성을 위해서는 살인, 방화, 협박 등 어떤 수단도 망설이지 않고 휘두르는 과감성을 보인다. 앞서 언급한 러시아군의 부패와 체첸에서의 잔혹한 행동을 폭로한 저널리스트인 안나 폴리코프스카야가 자신의 아파트 건물 로비에서 총격을 당해 사망한 일만 해도 그렇다. 누가 봐도 푸틴의 명령에 의한 것이었다. 푸틴의 이런 무자비한 행적은 그의 정치적인 몸을 더더욱 강화시킨다. 마치 15세기 왈라키아(Wallachia) 공국의 공작이었던 블라드 3세(Blad III)가 자신의 적들을 잔인하게 처형한 것으로 '드라큘라'라는 별칭을 얻은 것처럼 말이다. 드라큘라는 '용의 아들' 또는 '악마의 아들'을 의미한다. 이 별칭을 얻은 후 드라큘라를 대적할 자는 사라졌다. 푸틴 역시 인질의 안전을 전혀 고려하지 않는 무자비한 진압 작전을 펼치면서 잔혹한 냉혈한이라는, 드라큘라에 버금가는 명성을 쌓았다.

다른 한편으로 그는 우크라이나 침공 이후, 서방 진영이 직접 우크라이나 전쟁에 개입한다면 핵전쟁도 불사하겠다는 다짐을 되풀이했다. 솔직히 서방 진영은 감히 그가 설정한 레드라인을 넘볼 생각조차 못하고 있다. 이런 그의 허세가 먹히는 이유는 잔혹성, 과감성, 민첩성으로 상징되는 그의 정치적인 몸이 서방 국가 지도자들의 뇌리에 각인됐기 때문이다.

이런 식으로 푸틴의 세계 대전략은 푸틴의 성격과 분리해서 설명할 수 없을 만큼 개인적인 구성요소를 포함하고 있다. 푸틴은 작금의 상황을 은근히 즐기는 것처럼 보이기도 하는데, 그건 푸틴이 대(大)러시아 제국을 수호하는 대제의 이미지를 얻고자 하기 때문이다. 이는 알렉산드르 두긴의 유라시아 제국주의와 영웅주의의 영향으로 보인다. 이러한 정치적 야망은 러시아의 외연을 확장시키는 힘으로 작용한다.

그와 반대로 푸틴은 여우 같은 교활함과 민첩성을 보일 때도 있다. 이러한 면모는 푸티니즘에서 비롯되는데, 이것은 푸틴을 내적으로 수축시키고 실용적인 방향으로 이끄는 힘이다. 우크라이나를 레드라인 삼고 '러시아의 영토는 우크라이나부터'라는 인식을 서방 진영에 확실히 새기고자 하는 그의 약삭빠른 전략은 그 전형적인 예이다.

푸틴의 세계 대전략은 유라시아 제국주의와 푸티니즘, 결은 같지만 행동원리가 다른 두 가지 이데올로기 사이에서, 균형을 찾으려는 시도로 볼 수 있다. 푸티니즘은 푸틴의 정치적, 경제적 실용주의를 반영하며, 러시아의 국가 이익을 최우선으로 두는 정책 결정의 근간을 이룬다. 반면 유라시아 제국주의는 더 광범위한 지정학적 확장을 추구하며, 러시아를 유럽과 아시아를 잇는 대륙의 중심 세력으로 자리매김하는 비전을 제시한다.

푸티니즘의 핵심은 러시아의 국가안보와 경제적 안정을 유지하면서, 서방과의 관계를 전략적으로 관리하는 데 있다. 푸틴은 국제사회에서 러시아의 영향력을 강화하기 위해 에너지 자원을 중요한 외교적 도구로 활용하고, 군사적 개입을 통해 국경 근처의 안보를 강화하는 등 실용적 접근을 취한다. 이러한 접근은 러시아의 국력을 실질적으로 강화하는 데 기여하며, 국제적 위치를 재정립하는 데 중요한 역할을 한다.

반대로, 유라시아 제국주의는 대내적으로 푸틴의 이미지를 강력한 지도자로 설정하고, 러시아 사회의 지지와 러시아 보수 지식인들의 비호를 받는 데 사용되고 있다. 푸티니즘보다는 유라시아 제국주의가 러시아의 정체성과 사명감에 더 깊이 뿌리박혀 있기 때문에 이러한 일에 적합하다. 이런 면에서 유라시아 제국주의는 러시아인의 인식을 지리적으로 확장하고, 문화적·정치적 영향력을 넓히는 데 중점을 둔다.

푸틴의 대전략은 이 두 이념 사이의 균형을 추구하면서, 러시아의 국제적 입지를 강화하고, 국가의 이익을 최대화하려는 목표를 가진다. 푸티니즘의 실용주의와 유라시아 제국주의의 확장주의는 때때로 상충될 수 있지만, 푸틴은 이 두 전략을 조화롭게 결합하여 러시아의 세계적 영향력을 확대하는 데 성공하고 있다. 이러한 전략은 러시아가 국제무대에서 독자적인 길을 걷고, 다양한 지역에서 영향력을 행사할 수 있게 하는 중요한 지렛대로 사용되고 있다.

## 푸틴의 대전략 목표 1: 과거 소비에트 연방의 영광 회복

· · · · ·

푸틴의 대전략은 시진핑과 유사하면서도 다르다. 시진핑은 자신의 권력 강화가 중국 특색 사회주의 이데올로기의 승리를 위해서 불가피한 작업처럼 치장하지만, 푸틴은 그런 것에는 관심 없다는 듯이 행동한다. 푸틴은 러시아의 국가안보를 위해서는 자신보다 더 나은 적임자가 없다는 논리를 편다.

바꿔 말하면 이데올로기는 부국강병을 이루기 위한 도구일 뿐이지 이데올로기 자체가 목표가 되어서는 안 된다는 얘기다. 실제로 푸틴의 행보를 보면 그가 강력한 군사력과 안보 체계 구축을 위해 벌이는 모든 노력은 융성한 러시아를 만들기 위함이지, 이데올로기의 명령에 복종하기 위함이 아니라는 것을 알 수 있다.

따라서 슈퍼차이나론처럼 서구, 특히 미국을 추월하여 사회주의 체제의 우월성을 증명하겠다는 목표를 내세우지는 않는다. 푸틴은 그저 다시 한 번 대러시아 제국처럼, 소비에트 연방처럼 패권을 휘두르는 영광을 누리고자 한다. 과거 연방국들을 다시 러시아의 깃발 아래 모이게 하고 그것을 통해서 난공불락의 '유라시아 캐슬(Eurasia Castle)'을 구축하자는 전략이다.

1991년과 1994년 두 번에 걸친 체첸의 분리독립 억제 및 합병, 2008년 조지아 침공과 일부 합병, 2014년의 크림반도 합병, 같은 해 동부 우크라이나 돈바스 지역의 분리주의 운동 지원 등, 일련의 푸틴의 행보는 이러한 최상위 세계 대전략에 따른 실행전략이라는 관점에서 이해해야 한다.

푸틴은 고르바초프의 글라스노스트와 페레스트로이카를, 소비에트 시스템을 파괴하고 러시아의 역사를 바꾼 잘못된 결정이라고 여러 차례 비난한 바 있다. 푸틴은 소비에트 연방의 종말은 러시아에 있어 '진정한 비극'이었으며, 고르바초프는 배신적이고 이중적인 서방의 요구에 굴복했을 뿐이라고 비난한다.

2022년 2월 24일 러시아가 우크라이나를 침공한 날, 푸틴은 새벽 연설에서 소비에트 연방의 붕괴를 상기시키며 "권력과 의지의 마비는 완전한 퇴보와 망각으로 가는 첫걸음이다."라고 말하고 "우리는 오직 찰나의 한순간 자신감을 잃었지만, 그것만으로도 세계의 힘의 균형을 깨뜨리기에는 충분했다."라고 주장했다. 푸틴에게 소비에트 연방의 종말은 세기의 가장 큰 지정학적 재앙이자 새로 형성된 국가 경계에 흩어져버린 수백만 러시아인들에게 진정한 비극을 안겨준 사건이었다.

이제 푸틴은 우크라이나에 있는 러시아인들의 '진정한 비극'을 복구하기 위한 외로운 투쟁을 이어나가고 있다. 그의 목표는 단순히 영토를 확장하는 것을 넘어서, 구소련권 국가들과 더 깊은 통합을 달성하는 것이다. 발트 3국(에스토니아, 라트비아, 리투아니아), 조지아, 벨라루스 그리고 중앙아시아의 이전 소비에트 연방국들과의 관계 강화는 이러한 전략의 일환인 셈이다. 푸틴은 이러한 대전략으로 러시아의 지정학적 이익을 증진시키는 동시에, 서방과의 대립을 관리하려 할 것이다.

# 푸틴의 대전략 목표 2: 유라시아 제국 건설

. . . . .

푸틴은 서구의 영향력 확장을 경계하면서도, 경제적 협력과 정치적 대화의 필요성을 잘 인식하고 있다. 그는 에너지 자원을 활용한 경제적 영향력 확대와 자국 경제의 다변화를 통해, 러시아의 경제적 독립을 이룩하려 한다. 이는 국가의 실제 이익을 따지는 그의 실용주의적 면모에서 비롯된 것으로, 푸티니즘에 기반한 전략이라고 할 수 있다. 서구를 경계하되 주고받을 건 주고받자는 것이다.

이러한 전략의 반대편에는 유라시아 제국주의에 기반한 강경한 전략도 존재한다. 푸틴은 과거 소련이나 현재의 시진핑처럼 아프리카와 남미까지 대외 정책의 전선을 넓히지는 않지만, 과거 소련의 일원이었던 중앙아시아와 동유럽, 중동의 국가들과는 밀접한 관계를 유지하고자 한다. 그들 국가들과 연합하여 서방에 맞설 전선을 형성하려는 것이다. 푸틴은 이 국가들과 문화적, 문명적 유대를 늘리고, 유사시 이들을 러시아의 주변부 국가로 삼아, 궁극적으로는 유라시아 대륙을 통합시킬 계획을 세우고 있다.

서유럽 발트해에서 시작하여 극동 블라디보스토크까지 연결되는 북방 지역을 러시아 제국의 영토로 삼아 세계의 중심 제국이 되겠다는 것이 푸틴의 꿈이다. 푸틴이 그 꿈을 실현하기 위해서는 구소련권 국가들을 합병하든 연방국으로 삼든 정치 군사적인 끈으로 묶어야 한다. 만약 그것이 불가능하다면 자신과 동질의 정치 체제로 만든 뒤 시진핑이 말하는 일종의 운명공동체 조약과 협정으로 묶어둬야 한다. 모든 국가에 친러시아 권위주의 독재 정권을 심는 것이다. 유라시아를 두 제국으로 나누는 이러한 전략 개념은 러시아의 '유라시아 경제연합(EAEU, Eurasian Economic Union)'과 중국의 '실크로드 경제벨트(SREB, Silk Road Economic Belt)'가 공존하겠다는 양국의 합의가 없다면 실행 불가능한 꿈일 뿐이다.

이 두 프로젝트는 처음엔 서로에게 긴장을 유발했지만, 점차 서로를 보완하는 이니셔티브로 발전하고 있다. 중국 전문가들은 유라시아 경제연합을 러시아의 지정학적 프로젝트로 보며, 유라시아 경제연합과 실크로드 경제벨트의 연계를 통해서 각자가 획득할 수 있는 정치·경제적 실익을 강조하고 있다.

요약하면 신냉전 국면에서 푸틴의 세계 대전략은 시진핑의 세계 대전략과 데칼코마니이다. 시진핑은 유라시아 대륙의 남방에 보이지 않는 전략적 만리장성을 쌓고자 하지만 푸틴은 현재의 중국 국경에서 북극해에 이르는 지역에 유라시아 대륙을 감싸는 '철의 장막'을 다시 구축하고자 한다. 그 장막 안에서 농성하며, 배타적 지역동맹인 소위 '운명공동체' 국가 커뮤니티를 만들어 그들끼리 살겠다는 것이다. 즉, 미국과 서방이 항복할 때까지 중국은 남방 만리장성을 쌓아 농성 대전략을 펴겠다고 한다면, 푸틴은 난공불락의 철의 장막을 쌓고 식량과 석유, 가스로 서방 진영의 피를 말리겠다는 '북방 농성 대전략'을 펼치고 있는 것이다.

제3부

대전략
격돌

# 제7장

## 미국 vs. 중국,
## 태평양 지역 패권전쟁

### 구단선 내해화 전략 vs. 일방적 현상변경 불가 전략
· · · · ·

UN해양법협약(UNCLOS)에 따르면, '영해'의 범위는 일반적으로 연안선에서 12해리(22.2km)이고, '배타적 경제수역'은 200해리(370.4km)이다. 연안국은 배타적 경제수역 내에서 환경보호, 자원 탐사, 어업 등의 권리를 가지며, 영해 내에서 항행과 관련된 법규를 제정하고 집행할 수 있다. 영해는 연안국의 해양영토로 간주되지만, 통상적으로 외국 선박의 무해통항권(innocent passage)은 보장되어야 한다.

해양영토와 관련된 개념 중에는 영해보다 더 작은 개념인 '내해(內海)'라는 용어도 있다. 내해는 일반적으로 영해를 측정하는 시작점이 되는 통상기선(normal baseline)보다 안쪽의 바다를 가리킨다. 연안국의 항구, 하천의 하구, 만 등이 내해 영역에 속한다. 내해는 완전히 연안국의 주권하에 있기 때문에 연안국은 모든 법적, 행정적 권한을 행사할 수 있다. 영해와 달리 내해는 무해통항을 원하는 외국 선박일지라도 연안국의 허가 없이는 진입할 수 없다.

중국은 1949년 중화인민공화국이 수립되기 전부터, 남중국해 지도 위에 9개의 짧은 선을 U자 형태로 긋고 그 선 안의 모든 바다를 자국의 '해양영토'라고 주장했다. 그 U자 형태의 점선을 '구단선(九段線)'이라고 부르는데, 그 속에 포함된 해역의 넓이는 남중국해의 80%를 넘는다. 남중국해 연안국에는 중국을 제외하고도 베트남, 말레이시아, 인도네시아, 필리핀, 브루나이, 대만이 있다. 그럼에도 불구하고 80%가 넘는 남중국해의 면적을 중국이 독차지하려고 한다. 이 면적은 중국 전체 육지 영토의 22%에 해당한다.

다음의 지도는 남중국해 연안국들이 각자 주장하는 배타적 경제수역을 보여준다. 중국이 그은 U자 형태의 구단선은 필리핀 영토인 팔라완(Palawan)섬에서 겨우 50km 정도 떨어져 있고, 중국 상하이로부터 2,456km 떨어진 지점에 위치해 있다. 심지어 필리핀 영토인 팔라완섬과 스프래틀리(Spratly) 제도의 중간 지점을 관통하기도 한다. 중국의 주장대로면 필리핀은 겨우 100km 너비의 앞바다밖에 영유할 수 없다.

또 중국은 자신들의 영해를 늘리기 위해 암초 위에 인공섬을 짓는 꼼수를 부리고 있다. 팔라완섬에서 100km 앞에 펼쳐진 스프래틀리 제도의 암초 무리는, 필리핀의 배타적 경제수역 안에 있으므로 필리핀 소유여야 한다. 그런데도 중국은 바다에 묻힌 산호초 덩어리 주변의 해저에 강관 파일(steel pipe pile)을 박고 군사기지를 건설했다.

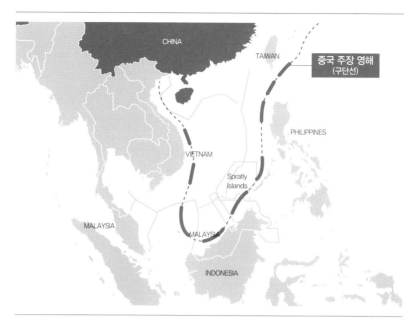

남중국해 연안국들이 주장하는 자국의 배타적 경제수역과 중국이 주장하는 구단선

　암초 지대에 인공섬을 만들어 거기서부터 12해리 영해를 인정받으려는 중국의 억지 수작이다. 스프래틀리 제도 외에 피어리크로스 암초(Fiery Cross Reef), 우디섬(Woody Island) 등 이름도 알지 못할 다수의 암초에도 군사기지를 건설하여 이들을 인공섬으로 개조하고 있다.

　중국은 해양 개발이라는 핑계를 대고 있지만, 이는 국제법에 맞추어 해양영토 뺏기 싸움에서 이기기 위한 일종의 군사작전일 뿐이다. 그러나 영해의 기점을 판단하는 영토의 기준은 사람이 거주하는 섬이어야 하고, 암초는 통상기선 설정에서 제외하기 때문에 중국의 주장은 아무런 근거가 없다.

　인공섬을 만들어 자국의 통상기선을 확장하려는 중국의 무리한 작전이 어떤 전략적 목표를 달성하고자 함인지 국제사회는 예의주시하고 있다. 국제사회는 중국이 추가적인 해양영토를 확보하려 한다는 데에는 이견이 없다. 중요한 것은 '중국이 남중국해의 영해화에 만족할 것이냐?', 아니면 '내해화까지 밀어붙일 것이냐?'이다.

앞에서 논했듯이 영해와 내해는 그 격이 천지 차이다. 영해와 달리 내해는 무해통항을 원하는 외국 선박일지라도 연안국의 허가 없이는 진입할 수 없다. 마치 타국 영토를 들어갈 때 비자를 얻는 것처럼 해당국의 허가를 받아야 들어갈 수 있게 된다. 만약 중국이 남중국해를 내해화한다면 이는 세계질서의 판도를 뒤흔들 사건이 될 것이다.

우리가 거주하는 '지구 행성'에는 서로 분리된 지역을 최단거리로 단축해주는 3개의 항로가 있다. 첫 번째 유럽과 아시아를 이어주는 '수에즈 운하(Suez Canal)'는 지중해와 홍해를 이어준다. 두 번째 '파나마 운하(Panama Canal)'는 태평양의 동쪽과 대서양의 서쪽을 관통한다. 마지막 세 번째는 싱가포르를 지나는 말라카 해협-남중국해-대만 해협 항로다. 남중국해를 지나는 물동량은 전 세계 연간 교역량의 59% 내지 65%에 이른다. 심장에서 온몸으로 혈액을 공급하는 관상동맥과 같은 역할을 수행하는, 세계 경제의 대동맥인 셈이다.

만약 시진핑이 남중국해의 구단선 영역의 내해화에 성공한다면, 세계 경제의 약 60%를 담당하는 혈액 공급을 막았다 풀었다 할 수 있는 개폐 밸브를 손에 쥐게 되는 셈이다. 물론 인도네시아의 수마트라와 필리핀 후면을 우회해서 항행할 수 있지만 엄청난 시간과 에너지 손실이 발생한다. 그게 모두 돈이다. 만약 중국 기업만 해당 해역을 통해 물건을 나를 수 있고 해외 경쟁 기업들은 할 수 없게 된다면, 경쟁 기업들만 물류비 상승과 원가 상승을 입어 무역시장에서 가격 경쟁력이 약해진다.

그뿐만 아니라 중국은 꿈에 그리던 태평양으로 마음대로 진출입할 수 있는 권리를 손에 넣게 된다. 남중국해 통행권으로 남중국해 인근 국가와 동북아 국가를 위협하여 항로를 열게 만들면 된다.

시진핑이 국제적인 비난을 무릅쓰고 구단선을 강경하게 밀어붙이는 전략적 목적을 요약하면 다음과 같다.

첫째, 미국과의 분쟁 시 싱가포르 해협에서 대만 해협에 이르는 해역에서 미국의 해상작전을 봉쇄할 수 있다. 남중국해를 중국의 내해로 만드는 데 성공한다면 중국이 얻을 수 있는 직접적 이득이다. 그 결과 미국은 태평양 서쪽에 대한 해상 통제권을 상실하게 된다. 이것이 남중국해를 장악하려는 중국의 장기적이자 가장 결정적인 전략 목표이다.

둘째, 남중국해는 전 세계 해상 물동량의 60~65%가 지나는 중요한 해상 교통로이자 수산자원과 해저 대륙붕 자원이 풍부한 지역이다. 만약 수에즈 운하만큼 중요한 남중국해를 지배하고 이를 통과하는 전 세계 해상 무역 루트를 중국이 배타적으로 통제한다면, 국제정치의 주도권은 중국이 잡게 된다. 그렇게 된다면 대다수 국가는 중국의 눈치를 보게 될 터이다.

셋째, 영토 확장이라는 제국주의적 노선 추구는 국민적 열광을 자극시켜 시진핑에게 무소불위의 권력을 선사할 것이다. 만약 남중국해를 내해화시키지는 못하고 영해화나 배타적 경제수역화까지만 성공하더라도, 이는 중국이 글로벌 초강대국이라는 사실을 내부적으로 과시하는 강력한 수단이 될 것이다.

넷째, 만약 남중국해의 배타적 통제권을 중국이 쥐게 된다면 그 연안지역 내 국가들에 대한 중국의 영향력은 결정적으로 확대될 것이다. 이러한 기대를 바탕으로 중국은 이미 베트남, 태국, 필리핀 등에게 아시아 지역의 이웃 국가로서 운명공동체 커뮤니티에 참가하면, 남중국해 사용이라는 특혜를 주겠다고 설득하고 있다.


## 미국의 맞불, 항행의 자유 작전

. . . . .

중국은 구단선을 긋고 남중국해의 80% 이상의 해역을 자국의 영해라고 주장하고 있다. 그에 근거하여 중국은 2012년 8월에 '해양교통안전법'을 개정하여 기존의 중국 영해에 구단선 해상을 추가한 뒤, 이 해상을 지나는 모든 외국 선박에 사전 신고를 요구하는 법적 조치를 도입했다. 이 법은 2013년 1월 1일부터 시행된다고 명시되어 있다.

그러나 대다수 국가와 국제 법률 전문가들은 이 법이 국제법, 특히 UN해양법협약의 '항행의 자유' 원칙에 위배된다며 실효성을 인정하지 않겠다는 입장이다. 결국 실효성도 인정받지 못하는 법을 중국이 제정하고 공포한 이유는 남중국해에서의 해양 안전과 영유권 주장을 강화하면서 국제법에 도전함으로써, 남중국해의 해양영토 분쟁을 자국 위주로 이끌기 위한 포석이다. 이렇게만 해도 대중국 관계를 해쳐서 좋을 게 없는 남중국해 연안국들에게는 큰 위협이 된다.

이에 대하여 당시 미국의 오바마 대통령은 "남중국해에서 '일방적 현상변경 불가(Status Quo Strategy, 현상유지 전략)'와 '항행의 자유' 원칙은 지켜져야 한다."라고 맞섰다. 이 두 원칙은 지난 400여 년의 긴 시간 동안 변함없이 지켜져왔고, 현재는 가장 엄격히 준수되어야 할 국제 해양법이다. 그만큼 남중국해에 대한 중국의 무리한 요구는 자제되어야 함을 강조한 것이다. 동시에 중국의 해양교통안전법 개정안이 2013년부터 효력이 발생하기에, 이를 무산시키기 위해 오바마는 '항행의 자유 작전'을 정기적으로 실시하기로 결정했다.

오바마는 이러한 전략을 수행하면서도 중국과의 군사적 충돌을 우려하여 작전 실시의 빈도를 낮췄다. 그런 뒤 외교적 해결과 국제적 압력을 동원한 타협책을 선호했다. 오바마 집권 기간에는 항행의 자유에 대한 미국의 강한 의지를 나타낼 만한 일체의 군사훈련이나 대형 군함의 남중국해 항행은 없었다. 그저 자그마한 순시선으로 남중국해를 한두 번 관통했을 뿐이다.

이런 정세 속에서 미국의 남중국해 전략은 2020년 7월을 기점으로 질적인 변화를 겪기 시작했다. 2020년 7월 13일 당시 트럼프 행정부의 국무장관이었던 마이크 폼페이오(Mike Pompeo)는 '새로운 남중국해 정책'을 성명으로 발표했다. 미국이 남중국해에서 중국의 공격적인 행동을 더 이상 보고만 있지 않겠다는 강경 대응책이었다.[1]

폼페이오 장관의 발표에 앞서 2020년 7월 7일 미국, 일본, 호주의 동일한 내용에 대한 공동성명 발표가 있었다. 태평양의 강대국들이 일치단결한 모습으로 중국의 남중국해 행동을 강력히 비판하고 국제 해양법 준수를 촉구한 것이다.

미국의 새로운 정책은 이 지역의 해양권 분쟁에서 미국이 더 적극적으로 동남아시아 국가들의 편을 들 것이라는 신호였다. 단순히 항행의 자유를 주장하는 것을 넘어서서, 이제부터는 미국이 동남아시아 국가들의 해양 권리 보호를 위해 더 직접적인 행동을 취하겠다는 의지의 표명이었다. 이러한 전략 변화는 미국과 중국 간의 긴장을 더욱 고조시키고, 남중국해에서의 군사적 충돌 가능성을 높이고 있다. 그러나 이는 또한 동남아시아 국가들이 중국의 압박에 맞서게 하는 더 강력한 자극이 된다는 긍정적인 효과를 나타내고 있다.

미국은 남중국해 연안국들의 배타적 경제수역 및 대륙붕에 대한 권리를 공개적으로 지지하고, 이 국가들 편에 서서 중국이 더 이상 이 국가들을 압박하지 말 것을 강력하게 촉구하고 있다. 트럼프 대통령은 기회가 있을 때마다 그의 장기인 블러펑조의 연설과 SNS 메시지로 중국의 남중국해 해상 영유권 주장 대부분을 '전적으로 불법'이라고 명시했다. 또한 중국에게 2016년 필리핀에 승소를 안겨준 UN해양법협약 중재 판결을 준수할 것을 강하게 압박했다.

그와 함께 미국은 ASEAN(Association of Southeast Asian Nations, 동남아시아국가연합)과의 관계도 더욱 긴밀하게 설정했다. 특히 중국의 구단선 주장에 가장 피해를 받고 있는 필리핀, 베트남과 합동 군사훈련을 실시하고 방위 장비를 지원하는 등 안보 분야의 협력을 증진시키기 시작했다. 필리핀의 경우, 자유롭고 개방된 인도-태평양 지역에 대한 공동의 비전을 위해 양국 간 협력을 현대화하는 새로운 양자 방위 지침을 만들었다. 이 지침은 남중국해를 포함한 태평양 지역에서 발생하는 무력 공격에 대해, 상호 방위 의무를 강화하고 있다.

그뿐만 아니라 미국은 베트남의 역할에 주목하고 있다. 베트남은 남중국해의 영유권을 둘러싸고 이미 중국과 무력 분쟁을 치른 적이 있는 국가다. 또 지정학적인 측면에서도 인도-태평양 지역에서 가장 큰 역할을 수행할 가능성이 높은 국가이다. 따라서 미국은 베트남과의 상호 방위 협력을 증진하기 위한 노력을 배가하고 있다. 양국은 2023년까지 양자 안보 협력에 대해 논의하기 위해 12차례의 대화를 가졌다. 이 대화에는 전쟁 유산 문제, 안보 협력(지역 문제, 해양 안보, 인도적 지원), 평화 유지 작전 등 광범위한 상호 안보 관심사가 포함되어 있다고 알려져 있다.

그 결과, 미국 해군 함정은 남중국해에서 이제 거의 상주하다시피 항행의 자유 작전을 펼치고 있다. 또 2018년 3월, 전후 40년 만에 처음으로 미국 항공모함 칼 빈슨호(USS Carl Vinson)가 베트남을 방문했다. 2020년 3월 9일에는 미국의 항공모함 시어도어 루스벨트호(USS Theodore Roosevelt)가 다낭에서 5일간 기항하는 기록을 세웠다.

2016년부터 2021년까지 미국은 약 1억 400만 달러의 자금을 베트남에 지원하고, 2,980만 달러 상당의 방위 물품을 베트남에 영구 수출하는 수준까지 방위 협력이 진전되고 있다. 이에 힘입어 베트남은 2012년과 2016년에 태평양 연안 국가 군사훈련 림팩(RIMPAC)에 참가하기도 했다. 림팩은 미국과 그 동맹 및 파트너 국가들이 하와이 제도와 남부 캘리포니아 주변에서 격년으로 주최하는 세계 최대의 국제 해상 훈련이다. 한때 공산 진영의 일원이었고 지금도 명목상으로는 공산당이 집권 중인 베트남이 이에 참가한 것은, 매우 기념비적인 일이다.

## 남중국해 이슈 전망: 대중국 지역동맹의 강화

. . . . .

역사적으로도 남중국해는 의견 불일치와 적대감이 가득한 지역이었다. 제2차 세계대전 시기에는 일본의 침략이 있었고, 베트남 전쟁 시기에는 이 해역이 분쟁의 중심에 있었다. 오늘날에는 중국의 강력한 영해 주장과 인공섬의 요새화, 포괄적인 해군 감시가 필리핀, 베트남, 말레이시아, 브루나이, 대만과 같은 이웃 국가들의 불만을 사고 있다.

미국은 트럼프의 베이징 회담 이후, 과거 전략적 나르시시즘에 빠져 중국의 눈치를 보는 어중간한 입장은 누구에게도 도움이 되지 않는다는 전략적 판단을 확고히 한 것으로 보인다. 미국은 그동안 중국의 강박, 회유, 협박에 시달려온 남중국해 연안 국가들을 지역동맹국 및 파트너로 삼고, 그들을 지지하는 방향으로 외교 정책을 펼쳐나가고 있다.

미국은 이 국가들의 군사력 및 해양 능력을 향상시키는 동시에, 중국의 공격에 맞서 단결된 대응을 하기 위한 협력 체제를 구축하도록 온 힘을 쏟고 있다. 미국은 더 나아가 이런 지역동맹을 남중국해에 한정 짓지 않고 인도-태평양 안보동맹 및 파트너십 강화로 연결하여 신냉전 국면을 함께 헤쳐나가는 전략을 구사하고 있다.

기존 세계질서와 태평양 제해권을 흔들림 없이 방어해야 할 미국의 입장에서 '현상유지 전략'은 최소의 비용을 들이면서도 분쟁 억제에 가장 효율적인 방법임이 틀림없다. 그러나 지역동맹국과 적성국 사이에 의도치 않은 도발과 우발적 충돌이 발생하는 등 여러 가지 분쟁 요소가 있음도 사실이다.

분쟁의 불씨는 주로 해상에 존재하고 있다. 즉, 남중국해에서 분쟁이 발생한다면, 지리적 조건 때문에 분쟁 당사국은 항공모함 및 전선 건조 기술과 거기에 장착될 무기 제조 기술 그리고 충분한 해양 전투 경험을 보유하고 있어야 한다.

결국 이 지역의 안정화를 위해서는 지역동맹의 해군력을 강화시키는 한편, 중국의 해군력을 일정 수준에서 억제해야 한다. 따라서 남중국해는 장기적 관점의 지정학적 접근은 물론이고, 다른 어떤 지역보다 지경학적 압박을 충분히 구사하는 전략적 접근이 요구되는 지역이다.


## 일대일로의 정체: 서방 포위를 위한 덫
· · · · ·

2013년, 시진핑 주석은 동아시아에서 유럽에 이르는 2개의 길을 건설하는 것을 목표로 하는 방대한 개발 및 투자 계획을 발표했는데, 바로 일대일로(BRI, Bridge & Road Initiative) 프로젝트이다. 2개의 길 중 하나는 해상에 그어진, 남중국해에서 인도양, 지중해로 이어지는 해상 실크로드이고, 다른 하나는 중국 본토에서 우즈베키스탄, 터키, 네덜란드로 이어지는 육상 실크로드이다.

특히 '신(新)실크로드'라고도 불리는 육상 실크로드는 중국이 어떤 비상 상황에서도 에너지 및 군사물자를 장기적이고 안정적으로 확보하기 위한 운송로이다. 예컨대 유사시에 미국과 서방 진영이 중국의 해상 운송로를 봉쇄했을 경우, 중국은 미군이 접근하거나 방해할 수 없는 서부 신장(新疆)에서 중앙아시아 5국으로 이어지는 육로를 통해 석유와 물자를 트럭으로 공급받을 수 있다.

또 하나의 길은 해상 실크로드이다. 바다 위에 다리를 놓아 길을 닦겠다는 뜻이 아니라, 아시아, 중동, 아프리카 유럽으로 뻗는 요충지 항구에 인프라 투자 촉진, 경제 개발 협력, 무역 다각화, 해양 진출을 통해 경제적 연결성을 강화함으로써 보이지 않는 해상 통로를 건설하겠다는 의미이다.

중국은 일차적으로 경제적 연결성을 구축하여 이득을 취하는 동시에, 이차적으로는 중동 및 아프리카의 권위주의 체제를 가진 국가들과 운명공동체적 유대의식을 쌓을 수 있다고 믿는다. 그렇게 된다면, 중국은 그들 국가로부터 석유 및 천연가스, 광물자원을 공급받아 다변화되고 안정된 원자재 공급망을 확보하게 된다. 그리고 이를 바탕으로 중국 제품을 그들 국가에 수출하는 이중의 이득을 취할 수 있다. 만약 미국이 중국 제품에 대한 거부 혹은 중국 경제에 대한 봉쇄 정책을 더 강하게 시행하더라도 중국 경제는 미국보다 더 넓은 시장으로 굳건히 뻗어 나갈 토대를 확보해놓은 셈이 된다.

중국의 구상대로 실크로드 프로젝트가 원활하게 수행된다면, 육상 실크로드는 중국 서역에서부터 중앙아시아 5개국, 중동으로 이어지는 중국의 남방 만리장성의 역할을 충분히 수행할 것으로 예상된다. 해상 실크로드는 중국의 인프라 투자에 의한 경제적 연결이라는 하드파워와 문화적 연결성을 통한 소프트파워를 확대하는 수단으로 작용할 것이다.

결국 일대일로 사업은 중국의 지정학적 영향력 확대, 해군력 발전에 중요한 역할을 하며, 중국의 글로벌 해양 거버넌스 확보에 크게 기여함으로써 중국이 세계 경제와 정치의 중심국으로 자리매김하는 데 중요한 기반이 될 것이다. 시진핑도 이러한 실크로드 프로젝트의 전략적 목표를 숨기려 하지 않는다.

2014년, 제22차 APEC(Asia-Pacific Economic Cooperation, 아시아태평양경제협력체) 정상회의에서 시진핑은 다음과 같이 주장했다.

실크로드는 단지 하나의 길에 불과했으나 아시아와 유럽을 연결함으로써 아시아인들에게 연결의 선구자라는 칭호를 부여했습니다. 오늘날 우리가 말하는 연결성은 단순히 도로와 다리를 건설하거나 지표면상의 다른 장소를 선형적으로 연결하는 것이 아닙니다. 더 중요하게는 인프라, 제도, 인적 교류 세 방향에서의 조합이며 정책 소통, 인프라 연결, 무역 연계, 자본 흐름, 민간의 이해 증진 등 다섯 가지 방향에서의 진보여야 합니다. 이러한 네트워크는 중국 통화인 인민폐의 국제적 사용을 확대하고, '아시아 연결성의 병목 현상을 해결'할 것입니다.[2]

시진핑의 주장을 곱씹어보면 첫째, 일대일로는 아시아와 유럽을 잇는 '연결'의 선구자다. 그러나 그 '연결'은 서로 다른 지점에 도로나 다리를 건설하여 기계적이고 선형적으로 이어가는 단순한 연결이 아니라고 말한다. 둘째, 그것은 단순한 연결이라기보다 '연결성'이라고 주장한다. 그 '연결'이 형성하게 될 연결성은 인프라, 제도, 인적 교류라는 세 방향으로의 조합과 정책 소통, 인프라 연결, 무역 연계, 자본 흐름, 민간의 이해 증진이라는 다섯 방향으로 뻗어가는 한 단계 업그레이드된 인류의 진보를 가져다줄 것이라고 주장한다. 셋째, 그 연결성은 단순히 점과 점을 이은 선이 아니라 다차원으로 뻗는 네트워크의 속성을 나타낼 터이다. 바로 그 네트워크 기능을 통해서 중국 통화인 인민폐의 국제적 사용을 확대하고, '아시아 연결성의 병목 현상을 해결할 것'이라는 게 시진핑의 주장이다.

연결(connection)-연결성(connectivity)-네트워크(network)로 이어지는 언설은 브뤼노 라투르(Bruno Latour, 1947~2022)의 행위자 네트워크 이론(ANT, Actor-Network Theory)을 연상시킨다. 이 이론은 어떤 사회적 현상이나 과학적 지식, 혹은 자연현상마저도 인간 및 비인간 행위자들이 서로 얽혀 만들어진 네트워크의 결과라고 설명한다. 특이한 점은 어떤 현상을 일으키는 행위자에 인간만이 아니라 물, 불, 쓰나미, 혹은 집적된 데이터 등의 비인간도 포함된다는 것이다.

네트워크의 전형인 촘촘한 그물의 한쪽 귀퉁이를 튕기면 그 파동이 전체 그물망으로 출렁이며 전달되듯 네트워크 관계는 상호의존적이고 동시에 상호 독립적이다. 전달되는 파동이 획일적으로 동일할 리는 없기 때문이다.

중국공산당 총서기인 시진핑이 공산주의와 전혀 다른 위상을 가진 극단적 포스트모더니즘의 한 갈래인 네트워크 이론을 차용해서 중국의 미래를 설명하는 것은 정말 특이하다. 일단 행위자 네트워크 이론으로 일대일로 프로젝트에 의미를 부여한 시진핑의 설명을 재해석하면, 일대일로의 성격을 연결-연결성-네트워크로 확장해 나가는 논리가 그리 허접하진 않다.

즉, 일대일로의 실크로드는 아시아와 유럽을 잇는 단순한 공간적 연결이 아니라, 일대일로의 선상에 있는 회원국을 노드(node)와 링크(link)로 엮어 하나의 다차원적 네트워크로 작동하게끔 긴밀한 연결성을 부여하는 거대한 프로젝트라는 뜻이다. 네트워크 연결망은 하나의 노드가 흔들리면(즉, 행위자로서 행동하면), 여타의 모든 매듭이 즉각 영향을 받아 그에 반응한다. 그물망 위에 공을 하나 떨어뜨리면 그물망의 모든 매듭이 진동하고 반응하듯이 말이다. 그렇듯 일대일로 프로젝트는 그 안의 모든 구성원들이 함께 반응하고 함께 대응하는 연결체를 구축하는 사업이라는 얘기가 된다. 경제, 제도, 문화를 포함하여 정치까지 모든 방면에서 교류하는 네트워크가 되고 그러한 위대한 업적은 인류의 커다란 진보를 의미하게 된다.

결국 일대일로의 목표는 국가 융합 수준의 운명공동체적 국가 관계를 건설하는 것이다. 그 목표가 이뤄지면 일대일로 내의 국가들은 군사적 전략 소통, 인프라 연결, 무역 연계, 자본 흐름 등 모든 면에서 정책을 함께 추진하고 함께 책임진다. 최종적으로는 '민간의 이해도', 즉 각 국가의 국민 사이에 서로를 이해하고 호응하는 친밀도마저 높여야 한다는 당찬 꿈을 말하고 있다.

이러한 시진핑의 본심을 파악할 수 있는 몇 안 되는 단서 중 하나는, 중국과 러시아를 주축으로 한 SCO(상하이협력기구)의 존재이다. 2015년 SCO 정상회담에서 시진핑은 "우리 지역의 나라들을 어떤 핑계로든 간섭하려는 외부 세력에 절대 저항한다. 우리 회원국의 발전과 진보의 미래는 우리 자신의 손으로 굳건히 잡아야 한다."라고 강조했다. 외부 세력의 핑계와 간섭을 일절 거부하며 절대 저항하겠다는 표현은 물론 군사적 대응을 의미한다. 또 시진핑은 서방이나 미국 등 외부의 조력에 기대지 않고 자력으로 갱생하겠다는 의지를 강력하게 드러내고 있다. 시진핑의 장기 대전략인 '중화 부흥'의 핵심이다.

SCO 회원국에는 러시아, 중국을 비롯하여 카자흐스탄, 키르기스스탄, 투르크메니스탄, 타지키스탄, 우즈베키스탄 등 과거 소비에트 연방국들이 있다. 이들은 일대일로 가운데 육상 실크로드 선상에 자리 잡고 있는 국가로, 일대일로 사업의 특혜를 받고 있는 국가들이다. 이러한 사실을 감안하면 결국 일대일로 프로젝트는 이웃 국가들 간의 단순한 협력 증진을 위한 소통기구가 아니라, 준군사동맹 기구화될 잠재성을 지녔음을 알 수 있다.

결국 일대일로 프로젝트는 운명공동체 네트워크의 긴밀한 관계를 굳건한 벽으로 삼아 엄청나게 긴 만리장성을 중국 남방에 구축하겠다는 얘기다. 그 장성은 시안-중앙아시아 5개국-중동-이란에 이르는 일로(One Road)와 남중국해-인도양-페르시아만을 가로질러 유럽 발트해에 이르는 일대(One Belt)라는 이중의 성벽을 가진 난공불락의 방위선이다. '남방 만리장성'이라고도 할 수 있겠다.

중국은 일대일로 프로젝트에 참여한 국가들과 함께 운명공동체적 정치, 군사, 경제, 문화 동맹을 구축하여 미국의 지경학적 봉쇄와 다각도의 지정학적 압박에 대항하겠다는 장기 대전략을 수행하고 있다.

이 블록에 가담할 가능성이 있는 국가들의 인구를 합산하면 전세계 인구의 62%를 차지한다. 이 점을 감안하면 서방 진영과 교류하지 않고 충분히 자력갱생할 수 있는 지정학·지경학적 블록을 구축할 수 있으리라 확신하는 것으로 보인다.

결론적으로, 일대일로 프로젝트의 최종적인 전략 목표는 이상과 같은 환상적인 운명공동체적 국가 네트워크를 구축하여 미국의 강압적 군사력의 억압 때문에 각국이 미국의 눈치를 보느라 불가피하게 반목하는 '아시아 연결성의 병목 현상'을 해결하겠다는 것이다. 그뿐만 아니라 막강한 경제력을 앞세워 경제 봉쇄와 관세 압박을 일삼는 미국의 횡포에 맞서 네트워크 국가끼리 달러 패권을 인정하지 않고 중국 위안화와 러시아의 루블화를 상호 지지하는 경제공동체를 구축하겠다는 프로젝트이다.

그러나 사실 일대일로 프로젝트는 시진핑이 의도하는 '중국 중심의, 중국을 위한 인류 운명공동체'라는 꿈을 이루기 위한 전초작업이자 중국 남북방에 새로운 만리장성을 쌓는 축성 작업인 셈이다. 그리고 그 중심에는 중국, 즉 시진핑의 리더십이 있음을 강조하고 있다.

## 삐걱대는 일대일로, 당황스러운 시진핑

· · · · ·

일대일로는 중국의 아이디어일 수 있지만, 그 기회와 결과는 세계에 이익을 가져다줄 것입니다. 중국은 어떠한 지정학적 동기도 가지고 있지 않으며, 이를 이용해서 배타적인 블록을 만든다든가, 이를 계기로 다른 나라에 사업 거래를 강요하지 않습니다.[3]

시진핑이 2018년 4월 중국 하이난(海南)에서 개최된 보아오 포럼 (BFA, Boao Forum for Asia)에서 행한 기조연설이다. 그즈음 일대일로에 대하여 끓어오르는 국제적 비난 여론을 잠재우기 위한 목적이었을 것이다. 2013년, 일대일로 프로젝트가 출발한 지 5년도 채 지나지 않은 가운데, 일대일로의 각종 사업에 대한 온갖 불평불만이 쏟아져 나와, 프로젝트 자체의 존속이 흔들릴 만큼 위기에 빠졌다.

일례로 중국은 일대일로를 핑계 삼아 개발도상국에 인프라 개발 자금을 빌려주고 그것을 빌미로 당사국의 국내외 정책과 프로젝트에 영향을 미치려 했다. 처음 약속과 달리 고금리의 대출을 강요했기 때문에 저개발 국가에 부채라는 덫을 놓는 것과 다를 바 없었다. 그러면서 인프라 건설업체는 '당사국 업체의 시공 능력이 부실하다.'라는 명분으로 중국 건설업체를 채용하도록 했다. 거기에 중국 건설업체들은 한 공정이 끝날 때마다 온갖 핑계를 대어 공사비를 올리고 뇌물과 거마비를 요구했다. 이에 대한 불평불만이 회원국마다 넘쳐흘렀다.

이런 위기 상황을 타개하기 위해 시진핑이 직접 보아오 포럼의 기조연설자로 나서 "일대일로는 말만이 아닌 행동으로 참가국들 간에 신뢰 구축, 성장 발전, 탄소중립 지지, 공유 번영, 그리고 상호 이익 촉진을 실제로 매우 훌륭하게 추진하고 있다."라고 강변한 것이다.

그뿐만 아니라 시진핑은 2017년 일대일로 포럼 개막식에서 "일대일로 프로젝트는 경제 발전의 '새로운 증상'에 적응하고, 세부 사항을 잘 조정하여 제시된 기회를 잡을 것입니다. 우리는 공급 측 구조적 개혁의 적극적 추진으로 지속가능한 발전을 달성하여, 일대일로 프로젝트에 강력한 동력을 주입하며, 세계 발전을 위한 새로운 기회를 창출할 것입니다."라고 말했다.

이에 대하여 푸틴도 "일대일로 프로젝트가 EAEU(유라시아경제연합) 및 SCO, ASEAN 등의 국제협력기구와 총괄하여 '대유라시아 파트너 관계' 형성의 기초가 되길 희망한다."라고 화답했다.

반면에 시진핑은 2020년 중국공산당 19기 5중전회 공보에서 다음과 같은 견해를 밝히고 있다.

인도-태평양 전략과 QUAD를 통해, 미국은 과거 냉전 시대와 유사한 블록 간의 대립을 추구하고 있다. 그러나 미국과 소련 간의 구냉전과 달리, 중국은 이미 일대일로를 통해 경제적으로뿐만 아니라 정치적, 사회적으로도 지역 국가들과 긴밀한 관계를 구축했으므로, 미국이 추구하는 전략은 불가능하다. [미국의 새로운 전략을 비판하며 중국의 핵심 이익에 대한 존중을 촉구하는 내용이 이어짐] 중국은 중국 특색의 사회주의를 굳건히 추진할 것이며, 중화민족의 위대한 부흥을 막을 자는 아무도 없다.[4]

연설 중에 좀더 주목할 내용은 미국에 대한 냉소적인 경고 부분이다. 시진핑은 미국은 과거 미-소 냉전 시대의 전략과 유사하게 블록 간의 대립을 추구하고 있지만 중국은 이미 (선제적으로) 일대일로 사업을 통해 경제적으로뿐만 아니라 정치적, 사회적으로도 지역 국가들과 긴밀한 네트워크 관계를 구축했다고 말한다. 그러니 전 세계를 블록으로 나누어 진영 간 대립을 조장할 생각은 하지 말라고 미국에 경고한 것이다.

이로써 시진핑은 일대일로의 냉전적이고 군사적인 성격을 인정한 셈이다. SCO 회원국을 연결하는 남방 만리장성 전략에 더하여 일대일로 프로젝트에 기반한 또 하나의 지정학적 그물망, 즉 주변부 포위 전략을 겹으로 쳐놓고 미국과 서방 진영을 압박하려는 전략이다.

중국 국공내전 시기 마오쩌둥을 비롯하여 중국공산당이 가장 즐겨 사용하던 고전적 전략이 '농촌으로 하여금 도시를 포위하는 전략'이었다. 그물을 넓게 쳐서 상대방을 포위하고 서서히 그물을 옥죄어가며 상대를 포획하는 방법이다. 이러한 주변부 포위 전략은 중국의 외교 및 국가안보 정책의 핵심 전략으로 떠오르고 있다. 주로 주변 국가들과의 관계를 강화하고, 지역적 영향력을 확대하여 적대국을 무력화시키는 방법이다.

이러한 겹그물망 포위 전략을 추진하는 방법은 일대일로와 같은 대규모 프로젝트를 통해 주변 국가들에게 마치 선심이라도 쓰는 듯 상대국의 낙후된 인프라에 투자하겠다는 미끼를 던지는 데서 출발한다. 우선 경제적 통합을 추진하고 무역 및 투자 관계를 강화하는 전략, 그 과정에서 다자간 포럼, 양자 간 협상을 통해 긴밀한 관계를 만들어 서서히 정치적 영향력을 증대시키는 전략 등이 동원된다. 물론 군사적 협력, 공동 훈련, 무기 판매 및 기술 교류를 통해 주변 국가들과 안보 관계를 밀접하게 하는 전략과 교육, 문화 교류, 관광 및 인적 교류를 통해 소프트파워를 늘리는 전략도 진행된다.

마지막 단계에서는 남중국해 및 동중국해의 해양영토 분쟁과 대만, 티베트, 신장의 육상영토 분쟁 등 지역적 이슈를 관리하는 차원에서 주변 국가와 대화 채널을 유지하고 압박과 회유를 통해 자신의 입장을 강화하는 전략을 구사하려는 것이다.

중국의 장기 전략, 종종 '전략적 배치'로 언급되는 이 전략은, 전 세계적으로 친중국 국가들의 네트워크를 형성하고 이 국가들에 대한 중국의 영향력을 보다 심화·확장하여, 유사시에 이들이 미국과 서방 진영에 대한 공격과 수비의 선두주자로 나서도록 하는 전략이다. 이 전략의 주요 구성요소는 앞에서 논한 일대일로, SCO, EAEU를 포함한 다양한 지역적 이니셔티브와 동맹 관계이다.

이러한 전략적 배치 정책은 궁극적으로 미국과 서방 국가들의 공세를 무디게 하고, 저개발 국가들을 동원하여 UN 등에서 그들의 전통적인 영향세를 감소시키는 것을 목적으로 한다. 이를 통해 중국은 현재 미국 중심의 단극 체제 세계질서를 다극화된 세계질서로 바꾸고 더욱 중심적인 위치를 차지하고자 한다.

결국 중국의 행동은 글로벌 차원에서 미국과 서방 자유주의 진영을 포위하려는 전략의 일환이었다. 중국의 미국에 대한 '주변부 포위 전략'은 세 가지 주요 원칙을 따른다. 첫째, 중국의 선의를 타국에게 반복적으로 강조하여 그들을 안심시키기, 둘째, 기존 세계질서의 모순과 불공정성을 강조하여 개혁에 적극적으로 찬동하게 하기, 셋째, 중국의 핵심 이익에 대한 도전에는 아주 단호하게 대응하여 중국의 힘을 각인시키기이다.

2008부터 2016까지 진행된 중국의 전략적 배치는 국제정세에 대한 시진핑의 대전략으로서, 중국이 아시아 지역 내 패권을 획득하기 위한 기반을 마련했다. 글로벌 금융위기로 미국의 힘이 약해진 것을 보며 자신감을 얻은 베이징이 '중화 부흥'의 꿈에 크게 고무된 시점에 이뤄진 일이었다.

이제 중국은 브렉시트, 트럼프의 대통령 당선, 코로나19 팬데믹과 같은 '세기에 없던 큰 변화'를 언급하며, 세 번째 전략적 배치를 시작하고 있다. 이는 전 세계적으로 미국을 글로벌 리더의 자리에서 밀어내기 위한 노력으로 확대될 것이다.

그러나 나름대로 치밀하게 겹겹이 짜놓았던 일대일로, SCO, EAEU 같은 시진핑의 전략적 배치 정책은 앞에서 잠시 언급한 바대로 곤경에 빠져 있는 상태다. 최근 다수의 프로젝트 참여국들이 과도한 채무 부담과 불투명한 계약, 막대한 계약 외 추가 비용 등에 불만을 표출하면서 중국에 거부감을 드러내고 있기 때문이다. 특히 일대일로에 참여한 많은 국가가 재정 압박 또는 디폴트(채무 불이행) 상황에 내몰리면서 그 실효성에 의문이 제기되고 있다.

실제 국가별 일대일로 사업에 대한 구체적 실패 사례는 매우 다양하다. 우선 중국 스스로가 일대일로 사업의 대표적인 사례로 적극적으로 선전하던 스리랑카 남부의 함반토타(Hambantota) 항만 프로젝트의 경우, 막대한 채무 부담을 극복하지 못해 결국 2017년에 99년 장기 임대 형식으로 중국 측에 운영권이 넘어갔다. 스리랑카는 그 여파로 2022년 디폴트 선언을 했다. 채무 부담을 덜기 위해 함반토타 항만 운영권을 99년 임대로 넘긴 사례는 '채무 함정(debt trap)' 논란의 대표 사례가 되었다.

파키스탄과의 '중국-파키스탄 경제회랑(CPEC, China-Pakistan Economic Corridor)' 건설은 스리랑카 못지않은, 일대일로의 상징으로 꼽힌 사업이다. 중국의 차관으로 도로·철도·항만·에너지 등 대규모 인프라 프로젝트를 추진해왔지만, 파키스탄은 국제통화기금(IMF)에 구제금융을 신청하면서 디폴트에 빠졌다. 재정 악화의 원인으로 중국 차관이 애초의 약속과는 달리 여러 상황 변화에 따라 고금리화된 것, 공사 과정에서의 설계 변경, 보안 및 치안 비용 과다 산정, 중국인 근로자 안전 문제 등 예상치 못한 추가 비용이 빈번하게 발생했기 때문이라는 평가가 대세이다.

그 외 케냐, 에티오피아, 몰디브와 SCO 회원국인 키르기스스탄과 타지키스탄에 대한 디폴트 위험도 꾸준히 제기되고 있다. 말레이시아는 일대일로 사업을 취소했고 태국의 농카이(Nong Khai) 고속철 사업은 취소라 해도 좋을 만큼 지지부진한 상태이다. 이런 여러 사례를 분석해볼 때 중국의 일대일로 프로젝트는 대충 실패로 판명 난 듯하다.

일대일로 프로젝트 과정에서 중국은 천문학적 자금을 프로젝트 참여국에 퍼부었지만 사업의 실패로 자금 회수는 난망하게 보인다. 게다가 고금리 대출, 불투명한 계약, 지역사회 배려 미흡 등 문제점이 반복되어 '중국이 자국 이익만 챙긴다'는 불만이 점차 고조되는 상황이다. 이로 인해 되려 중국의 노림수는 자충수가 되어버렸다. 국제사회, 특히 개발도상국에서 중국에 대한 호감도나 신뢰도는 하락하고 신냉전 구도에서 '중국 편에 서겠다'는 국가는 감소하고 있다.

전체적으로 다시 간추려 정리하면, 이러한 전략적 배치 정책의 실패로 인해서 중국은 전략적 '변환' 또는 '방어' 기조로 돌아서고 있다. 전랑외교와 같은 공세적 대외정책에서 내부 안정·방어 강화로 전략을 수정하고 있다는 말이다. 또 미국에 대한 적대적 감정을 드러내기보다 유화적이고 타협을 청하는 제스처를 자주 취하는 중이다. 동시에 러-우 전쟁에서 헤어나지 못하고 있는 푸틴의 무기와 화력 지원 요청을 거부하고 일상용품 지원만 허용한 사실도 미국의 심기를 더 이상 건드리지 않겠다는 방어적 자세로 보인다.

이 때문에 러시아와 북한으로부터 일시적으로 냉대를 받고 있지만 그렇다고 중국의 세계 대전략마저 변했다는 뜻은 아니다. 단지 정세의 유불리에 따라 실행전략만 잠시 바꾼 것뿐이다.

## 미국의 맞불, 중국의 포위 전략을 역포위하다

· · · · ·

'인도-태평양 전략'과 'QUAD'는 미국이 중국의 일대일로 및 운명 공동체 전략에 대응하기 위한 2개의 대표적인 전략이다. 인도-태평양 전략은 실제 해당 지역의 군사적 움직임을 이끌어가는 미국의 군사전략이고, QUAD는 미국-일본-호주-인도 사이에 맺어진 군사동맹인 동시에 일종의 다자간 협력 메커니즘이라는 차이가 있다. 다시 말해서 QUAD는 인도-태평양 전략을 다각도로 보완하는 군사적 대화 협력 시스템이라고 볼 수 있다. 미국은 QUAD 동맹국과 함께 '말라바(Malabar) 해군 합동훈련' 등 다방면의 군사 협력을 실시하고 있다.

우선 군사전략 분야에서 미국의 대전략을 간략히 알아둘 필요

THE WORLD 1:60,000,000  **THE WORLD WITH COMMANDERS' AREAS OF RESPONSIBILITY**  EDITION 8 NGA  SERIES 1107

미군의 전구 구분(자료: 미국 국방성)

가 있다. 미군은 전 세계를 6개의 전구(戰區, combatant theatre)로 나
눠서 관리하고 있다. 6개의 전구는 북미 전구, 남미 전구, 유럽 전
구, 인도-태평양 전구, 중부 전구, 아프리카 전구인데, 이와 별도로
우주 전구가 있다. 각각의 전구는 해당 지역의 물리적·지리적 영
역, 정확히는 전투 현장(battle field) 단위를 지칭한다.

　미국은 각 전구마다 해당 지역의 군사전략을 통솔하는 통합 전
투사령부(command)를 두고 있다. 이밖에 기능·목적 단위의 사령부
인 특수전사령부, 전략사령부, 운송사령부 등이 별도로 존재한다.

　현재 동아시아를 담당하고 있는 인도-태평양 사령부는 본래 '아
시아-태평양 사령부'였으나, 2018년 5월 중국의 확장에 효과적으
로 대응하기 위하여 인도-태평양 사령부로 확장됐다. 특히 확장

시에 북극해까지 관할권에 소속시켜, 인도-태평양 사령부는 전 지구의 65%의 영토와 60%의 인구를 관할하게 되었다. 현재 하와이 호놀룰루(Honolulu)에 소재한 인도-태평양 사령부 본부는 호주-북극해-영국으로 이어지는 광범위한 포위 구축망을 형성하고 있다.

이에 더하여 미국은 QUAD, AUKUS 같은 안보동맹을 체결하고 인도-태평양 전구 내부에 다중적인 방어 전략을 위한 방책을 구축했다. QUAD는 인도-태평양 전구 내부에 위치한 미국-일본-호주-인도 4개국으로 이뤄진 안보 협력 전략동맹체다. 이 다자간 협력체는 특히 지역 내 국가 간의 경제적 협력을 촉진하고, 투명하고 지속가능한 인프라 개발을 지원하여 인도-태평양 지역의 안보, 자유, 번영을 증진하기 위한 목적으로 설립되었다.

QUAD는 중국의 일대일로를 대체하는 대안적 개발 협력체로 활동하고 있다. 특히 QUAD는 인도-태평양 내부의 저개발·저소득 국가 혹은 도서 국가에 40조 달러에 달하는 B3W(Build Back Better World) 경제개발 지원과 인프라를 제공하고 있다. QUAD는 인도-태평양 지역에서 중국의 지역적 도전과 위협에 대응하는 다자간 협력 플랫폼으로서, 균형 잡힌 지역질서를 구축하는 데 힘을 합치고 있다.

이에 더하여 2021년 설립된 AUKUS는 부상하는 중국의 영향력에 대응하기 위한 호주, 영국, 미국의 안보 협의체다. AUKUS는 2021년 9월 바이든이 호주의 핵잠수함 건조를 지원하기로 합의하면서 창설됐다. 태평양 남방의 호주가 미국의 태평양 방어 전략에 적극 참여한다는 사실은 중국에는 매우 부담스러운 일이다.

AUKUS의 주요 목표 중 하나는 호주에 핵추진 잠수함 기술을

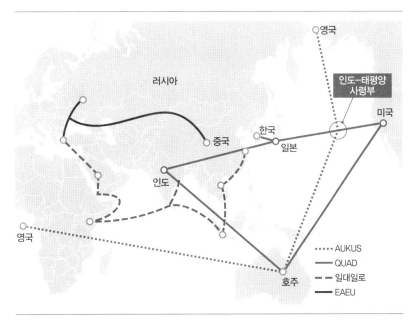

중국의 일대일로와 러시아 EAEU를 미국의 QUAD와 AUKUS가 크게 역포위한 형태

제공하여 호주의 해군 능력을 강화함으로써, 유사시 미국 태평양 함대를 지원하게끔 하여 중국이 서태평양 깊숙이 침투하지 못하도록 방어하는 역할이다. 호주가 핵무기를 개발하지 않으면서도 핵추진 잠수함을 개발해 장기간 해저에서 운용할 수 있게 하여, 지역 안보에서 중요한 역할을 맡도록 하였다. AUKUS는 잠수함 기술뿐만 아니라 사이버 전쟁, 인공지능, 퀀텀컴퓨팅 기술 등 첨단기술 분야에서 미국과 호주의 상호 협력을 획기적으로 증진시킬 것으로 기대된다.

세계지도를 펼쳐보면 인도-태평양 전략의 경계선이 중국의 일대일로와 러시아의 EAEU를 포위하고 있음을 알 수 있다. 미국은 중국의 일대일로를 기반으로 한 패권 확장 전략에 대하여, 남-동-

북쪽에서는 QUAD와 AUKUS로 저지하고, 서쪽에서는 NATO로 압박하여 중국의 주변부 포위 전략을 오히려 역포위하는 전략을 구사하고 있다.

물론 미국은 세부적으로는 무수히 많은 지역에서 다양한 외교 전략을 전개하고 있다. 이를 전략 유형에 따라 구분하면 다음과 같은 두 가지로 나눌 수 있다.

첫 번째 전략은 저개발 국가에 대한 인프라 투자 및 경제적 지원 확대다. 블루닷 네트워크(BDN, Blue Dot Network)는 미국, 일본, 호주가 공동으로 추진하는 경제 개발 협력체로, 전 세계에 고품질, 투명성, 지속가능한 인프라 개발을 지원하는 것을 목표로 한다. 중국의 일대일로 프로젝트에 대응하는 성격이 짙다. 블루닷 네트워크는 미국 정부 주도와 광범위한 시민운동의 요소를 결합한 하이브리드 모델로 구축되었다.

블루닷 네트워크의 전략적 목적은 글로벌 인프라 개발 프로젝트 분야에 높은 기준을 확립하여, 낮은 품질, 부패, 저개발 국가에 대한 착취적 구조를 드러낸 일대일로와는 다른 대안을 제공하는 것이다. 블루닷 네트워크는 고품질 인프라 건설 프로젝트를 인증해주는 역할을 하여, 저개발 국가의 인프라 건설 프로젝트더라도 너무 품질이 떨어지지 않도록 개선하는 기능도 한다.

블루닷 네트워크의 국제 표준 인증은 해당 인프라 건설 프로젝트에 대한 시민과 투자자들의 신뢰도를 향상시켜 자금 동원을 보다 용이하게 만든다. 이런 순기능 요소는 결국 글로벌 인프라 개발을 촉진하고, 개발도상국의 지속가능한 경제성장을 이룩할 것으로 기대된다.

미국은 블루닷 네트워크의 목표 달성을 위한 파트너로서 '미국 국제개발금융공사(U.S. International Development Finance Corporation)'를 설립했다. 이 또한 저개발 국가의 인프라 개발 프로젝트 신뢰도를 향상시키기 위해, 투자 보증 및 기술지원, 저금리 융자를 제공할 목적이다.

이처럼 미국은 저개발 국가 인프라 투자 및 경제적 지원 확대 사업에 발 벗고 나섰다. 일대일로 사업이 제공하는 고금리 융자로 참여국들이 국가부도 상황에 처하는 비극을 막고, 중국의 영향력 확장을 저지하기 위함이다.

두 번째 전략은 국제사회에서 민주주의의 가치를 홍보하고 확산시키는 것이다. 중국은 일대일로의 철학적 가치로 '다차원 네트워크의 연결성을 매개로 한 운명공동체 건설'을 내세웠다. 미국은 이에 대한 대안적 가치로 '자유롭고 개방된 사회'의 중요성을 부각시키는 전략을 추진하고 있다. 민주주의와 인권 가치를 확산시켜, 권위주의 체제를 배격해야 하는 이념적 필요성에 대한 인식을 확산하는 데 주력하는 것이다.

이를 위해 2021년 12월 바이든은 민주주의 정상회의(Summit for Democracy)라는 국제 회의체를 조직하여, 전 세계 민주주의 국가의 정부와 시민사회 지도자들을 초청해 공동의 목표를 논의하고 협력을 촉진했다. 민주주의 정상회의는 일회성 이벤트가 아니라 지속적인 대화와 협력의 장을 마련하는 회의체로, 글로벌 차원에서의 민주주의 촉진과 동시에 그것의 후퇴를 방지하는 데 기여할 것으로 예상된다.

또한 미국은 G7 및 ASEAN과의 협력을 강화하고 있다. 이 과정에서 미국은 인도-태평양 지역 내 민주주의와 경제적 번영을 촉진하는 균형 잡힌 접근 방식을 추구한다. 이를 통해 미국은 인도-태평양 지역에서의 영향력을 증대시키고, 글로벌 리더십을 유지하고자 한다.

## 중국의 대만 통일, 서태평양 장악의 출발점

· · · · ·

시진핑의 세계 대전략은 '중화 부흥'의 기치 아래 중국의 글로벌 영향력 확대와 지역적 우위 확립에 초점을 맞추고 있다. 이런 점에서 대만은 매우 중요한 전략 요소이다.

국토 통일의 영웅이 되고 싶은 시진핑은 대만 통일을 국가 주권과 영토 완성의 상징이라고 여긴다. 실제로 시진핑이 대만 통일을 이룩할 경우 이는 중국 내부에서 엄청난 국가주의적 감정을 고취시켜, 중국공산당의 합법성과 지도력이 강화되고 시진핑의 영구집권을 보장하는 수단이 될 것이다.

사실 역사적으로 대만 섬은 중국과 일정 부분 별개의 정치체와 문화체로 살아왔다. 명 왕조의 해금령(해상 무역과 섬 정착을 금지하는 고립주의 정책) 이전이나 이후에나, 대만은 중국 영토의 일부로서 강하게 주장되거나 주목받은 적이 없었다. 대만의 원주민들도 한족의 통치와 아무런 상관 없이 살아왔다. 그럼에도 불구하고 시진핑은 대만에 대하여 '하나의 민족, 하나의 국가'라는 소위 '대만 원칙'을 강력히 주장한다.

시진핑이 대만 통일을 통해 얻을 수 있는 실익은 민족 감정에 기반한 내부 정치적인 이익도 있지만, 미국과의 전략 경쟁에서 우위를 점할 수 있는 전략적인 이익도 있다. 대만 통일은 시진핑의 가장 뼈아픈 약점을 해결해줄 열쇠이기 때문이다.

우선 가장 큰 실익은 대만 통일은 대륙에 갇혀 있는 중국을 태평양으로 풀어줄 관문을 확보하는 의의를 가진다는 점이다. 현재 정세에서는 미국의 승인 없이 중국의 잠수함과 항공모함이 태평양으로 진출하는 것이 사실상 억제되고 있다. 미국이 태평양 제해권을 독점하고 있고 미국의 태평양 함대가 오키나와-대만-필리핀-인도네시아로 이어지는 제1 도련선을 철저하게 봉쇄하고 있기 때문이다.

만약 중국이 대만을 영토화하고 그 주변 수역의 영해화에 성공한다면 중국은 태평양을 향해 활짝 열린 수문, 대만이라는 불침항구를 얻는 셈이다. 대만의 동쪽 바다가 모두 태평양이기 때문이다. 중국이 대만을 통일하면 중국 영토가 태평양과 맞닿게 되고 태평양의 일부가 중국의 내해가 된다. 중국은 서태평양으로의 군사적 진출을 확대할 수 있고 이는 중국 해군력의 현대화, 군사기지의 확장 및 항공모함 전단의 개발에 획기적인 계기를 제공할 것이다.

이러한 해상전략의 변화는 당연히 중국의 해양 안보를 강화하고, 해양 자원에 대한 접근권을 확대시킬 것이다. 또한 중국은 중국과 대만 사이의 해상 무역로를 통제함으로써 엄청난 경제적 이익을 확보할 것이 틀림없다. 게다가 이와 같은 근본적인 정세 변화는 태평양에서 미국의 군사적, 전략적 영향력을 위축시키는 엄청난 효과를 지닌다.

따라서 대만 통일은 시진핑의 세계 대전략에서 가장 중요한 전략적 목표 가운데 하나이다. 이는 국내 정치, 지역적 영향력 및 글로벌 패권에 대한 그의 광범위한 계획 모두와 긴밀하게 연결되어 있다. 만약 대만을 두고 미국과 중국의 무력충돌이 발생한다면, 그것은 세계를 2개의 적대적인 진영으로 쪼갤 만큼 대규모의 전쟁이 될 것이다. 사실상 자유민주주의 진영 대 권위주의 진영의 전면전으로 비화할 것으로 예상된다.

그러나 대만 통일을 둘러싸고 전쟁이 일어난다면, 어떤 양상으로 전개되더라도 그 전쟁은 시진핑에게 운명적 리스크를 강요한다. 기득권 위에서 살아가는 게 익숙한 중국의 절대 권력자들은 100% 확실성이 보장되지 않는다면, 자기 운명을 뒤바꿀 정도로 위험한 도박판에는 뛰어들지 않을 것이다.

만약 이 전쟁에서 중국이 패배한다면, 대만 공격을 주도한 강경파는 설 자리를 잃고 다시 개혁개방을 주도하는 세력과 신세대의 지도자들이 그 자리를 차지하게 될 것이다. 시진핑은 모든 직위에서 물러나야 할 것이고, 중국공산당의 합법적 존립조차 위기에 직면하게 될 것이다.

어설프게 대만을 무력 통일하려다가 통일은커녕 중국공산당이 뿌리째 흔들릴 수 있다. 어느 누가 그런 위험을 쉽사리 무릅쓰고 대만 통일전쟁을 일으킬 수 있을까? 고양이 목에 방울 달기인 셈이다.

## 강화되는 미국의 대만 안정화 전략

.....

만약 중국이 대만을 통일하거나 정치적, 행정적 차원에서 대만의 통제가 가능하게 되면 인도-태평양 지역의 권력 균형은 심각한 변화를 맞이할 것이다. 베이징은 일본과 한국에 무역 경로를 차단하겠다고 위협할 수 있다. 무엇보다 미국의 인도-태평양 지역 동맹들이, 대만이 공산당에 접수됐다는 패배감을 견뎌내지 못하고 해체될 수 있다. 그 경우 미국의 태평양 패권은 종말을 맞게 된다.

미국도 이러한 상황을 잘 알고 있기에 대만을 시진핑에게 그냥 넘기는 일은 상상하기 힘들다. 그로 인해서 미국에 돌아올 폐해가 미국이 감당하기 힘들 만큼 막대하기 때문이다. 그렇기에 미국은 중국이 정말로 대만을 침공할 경우, 전쟁까지 불사해서라도 막으려 할 것이다.

최상의 시나리오는 중국이 대만 통일을 포기하거나 전략적 유보를 결정하는 것이다. 이런 전략적 결정을 내리게 만드는 유일한 길은 대만 통일이 가져다줄 실익 대비 그로 인한 위험 비용이 엄청나다는 사실을 시진핑이 인정할 경우뿐이다. 다시 말해서 미국의 압도적 무력 앞에서 시진핑으로 하여금 '도저히 이 전쟁을 쉽게 이길 수 없다.'라고 판단하게 만드는 것이 대만 전쟁을 방지하는 유일한 방책이라는 말이다.

미국은 이러한 방법을 선택했고 시진핑이 승산을 확신하지 못할 정도로 가시적인 무력의 격차를 벌리는 전략을 택했다. 자국의 무력, 즉 핵전쟁, 공중전, 우주전, 사이버전은 물론이고, 해양 패권을 다툴 때 가장 중요한 항공모함 전력에서도 압도적 차이를 만들어 과시하는 것이다.

이와 동시에 미국은 대만의 자체적인 군사력을 증강시키는 전략도 추진 중이다. 구체적으로 말하면 2018년 2월 트럼프는 대만여행법(Taiwan Travel Act)을 제정하고, 그동안 금지되어왔던 미국과 대만 고위 지도자들 사이의 상호 교류를 촉진하기로 결정했다. 시진핑의 요구대로 '하나의 중국 원칙'을 깨지 않으면서, 대만의 국제적 지위를 높이고 대만과의 인적·물적 교류를 증진시킬 수 있는 방안이었다. 이러한 미국의 중국 정책 변화는 시진핑에게는 매우 치명적인 것이었다. 이를 계기로 트럼프는 M1A2T 전차와 F-16 전투기, AGM 지대공 미사일 및 하푼(Harpoon) 미사일 등 총 128.8억 달러어치의 무기를 대만에 공급했다.

또 2022년 바이든은 대만정책법(Taiwan Policy Act)을 제정하여 대만의 안보와 지역 안정성을 미국이 보장하며, 중국이 만약 대만에 대한 적대적 행동을 할 경우 중국에 대한 강력한 제재를 가하겠다고 명시했다. 특히 대만정책법은 대만의 방위 능력을 강화하기 위한 새로운 협력 체계를 만들고, 향후 4년간 거의 45억 달러의 안보 지원을 제공하며, 대만을 '주요 비(非)NATO 동맹국'으로 지정했다는 점에서 의미가 크다.

한마디로 미국은 대만에 대한 군사전략을 '정책적 모호성'에서 '명시적이고 확고한 방어'로 전환한 것이다. 이런 전략 기조 위에 미국은 대만 군대가 통합 공중 및 미사일 방어(IAMD, Integrated Air and Missile Defence) 능력을 획득할 수 있도록 무기 체계를 제공하고 있다.

미국은 또한 대만을 비롯한 중국 인근의 군소 동맹국들에게, 남중국해 내에서 중국의 군사력 사용에 맞서기 위한 'A2/AD(Anti-Access/Area Denial, 반접근/지역 거부)' 전략을 취하도록 권하고 있다. A2/AD란 해양 전력이 열세인 국가가 우세인 국가에 대항하기 위해, 정석적인 함대 결전은 최대한 피하면서 해안포, 기뢰, 소형 잠수정, 대함 미사일 등을 활용하여 자국 인근 수역에 접근하지 못하도록 하는 전략이다.

이에 더하여 미국은 인도-태평양 지역의 안보동맹을 강화하여 여타 동맹국들의 무력도 증강하는 전략을 택했다. 이 전략은 크게 2개의 전략으로 나뉜다. 그중 하나가 지정학적 측면의 인도-태평양 전략이다. 또 다른 하나의 전략은 '지경학적 디커플링 및 디리스킹' 전략이다.

인도-태평양 전략의 대략적인 내용은 앞서 살펴본 것과 동일하다. 다만 여기서는 인도-태평양 전략이 대만 분쟁에 있어서 어떻게 작용하는지를 살펴보고자 한다. 미국은 우선 분쟁 당사자인 대만의 자체 전력을 키우는 동시에, 그에 더하여 미국의 동맹국으로 구성된 '인도-태평양 전략', 'QUAD' 그리고 'AUKUS'라는 이중, 삼중의 방어선을 대만 주변에 구축하고 있다. 물론 오로지 대만을 위한 방어 체제는 아니지만, 중국이 대만을 건드릴 경우 누구와 싸워야 하는지를 가시적으로 보여주는 위협이 됨은 확실하다. 이 모든 시도가 대만의 전략적 가치를 상승시켜서 대만의 국제적 지위를 안정화시키려는 미국의 의중을 담고 있다.

지경학적 디커플링 및 디리스킹 전략은 말 그대로 중국의 체력을 약화시키고 고갈시키는 장기 전략이다. 미국 트럼프 행정부와 바이든 행정부는 관세전쟁과 투자 규제 등을 통해 중국과의 경제적 연관성을 끊어내고 있다. 이러한 정책은 미국에도 경제적 피해를 가져오지만, 중국에는 더 큰 피해를 입힌다.

　이 두 전략은 반드시 대만 방어를 위한 것이라기보다는 중-러의 미국과 서방 진영에 대한 포위 전략에 맞서는 대응전략의 성격이 강하다. 그러나 대만의 유사시에 매우 긴요하게 동원될 동맹의 군사력을 보장한다. 만약 시진핑이 대만을 공격한다면 한국-미국-일본-필리핀-호주에 이르는 무력이 대만 방어에 즉시 가담할 것이다. 이런 전략을 시진핑이 확실히 인식한다면 대만을 상대로 무력 통일전쟁을 도발하는 일은 거의 불가능해진다.

## 대만 이슈 전망
· · · · ·

앞서 밝힌 대로 중국은 대만 통일을 위한 무력충돌이라는 도박을 감행하지는 못할 것이다. 그렇다면 중국이 대만을 병합할 수 있는 길은 단 한 가지밖에 없다. 바로 홍콩 합병의 길을 그대로 따라가는 것이다. 대만 국민과 그들이 뽑은 지도자가 스스로 중국의 한 지역으로 흡수되길 원하는 경우이다.

　2024년 1월, 대만 총통 선거에서 중국과의 통일을 주장하는 국민당의 허우유이(侯友宜)는 "대만 독립 주장은 대만을 전쟁의 화마 속으로 몰고 갈 것"이라고 경고한다. 결과적으로 반(反)중 독립파인 민진당의 라이칭더(賴淸德) 후보가 40.06% 득표율로, 33.49%를 득표한 허우유이를 누르고 승리를 거머쥐었다.

　결국 국민당의 허우유이를 지지한, 30%를 조금 넘는 대만 국민은 전쟁을 감수하고서라도 대만의 독립을 유지하기보다는 중국공산당의 치하일지라도 별탈 없이 사는 것이 더 좋다는 입장을 가지고 있음이 드러난 셈이다. 국민당 지지자의 대다수는 1949년 장제스(蔣介石)의 국민당을 따라 대만으로 이주한 사람들의 후손들이다. 따라서 그 당시 대만으로 피신하지 않은 많은 친인척들이 여전히 중국 본토에 살고 있다. 이런 까닭에 이들은 대만과 중국을 다른 국가로 인식하기 힘든 상황에 놓인 계층이라 할 수 있다.

그뿐만 아니라 장제스가 건너오기 전에 이미 대만의 원주민이었던 고산족, 즉 가오산족의 대부분은 대만 체제 자체에 대해서 여전히 반감을 갖고 있다. 가오산족은 2022년 기준 58만 2,846명으로 대만 전 인구의 2.47%을 차지하고 있다. 이들은 한족의 통치를 원하지 않고 중국과의 통일도 바라지 않는다. 어느 편이나 어쩔 수 없는 현실로 받아들일 뿐, 언제라도 독립이나 적극적 자치국으로 대만, 즉 중화민국에서 분리되기를 원한다. 따라서 이들에게는 대만 국민이라는 정치적 운명공동체 의식인 내셔널리즘이 상대적으로 약하다. 그렇기에 '중국공산당이 지배한들 뭐가 달라질까?'라는 식의 냉소적인 태도로 대만을 바라보고 있다.

전체 인구에 비해 극소수인 고산족의 의향이 어떤들 무의미하다고 할 수 있으나 실제 현실은 그렇지 않다. 이들이 내는 목소리는 제도권으로 흡수되진 않으나 사회 곳곳의 반향이 만만치 않다. 그들의 처지에 대한 공감이 있다는 말인데, 이런 조그만 쐐기가 단결된 여론에 균열을 내는 경우도 많다.

대만 국민의 이러한 정치적 성향을 고려할 때, 시진핑은 대만인들의 복잡하면서도 미약한 국민의식을 고려하여 전쟁을 통한 무력통일론보다 친중 평화통일론으로 대만을 흡수하려 할 가능성이 높다. 소위 진정한 통일보다는 일국양제 체제로서 서로 공존하자고 설득하는 방안이다. 여기서 대만 통일도 홍콩 합병의 길을 따를 것이라는 예측이 가능하다.

시진핑의 입장에서 볼 때, 지금 당장은 쉽게 먹히지 않겠지만 장기적으로 공작한다면 매우 불확실하고 위험한 군사행동 혹은 전쟁보다 훨씬 더 안정적이고 성공 확률이 높은 방법론이다. 물론 이러한 시도는 대만 국민이 눈치채지 못하게 진행되어야 한다. 만약 이러한 중국의 의중을 보여주는 일련의 사건이 발각될 경우, 대만의 민주주의와 독립적 정체성을 유지하기 원하는 세력들의 강력한 저항에 부딪힐 수 있다. 오히려 대만인들의 국민주의를 강화하여 대만-중국 간의 관계에 더 심각한 긴장과 복잡성을 더할 것이다. 전자개표 시스템을 사용했던 대만이 완전 오프라인 수개표 시스템으로 선거 개표 방식을 바꿀 당시, 대만의 정치적 혼란을 기억한다면 충분히 납득이 가는 일이다.

이런 정황을 토대로 중국이 벌일 수 있는 몇 가지 공작을 떠올려보자면, 우선 시진핑은 대만 내부에 친중 통일론의 여론을 강화하기 위해 여러 정치, 경제, 문화적 수단을 동원할 것이다. 앞에서 말했듯이 정치적으로는 대만 내부에 이미 존재하는 적극적 친중 세력인 국민당이 이런 여론 공작을 장기적으로 추진하는 주체가 될 것이다. 중국공산당은 이들에게 은밀한 물적, 인적 자원을 지원하여 정치적 이해관계를 달리하는 민진당을 패퇴시키고 정권을 다시 찾게 만들기 위한 온갖 수단을 강구할 것이 분명하다.

또한 대만의 기업인과 경제인들 중에서 중국 본토에 큰 기업과 사업을 영위하는 자들을 친중 통일론자로 포섭할 터이다. 경제적으로는 이미 상당수 대만 기업이 중국 본토, 특히 동남 연해 지역에 진출해 있고, 부품 조달이나 인력 공급 면에서 중국 시장에 의존하고 있는 현실이다. 그 때문에 이러한 공작은 어렵지 않을 터이다. 중국은 세제혜택·시장 개방·규제 완화 등을 미끼로 대만 기업이 대륙에서 사업을 더 크게 할 수 있도록 장려하여, 결과적으로 대만 경제가 중국에 더 얽매이도록 유도할 것으로 예상된다.

문화적으로 시진핑은 중화민족의 정체성 회복이라는 기치로 양안의 문화적 친연성을 강조하면서 대만 국민들을 파고들 터이다. 대만 문화단체에 다양한 지원과 거액의 보조금을 지불하는 활동도 예상된다. 가오산족 같은 여러 부족들에게는 일국양제에 대만이 들어온다면 옌벤 조선족자치구처럼 자치공화국에 준하는 대우를 약속할 수도 있다.

위와 같은 유화적인 포섭 공작을 진행함과 동시에 아시아와 아프리카, 중남미 등의 일대일로 회원국들을 동원해서 대만을 고립시키는 외교 공작을 진행할 수도 있다. 즉, 중국과의 관계 강화만이 국제적 지지를 확보할 수 있는 유일한 통로임을 대만 국민들에게 각인시키고자 할 것이다. 또 다른 한편으로는 2022년의 '동부전구 실탄사격 훈련', 2023년 4월의 '연합리검(联合利劍, United Sharp Sword) 훈련', '합동 봉쇄 훈련'과 같은 대만 포위공격 훈련을 지속적으로 실시하여 대만 국민들에게, 이렇게 사느니 차라리 중국과 합병하자는 공포 분위기를 조성하는 방법도 있다.

물론 중국이 대만의 모든 경제적 연결고리를 끊어낼 수 있는 것은 아니다. 특히 미국과 서방 진영이 대만을 지원하는 상황에서 군사적으로 대만을 완벽하게 좌지우지하기는 힘들다. 그 때문에 대만의 대내외환경을 통제하려는 중국의 노력은 대만 내부의 민심을 유화적 혹은 공세적 양 방면으로 최대한 자극하는 수준에서 그칠 것이다.

솔직히 반중 친미 민진당이 앞으로도 영원히 정권을 빼앗기지 않을 수는 없다. 10년이든 20년이든 그동안 중국이 비밀리에 지원한 정당, 혹은 정치 세력이 확실한 절대 다수당으로 정권을 잡는 날이 한 번은 올 것이다. 중국공산당의 입장에서는 그런 상황이 낮은 단계의 친중 평화통일론에서 본격적인 일국양제론으로 대만 여론을 확 쏠리게 할 결정적 시기이다. 이런 상황이 바로 홍콩 합병의 길을 본격적으로 추진할 때이다. 절대 다수 의석을 이용하여 대만 독립 주장을 불법화하는 법을 제정하고, 국가보안법을 제정하여 중국에 불만을 표하는 자는 중국 본토로 송환하여 처벌할 수 있게 하는 법을 제정하여 대만 독립파의 입을 틀어막을 것이다. 경찰과 행정부의 간부를 친중파로 채우고 대만 국민의 민주화 운동을 홍콩 민주화 탄압처럼 억압할 것이다. 이것이 홍콩 합병의 길을 그대로 패러디한 대만 합병 시나리오이다. 대만의 진정한 위기는 전쟁보다는 중국공산당의 '위장된 평화통일' 전략에서 올 가능성이 높다.

## 글로벌 경제패권 전략 vs. 인-태 경제 프레임워크 전략
· · · · ·

앞에서 논한 바와 같이 중국의 세계 대전략은 건국 100년이 되는 2050년까지 미국의 GDP를 추월하고 세계 유일의 정치·경제·

군사대국이 되는 것을 목표로 한다. 중국의 모든 하위 실행전략은 여기에 초점이 맞춰져 있다.

미국은 중국의 이러한 경제패권 장악 시도에 대해 '인도-태평양 경제 프레임워크'를 통해서 대응하고 있다. 기존 중국 중심의 공급망을 완전히 교체하는 전략이다. 2022년 바이든 행정부에 의해 발표된 이 전략은, 인도-태평양 지역의 파트너 국가들과의 공급망을 회복시키고 디지털 경제, 청정에너지, 탈(脫)탄소화, 인프라 개발 등 다양한 분야에서 경제 협력을 강화하는 방향으로 진행된다.

애시당초 트럼프 행정부는 '디커플링'이라는 개념을 제시하며 모든 분야에서 중국에 대한 의존도를 줄이는 계획을 발표했다. 동시에 '친구끼리 공급망 구축(friend-shoring)'이라는 개념을 제시해 동맹국과 우호적인 국가들 간의 공급망을 강화하였다. 특히 트럼프는 중국을 모든 종류의 글로벌 공급망에서 원천적으로 배제해야 한다는 입장을 피력했다.

앞에서도 논의했듯이 트럼프는 2018년 초, "중국이 그동안의 불공정 무역 관행과 환율 정책 등을 획기적으로 수정하지 않는다면, 500억 달러부터 3,600억 달러에 이르는 중국산 제품에 대한 관세를 최고 40%까지 인상하겠다."라고 발표했다. 거의 협박성 타협책이었다. 그러나 외교 전문가들은 양국 간에 대립이 강화되던 이 상황을 '미-중 무역전쟁'이라 부를 뿐이었다. '전쟁'이라는 거창한 단어가 붙었지만, 실상은 일시적인 무역 분야의 트러블로 간주되었다.

또한 트럼프 행정부는 5G 이후 세대의 글로벌 정보통신기술 네트워크를 중국이 배제된 '클린 네트워크(Clean Network)'로 만들기를 원했다. 왜냐하면 트럼프는 중국에서 생산된 거의 모든 네트워크 통신기기, 가전제품에는 스파이칩이 심어져 있어서 온갖 정보를 수집하고 있다고 의심했기 때문이다. 2020년 8월에는 미국의 동맹국과 우호국들이 주축이 되어 클린 네트워크 계획을 발표하기도 했다.

시진핑은 19차 당대회 보고서에서 중국제조 2025 프로젝트의 일환으로 2025년까지 중국 산업을 노동 집약적 산업에서 기술 집약적 산업으로 성장시켜, 퀀텀컴퓨팅, 핵융합 기술, 인공지능, 빅데이터 기반 생체인식 기술 분야에서 세계 최고의 수준을 달성하겠다고 선언했다. 또 다른 목표로는 중국표준 2035 프로젝트를 제시하며, 2035년까지 첨단기술 분야의 전 세계 표준을 중국의 기술 표준으로 정착시키겠다고 선언했다.

그러나 트럼프 행정부는 시진핑의 첨단기술 분야 선도 계획이 나름대로 건전한 비전 발표라 해도, 그 비전이 달성될 경우 중국은 기술 패권을 활용해 불공정 행위를 벌일 것이며 세계 지배 야욕을 드러낼 것이라 판단했다. 또 중국이 지금까지 보인 행태를 볼 때 앞으로도 중국은 자체적인 능력으로 기술을 개발하는 것이 아니라 광범위한 분야에서 해킹과 인재 훔치기로 그것을 달성하고자 할 것이라 의심했다. 미국은 이런 점을 맹비난하며 첨단기술의 모든 분야에서 중국에 대한 제재를 가하기 시작했다.

이러한 기조는 트럼프 행정부 이후 바이든 행정부에 들어서도 이어져 미-중 갈등은 기술, 지식재산권 분야로 확장되었다. 2021년 4월 12일 바이든은 삼성과 인텔(Intel) 등 19개 글로벌 기업 대표들을 백악관에 초대하여, 반도체 웨이퍼(wafer, 반도체 소재가 되는 실리콘

조각)를 직접 흔들어 보이며 중국의 기술 훔치기와 해킹 등을 비난했다. 그리하여 중국이 이러한 작태를 그칠 때까지 미래 핵심 산업기술 분야에서 중국의 진입을 통제하는 것이 바람직하다고 강조하며, 동맹국 기업들이 미국의 이러한 정책에 전략적 연대를 취할 것을 요청했다.

바이든은 트럼프의 디커플링보다는 공격의 수위를 조금 낮춘 디리스킹 전략으로 태도를 바꿨다. 디리스킹은 '탈위험' 혹은 '위험 관리'라는 의미로, 이전까지는 미국이 중국과의 무역에 대해 포괄적인 제재를 해왔으나, 이제는 무역 제재의 범위를 구체화하여 미국과 주변국 기업들이 제한된 범위 내에서 중국과 정상적인 무역을 할 수 있도록 허가한 것이다. 미국과 글로벌 경제에 미치는 파급효과를 고려하여, 중국을 견제하되 어디까지나 경제적 공존은 허용한다는 입장이다.

그러나 바이든 행정부도 미국의 첨단기술 분야 주도권 보호에 대해서는 적극적으로 대처하고 있다. 백악관 반도체 회의에 이어, 2021년 6월 15일 개최된 미국과 유럽의 정상회담에서는 중국의 기술굴기를 견제할 'TTC(Trade and Technology Council, 합동 무역 및 기술위원회)' 신설이 합의됐다. TTC는 중국표준 2035 프로젝트에 대응하여 인공지능, 퀀텀컴퓨팅, 바이오 등 첨단기술 분야의 기술표준 제정에 관한 문제를 조율하고, 중국을 배제했을 경우 예상되는 관련 사업의 차질을 상쇄하기 위한 공급망의 회복 및 강화 방안을 지속적으로 논의하기로 했다.

결국 바이든도 첨단기술 분야만큼은 중국의 접근을 막고 뜻을 같이하는 국가들끼리 새로운 공급망을 구축하겠다는 것이다. 이런 식으로 미국과 중국의 갈등이 점점 더 심화되자, 사람들은 이제 미-중 갈등을 '패권전쟁'이라 부르고 있다. 하지만 우리는 여기서 한 발 더 나가 오늘날 갈등의 본질이 이데올로기와 체제의 우열을 가르는 '신냉전'임을 인정해야 한다.

## 중국 시장 불패론, 과연 그럴까?

. . . . .

미국은 중국을 상대로 무역전쟁을 선포하고 고율의 관세 부과와 불공정 무역에 대한 보복조치를 했다. 중국의 기술 및 지식재산권 침해에 대해서도 강경한 대응을 하기 시작했고, 화웨이와 ZTE 같은 중국의 기술 중심 기업에 대해서는 첨단 부품의 수출을 제한했다. 이와 함께 중국 기업의 미국 증권시장 상장을 제한했으며, 반대로 미국 자본의 대중국 투자를 규제하는 등 금융 분야의 규제 조치를 강화했다. 여러 산업 분야에서도 미국은 중국 제품이 아니라 다른 국가들의 제품을 수입하도록 권장하는 공급망 재편 작업에 착수했다.

이런 무역전쟁을 목격한 전문가들의 반응은 크게 두 가지로 나뉜다. 하나는 미국이 중국 경제를 압박하면, 중국 자본시장에서 서방의 자본이 빠져나가 중국 경제가 황폐화될 것이라는 주장이다. 실제로 중국은 미국과 무역전쟁이 개시된 직후 큰 성장률 하락과 경기침체, 높은 실업률이라는 고통을 겪고 있다.

다른 하나는 미국이 중국 경제를 압박하더라도 중국에 괴멸적인 피해는 일어나지 않는다는 주장이다. 거대한 일국 경제를 너무

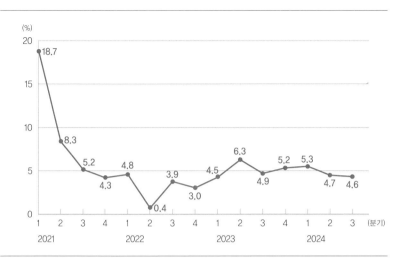

중국 통계국이 발표한 경제성장률 추이(자료: 연합뉴스)

가볍게 여기는 오판이거나, 서방의 거짓 선동일 뿐이라는 반발을 보이기도 한다. 현재 중국과 러시아, 기타 반서방 진영이 경기침체와 무기력 상태를 겪고 있지만 그것은 그들이 시장경제 체제를 도입했기에 나타나는 경제순환 주기에 따른 정상적 현상이라는 근거를 제시한다. 물론 중국과 러시아도 일정 부분 시장경제를 도입한 것은 사실이기 때문에 주기적 경기순환에 따른 경기침체는 불가피하다. 따라서 이들의 주장이 맞다면 곧 경기 하강의 순환 사이클이 지나가고 중국 경제의 활력은 되살아날 것이다.

그래프에서 보듯이 코로나19 팬데믹 이후 중국의 경제는 예전만큼은 아니지만 꾸준히 살아나는 형세로 보인다. 이에 '지금 중국이 겪는 경기침체는 시장의 정상적 작동을 의미한다.'라고 강변하는 논자들이 힘을 얻고 있다. 이들은 이를 근거로 중국 경제가 활발하게 살아날 때를 대비해서, 대한민국이 미국과 서방 진영만큼 중국과 권위주의 진영과도 밀접한 관계를 유지해야 한다고 주장한다.

시진핑 자신 또한 앞에서 살펴봤듯이 "외세의 어떤 압박이 있더라도 시간과 추세는 중국의 편이며 중국 시장은 불패한다."라고 강변한다. 일대일로 선상의 국가들과 함께 운명공동체적 커뮤니티 구축이 완료되면, 여기에 포함된 전 세계 62%의 인구를 바탕으로 서방 진영과 교류하지 않고 충분히 지정학·지경학적 '자력갱생 경제블록'을 구축할 수 있다고 확신한다.

이러한 주장에는 나름 일리가 있지만 허점도 있다. 예를 들어 시진핑의 자력갱생 경제블록은 그럭저럭 먹고 살 수는 있겠지만 첨단기술을 토대로 할 중화 부흥에는 전혀 도움이 되지 않을 것이다. 일단 그 자력갱생 경제블록의 참가국이 얼마나 될지도 불확실한 데다, 참가국이 있더라도 그들은 대부분 남아시아, 중앙아시아에 위치한, 첨단기술과 관계없는 국가일 것이다. 그리고 경제 수준이 중국 제품 전부를 소화해줄 만큼 유효수요가 충분한 국가는 아닐 것이다.

또 중국과 러시아가 겪고 있는 현재의 경기침체를 경기순환 사이클의 한 단계로 보는 관점은, 이 국가들의 비정상적인 경제 환경을 볼 때 설득력이 떨어진다. 경기순환 사이클 현상은 자유경쟁 시장의 근본 원리가 살아 있고, 시장 원리가 그나마 최소한이라도 자율적으로 기능하는 경우에만 가능하기 때문이다.

중국과 러시아 그리고 그들을 추종하는 권위주의적 사회주의 국가들이 현재 겪고 있는 경제 전반의 침체는 대내적으로는 권위주의적 통제와 압박, 사회주의 이데올로기에 의한 시장 억제 정책,

독재적 정치권력에 의한 국민 감시 체제 확대에 따른 것이다. 대외적으로는 미국과 서방 진영의 봉쇄정책에 의한 압박 등으로 불가피하게 나타나는 구조적 침체현상이기도 하다.

그럼 미국의 중국 시장 압박 정책이 시행된 이후 중국의 경제 상태는 어떤 상황인지 실제 자료를 바탕으로 판단할 필요가 있다. 앞서 제시한 중국 경제성장률 그래프에는 2022년 1분기부터 4.8%, 0.4%, 3.9%, 3.0% 4.5%의 분기별 성장률을 기록했다고 나타난다. 그냥 보기엔 높다고 여겨지지만 1인당 가처분소득이 비슷한 국가들의 성장률에 비해 현저히 저조한 실적이다.

무엇보다 중국 국가통계국이 발표한 경제성장률 지표를 전부 믿기도 어려운 실정이다. 중국이 2023년 연간 경제성장률을 5.2%라고 발표하자, 세계 각국은 자신들이 잠정적으로 예측했던 수치와 너무 동떨어져서 그 신뢰성에 의구심을 보냈다.

2023년 중국 허난(河南)성 정부는 지역 연간 GDP가 5조 9,132억 3,900만 위안(약 1,090조 원)으로 직전 연도보다 4.1% 성장했다고 발표했다. 그러나 2022년 허난성이 발표한 지역 GDP를 보면 6조 1,345억 1,000만 위안(약 1,130조 원)으로 오히려 더 큰 액수였다. 이 말대로라면 허난성의 GDP 성장률은 -3.6%여야 했다. 이에 대해 허난성 정부는 "검증해보니, 2022년 GDP는 (애초 발표와 달리) 5조 8,220억 1,300만 위안이었던 것으로 확인됐다."라고 답했는데, 거의 3,000억 위안(약 57조 1,200억 원)이나 차이가 났다.

이런 고무줄식 통계는 중국 지방정부에서는 흔하게 일어난다. 그 결과 중국 중앙정부의 통계도 불가피하게 구조적 오류가 발생한다. 중국 국가통계국은 각 지역을 전수검사하여 통계자료를 수집하고 분석하는 것이 아니라, 각 지방정부가 산출해서 보고하는 통계 결과치를 집계할 뿐이기 때문이다. 지방정부는 당해 연도의 실적이 나쁘면 거기에 대해서 질책을 받거나 예산 배정에서 불리한 일을 겪어야 하기 때문에 적당한 수준에서 통계를 분식하지 않을 도리가 없다.

미국 컨설팅 업체 로디움 그룹(Rhodium Group)은 2023년 말 보고서에서 "중국의 2023년 실제 성장률은 1.5%보다 조금 높은 수준"이라고 추정했다. 런던에 본사를 둔 투자자문 기업 TS롬바르드(TS Lombard)는 자체 GDP 계산 모델을 돌려본 결과, 2023년 중국 경제성장률은 3.6%보다 낮은 수준일 것이라 추정했다.

중국 국가 통계가 자주 분식되고 신뢰성이 떨어진다는 사실은 이미 오래전부터 널리 인지되어왔다. 시진핑이 지방정부를 향해서 '분식회계 행위를 엄중히 처벌하겠다.'라고 공개적으로 비판할 만큼 널리 퍼진 행실이었다. 요점은 중국의 통계에 현혹되지 말라는 것이다. 오히려 신뢰성 있는 세계적 컨설팅 업체의 추계가 훨씬 더 현실에 가깝다.

눈앞에 당장 벌어지는 현상을 보면, 상당수 글로벌 기업이 중국에서 철수하려는 움직임을 보이고 있다. 미국의 마이크로소프트(Microsoft)와 나이키(Nike), 일본의 캐논(Canon)과 도시바(Toshiba), 파나소닉(Panasonic), 샤프(Sharp), 그리고 삼성 등이 중국 공장을 폐쇄하거나 다른 개발도상국으로 이전시키고 있다. 최근 캐논은 중국 광둥(广东)성의 주하이(珠海) 공장을 폐쇄했는데, 2020년에만 1,757개의 일본 기업이 중국에서 곧 철수하거나 철수할 의향이 있다고 발표했다. 한국 기업도 예외는 아니어서 두산인프라코어, 현

대중공업, LG, 롯데, 신세계, STX, 동양물산, 현대차, 기아차, 삼성 전기, 삼성전자 등이 철수를 단행했다. 미국 항공기 제조업체 보잉 (Boeing)도 중국 시장에서 점차 발을 빼는 모습이다.

2024년 주중 미국상공회의소가 319개 중국 소재 외국 기업을 대상으로 설문조사한 결과 중국이 '세계 3대 시장에 속한다.'라는 답변은 2년 전 같은 조사에서의 60%보다 15%포인트나 빠진 45% 에 그쳤다. 주중 EU상공회의소는 2022년 실시한 설문조사에서 유 럽 기업의 23%가 '현재 진행 또는 계획 중인 투자를 중국에서 다 른 곳으로 옮기는 걸 고려하고 있다.'라고 응답했다고 발표했다. 이 는 지난 조사 대비 11%포인트나 상승해 최근 10년 동안 가장 높 은 수치였다.

중국의 외국인직접투자(FDI, Foreign Direct Investment)는 2022 년 상반기에 약 189억 달러를 유치하며 약간 증가세를 보였다가, 2023년 하반기에는 전반기 대비 118억 달러 감소하여 1998년 이 후 사상 최저의 외국인직접투자를 기록했다. 이는 중국 외 지역의 금리 상승과 중국 시장에 대한 외국 투자자의 낙관적이지 않은 기대감이 영향을 미쳤을 가능성이 있다.

그러나 중국의 《차이나데일리(China Daily)》는 이 상황에 대해 "전체적으로는 전년 대비 5.1% 감소했지만, 고기술 제조업 분야에 서는 19.7% 증가했다."라고 보도했다. 이런 사실에 대해서 일부 전 문가들은 특히 첨단기술 서비스업과 제조업에서 외국인 투자가 크 게 증가했다는 점을 강조하며, 중국 산업의 질적 향상과 외국 자 본 유치 능력을 보여주는 증거라고 주장한다.

실제로 그런지는 확실치 않으나 어쨌든 중국 정부는 투자 환경을 개선하기 위해 새로운 외국인 투자법을 발효하여 2020년 1월부터 시행 중이다. 이 법은 여태껏 미국이 불공정 무역 관행이라며 수정을 요청해온 강제 기술이전 금지, 지식재산권 보호, 균등한 대우 보장을 수용한 것이기도 하다. 중국 정부는 이런 양보를 통해서라도 국제 투자자들의 신뢰를 조금이나마 회복하려 하고 있다.

특히 중국 자동차 시장의 성장이 둔화하면서, 일본 자동차 업계도 중국 시장에서 서서히 손을 떼고 있다. 최근 미쓰비시(Mitsubishi)는 중국에서 자동차 생산을 중단한 데 이어 중국 시장 전면 철수를 결정했다. 마쓰다(Mazda)도 중국 일기(一汽)자동차와의 합작사 일기마쓰다의 청산을 결정한 것으로 알려졌다. 그동안 중국 자동차 시장에서는 거의 모든 세계 유명 자동차 메이커들이 각축을 벌여왔다. 그런데 2024년 1월 기준 중국 자동차 시장에서 활발히 활동하는 외국 회사는 폭스바겐(Volkswagen), BMW, 제너럴모터스(General Motors) 정도이다.

그렇다면 중국 시장에서 철수한 자동차 기업의 거취는 어떤가? 중국에서 완전 철수를 결정한 미쓰비시 자동차는, 태국에 하이브리드 생산기지를 추진하고 있는 중이다. 한국 현대자동차도 처음으로 태국 법인을 설립했다. 기아자동차는 태국에 연간 15만~20만대 생산 규모의 공장을 짓는 방안을 논의 중인 것으로 알려졌다. 태국 자동차 시장에서 80% 점유율에 육박하는 일본의 자동차 기업도 맞불을 놓고 있다. 도요타 아시아지부 본부장은 최근 세타 타위신(Srettha Thavisin) 태국 총리와 만나 전기차의 현지 생산을 위한 투자를 약속했다.

이처럼 태국과 동남아시아 지역에 자동차 기업 투자가 잇따르는 것은 미-중 갈등과 미국의 글로벌 공급망 재편을 계기로 시작된 '아세안 프렌들리 쇼어링(ASEAN Friendly Shoring)' 전략의 한 단면이다. 그동안 ASEAN은 정치적으로 미국이나 중국 어디에도 크게 기울어지지 않는 전략을 고수해왔는데, 최근 중국에서 대규모 자본이 유출된 데 대한 풍선효과 외에도, 전 세계에서 동남아시아 지역으로 유입되는 외국인직접투자 규모가 증가하고 있다. 더불어 인도 역시 큰 시장과 숙련된 노동력 덕분에 기술과 제조 분야에서 외국인직접투자가 늘고 있다.

이러한 지역들은 투자자들에게 자본 운용의 다양화와 신흥시장 진입 기회를 제공하며, 정치적으로도 특정 이념이나 체제를 고집하는 것이 아닌 경제적 실리를 추구해왔다는 특징을 지니고 있다. 이런 점 때문에 다양한 분야의 한국 및 일본 기업과 서방 기업들은 중국에서 철수한 뒤 이 지역에 생산기지를 구축하고 있다. 이는 자연스럽게 '경제동맹'으로 이어진다.

인도네시아, 필리핀, 베트남, 태국 등 동남아시아 10개국이 모인 ASEAN은 유망한 신흥시장이자 생산기지다. 여기에 인구 15억 명의 인도까지 포함하면 ASEAN은 총 28억 명을 포괄하는 거대 경제블록이 된다. 무엇보다 주요 국가의 중위 연령이 30대 초중반으로 젊다는 강점이 있다.

이런 점 때문에 ASEAN은 앞으로 미-중 갈등 속에서 중국을 대체할 생산기지가 될 것이란 전망이다. 2017년 시진핑이 독자적인 중국 특색 사회주의를 건설하고 세계를 제패하는 중화 부흥을 이루겠다고 공식적으로 선언한 지 불과 6년 만에, 중국은 소련의 경제 붕괴와 일본의 잃어버린 20년에 비유되는 경제적 궁지에 몰렸다.

## 개혁개방으로의 회귀가 유일한 탈출구

· · · · ·

'코로나19 팬데믹 이후에는 그동안 억눌렸던 중국 소비자들의 욕구 분출이 이뤄져, 중국 경제가 탄력적인 회복을 보여줄 것'이라는 기대는 현재 오판으로 드러났다. KDI(Korea Development Institute, 한국개발연구원) 2023년 6월호 보고서의 〈부동산 침체, 민간 소비 부진, 인구구조 변화 등 리스크 안고 있는 중국 경제〉를 참조하면, 현재 약세를 보이고 있는 중국 경제의 원인은 부동산 침체와 유동성 위기, 민간 소비 부진, 높은 실업률인 것으로 판별된다.

시진핑은 2020년 9월 대대적으로 '3개 레드라인(三條紅線)' 규제 카드를 발표했다. 부동산 개발업자의 순부채율을 100% 이하로 낮추고, 유동부채 대비 현금성 자산을 1배 이상으로 늘리며, 선수금을 제외한 자산 대비 부채율을 70% 이하까지 낮추도록 규제하겠다는 내용이다. 그 후 2021년 6월부터 규제 위반 정도에 따라 부동산 기업의 대출 총액을 제한하였다. 이로 인해서 2021년 하반기부터 관련 기업의 유동성 위기가 본격화됐고, 중국 부동산 경기는 빠르게 냉각되기 시작했다.

시진핑도 부동산 거품을 더 이상 방치할 경우, 조만간 걷잡을 수 없을 만큼 악화되리라는 판단에 근거하여 실시한 규제 조치였다. 하지만 마침 코로나19 팬데믹으로 시장의 거래 심리가 위축된 상황에서 나온 고강도 규제책이라, 부동산 개발 투자, 주택 판매 금액 및 판매 면적 등 거의 모든 관련 지표는 급속히 하락하는 모습을 보였다. 이로 인해서 중국 최대 부동산 개발 업체인 헝다(恒大)와 비구이위안(碧桂園)까지 파산 위기에 빠지자 시진핑 정부는 한 발 물러설 수밖에 없었다.

현 시점에서 중국 시장에 대하여 한국 기업이 가장 우선적으로 판단해야 할 사안은 '중국 시장을 어떻게 볼 것인가?'이다. 사실 중국 시장은 인구 면에서나 경제성장 측면에서나 거대하고 활력이 넘치는 시장이었다.

지금까지 중국을 둘러싼 지정학적 문제, 중국 경제의 침체 문제를 논한 이유는 중국 시장에서 목격되는 이런 현상이 일반적인 경기순환 사이클의 한 단계인지, 아니면 중국 경제가 구조적으로 다운되어가고 있는 것인지를 알아보기 위함이었다.

정말로 이러한 경기 침체가 일시적인 것이라면 한국 기업의 입장에서 14억이 넘는 인구를 가진 중국 시장을 놓칠 수는 없다. 그러나 만약 중국 경제가 지속적으로 다운되어, 중국 소비자의 구매력이 바닥을 기고 인구가 계속 줄어든다면, 중국 시장에 대한 투자 결정은 신중할 수밖에 없다.

지금까지 살펴본 중국 경제는 한마디로 시장 위에 이데올로기가 올라타고 앉은 형상이다. 14억 명의 창의적 두뇌로 작동해야할 시장을, 몇몇 소수 정치 엘리트들이 자기만족적인 이데올로기의 원칙에 억지로 끼워 맞춰서 끌고 가려 하고 있다. 그러니까 시장에 대한 통제와 간섭, 억제가 남발될 수밖에 없다. 이것이 거대한 중국 시장의 자원 배분과 창의적 활력을 저해하여 중국 경제를 구조적으로 와해시키고 있음이 분명하다.

그렇다면 중국 시장 불패론에 대한 분석결과는 '그저 황당한 주장일 뿐!'이다. 미국의 중국 시장 압박 정책이 중국 시장 불패론의 허상을 드러내는 촉매제 역할을 했음은 분명하다. 하지만 진정 중국 경제를 지속적으로 망치는 주범은 내부에서 끊임없이 비효율을 강요하는 권위주의 체제의 억압과 간섭이다.

사안의 핵심은 매우 단순하다. 시진핑이 중국 인민들의 경제적 욕구를 충족시켜주면서 자신의 1인 독재 체제를 유지하겠다면, 인민들이 섣불리 반기를 들지는 않을 것이다. 시진핑은 중국 경제를 지속적으로 성장시킬 필요가 있으며, 이를 위해서는 외국 자본 동원력이 필수이다. 그러나 현재 중국의 사회·경제체제에 추가적으로 투자할 외국 자본이 있을지에 대해서는 의문이 든다. 이것이 현재 시진핑의 목을 잡고 있는 핵심 이슈인 셈이다.

국제통화기금(IMF)에 따르면, 코로나19 팬데믹이 종결될 무렵인 2022년과 2023년의 중국 경제성장률은 각각 3.2%와 4.4%로 개혁개방 이후의 중국 역사상 최저의 성장률을 기록했다. 중국의 부동산 시장은 이 기간 동안 시장 전체가 부도 수준에 이를 정도로 침체됐다.

중국의 청년 실업률(16~24세)은 2023년 6월 도시 지역 기준 21.3%로 발표됐다. 그러나 중국에서는 일주일 동안 한 시간만 일해도 취업 인구로 잡힌다는 점을 감안해야 한다. 취업 포기 인구도 통계에서 제외된다. 이러한 점을 고려하면 실질적인 실업률은 43%에 이른다는 설도 있다.

이런 황당한 상황은 시진핑이 2017년 19차 당대회에서 시진핑 사상을 선언한 지 불과 5~6년 만에 벌어진 것이다. 공산주의의 레닌-스탈린주의나, 북한의 전제주의적 통제 경제나 모두 지난 70년간의 역사적 실험을 통해 증명된 실패한 경제체제다. 결국 시진핑 정부가 직면한 경제적 도전은 중국의 경제정책과 관리 방식에 대대적인 변화를 요구함이 확실하다. 두말할 것도 없이 다시 개혁개방의 덩샤오핑 노선으로 복귀해야 한다.

경제 개방을 통해 민간 위주의 경제체제로 시급히 재전환해야 하고, 자율적인 시장 논리를 더 존중하고 시장의 역할을 강화해야 한다. 개인의 도전과 창의성이 존중받는 사회 분위기를 조성하여, 경제를 다각화하고, 금융, 서비스, 디지털 등 고부가가치 분야 사업을 육성해야 한다.

그러나 시진핑은 그동안 개혁개방 노선을 강력히 비판해왔고 시진핑 사상의 절대성을 당헌에 추가할 정도로 완고한 모습을 보여왔다. 개혁개방으로의 복귀는 시진핑이 그동안 추진해온 모든 정책과 모순되며, 이는 자신의 통치 오류를 인정하는 바가 된다. 중국이 여러모로 어려운 곤경에 처했음은 확실한 것 같다.

# 제8장

# 미국 vs. 러시아, 신냉전 전략의 충돌

## 푸틴의 전략적 방어벽 구축, 철벽 치는 NATO

· · · · ·

만약 러시아가 자신들의 바람대로 우크라이나-벨라루스-발트 3국을 러시아 연방에 합병하거나 꼭두각시 국가로 만든다면, NATO와의 분쟁에 러시아 영토가 바로 휩쓸리지 않게 해주는 완충지대, 버퍼존이 형성된다. 다른 관점에서는 NATO에 맞서는 거대한 장벽을 확보하게 되는 것이라고도 볼 수 있다. 그것도 단순한 장벽이 아니라 거대한 아나콘다처럼 수많은 군대와 엄청난 무기를 태우고 유사시 적을 향해 꿈틀거리는 철의 장벽이다. 또한 발트 3국의 합병은, 핀란드와 스웨덴의 NATO 가입으로 인해 발트해 접근권을 상실할 지경에 놓인 러시아에 다시금 발트해로 진입할 통로를 제공한다.

한마디로 푸틴은 부서져버린 소비에트 연방을 재건하고 싶어한다. 마음 같아서는 단숨에 우크라이나와 벨라루스, 발트 3국까지 먹어버리고 발트해를 내 집 앞마당처럼 쓰고 싶다. 그것이 푸틴의 세계 대전략의 전제이다.

그러나 현실은 푸틴의 야망과는 반대로 나아갔다. 2008년 조지아는 러시아와의 종속 관계를 거부하며 NATO 가입을 희망한다는 발표를 했고, NATO는 조지아의 가입을 기본적으로 찬성한다는 입장을 표명했다. 조지아의 NATO 가입은 푸틴으로서는 용납할 수 없었다. 푸틴의 야망인 대러시아 재건 사업에서 조지아가 영구적으로 제외된다는 의미이기 때문이다. 옛 소련 연방국들의 NATO 가입과 이로 인한 NATO의 동진은 푸틴에게는 직접적인 위협이다. 동시에 푸틴이 절대 수용할 수 없는 레드라인이고 감내할 수 없는 최후의 마지노선이다. 그러한 사실을 증명이라도 하듯 푸틴은 조지아를 침공했고, 지금까지 조지아의 NATO 가입을 막고 있다.

이런 군사적 위협에도 불구하고, 푸틴이 거둔 성적표는 초라하다. 푸틴의 약소국에 대한 군사적 침공과 러-우 전쟁을 목격한 스웨덴, 핀란드 등 그동안 중립을 유지했던 비(非)NATO 국가들은, 러시아의 위협에 겁먹어 NATO 가입을 멀리하기보다는 오히려 하루라도 빨리 NATO에 가입하길 희망하거나 이미 가입했다.

결국 러시아의 서쪽은 스웨덴, 핀란드의 NATO 가입으로 서방에 완전히 포위당해, 러시아 해군의 주요 무대였던 상트페테르부르크(Saint Petersburg) 항구가 위치한 발트해로 더 이상 진출할 수 없게 됐다. 러시아의 동부 바다는 이미 미국의 태평양 함대에 의해 포위당해 있으니, 이제 유일한 해양 출입은 북극해만 남은 셈이 되었다. 그렇기에 푸틴은 반드시 발트 3국을 통제하에 넣어야 명실상부 해양국가라 할 전략적 이익을 얻게 된다.

결국 우크라이나 침공은 나름대로 성과를 거둔 부분도 있지만, 이러한 목표 달성을 더 멀리하는 효과를 낳은 셈이다. 이 전쟁의 결과로 우크라이나가 NATO에 가입하지 못한다면 푸틴의 목표는 어느 정도 달성된 셈이다. 그리고 돈바스 지역과 크림반도 등 기타 우크라이나 점령 지역에 대한 통제를 유지하기까지 한다면 푸틴은 자국민들에게 NATO의 추가적인 확장을 막았다고 주장할 여지가 있다.

그러나 이 과정에서 러시아가 겪은 국제적 고립, 경제적 제재, 군사적 손실 등을 고려하면, 푸틴이 과연 전략적 이득을 거두었는지 의문이 생긴다. 우크라이나 전쟁이 스웨덴과 핀란드의 NATO 가입을 확실하게 하고, EU와 NATO의 결속을 강화시킨 측면까지 고려하면 우크라이나 전쟁은 푸틴에게 참담한 실패를 맛보게 했다는 평가가 더 합리적이다.


## 러시아의 러-우 전쟁 출구전략

· · · · ·

러-우 전쟁에서 드러난 러시아의 구조적 약점에 대해서는 이 책에서 여러 차례 지적한 바 있다. 러-우 전쟁에서 보여준 러시아군의 전투력은 너무나 형편없었다. 또한 푸틴 집권 이후 러시아에 정착한 올리가르키 체제는 러시아의 국가산업을 약화시켰다. 이로 인해 현대 러시아의 무기 체계 및 전술은 서방 국가들과 비교하여 매우 경쟁력이 부족하다는 사실이 증명되었다. 그렇기에 미국과 서방 진영이 우크라이나 지원을 전면 중단하지 않는 이상, 러시아가 이 전쟁에서 승리를 거둘 가능성은 낮아 보인다.

따라서 러시아가 이 전쟁을 유리하게 끝낼 수 있는 출구전략은 두 가지다. 장기전 전략으로 완벽한 승리를 거두고 키이우에 친러 정권을 수립하는 방법과 적당한 시기에 정전협정이나 평화협정으로 전쟁을 끝내는 방법이다.

만약 푸틴이 첫 번째 방법을 택한다면 어떨까? 러시아군과 러시아 방위산업의 미약한 체력에도 불구하고 전쟁을 장기전으로 질질 끌고 가는 방법은 러시아에 결코 유리하지 않다. 장기전은 우크라이나가 지쳐서 나가떨어지든지, 미국과 서방이 지쳐서 우크라이나 지원을 포기하든지, 아니면 우크라이나와 서방이 모두 지쳐서 두 손 들 때까지 전쟁을 계속하는 전략이다.

실제 전투로 인한 파괴는 우크라이나 영토 위에서 벌어지기 때문에 미국과 서방 진영의 지원과는 상관없이 우크라이나의 인프라와 사회질서는 야금야금 붕괴될 것이다. 이런 계산을 하면 얼핏 장기전 전략이 러시아를 위해서 그럴듯한 방법으로 보인다. 나폴레옹이나 히틀러 군대를 물리친 역사를 들먹이며 러시아가 장기전에 매우 능하다는 근거를 덧붙일 수도 있다. 그래서 러시아는 장기전으로 가면 러시아가 열악한 환경을 이겨내고 끝내 승리를 쟁취할 것이라고 주장한다.

어디서 그런 오해가 생겼는지 모르겠지만, 러시아군이 나폴레옹 군대와 싸운 햇수는 '러시아 원정(French Invasion of Russia)' 기간인 1812년 딱 한 해뿐이었다. 히틀러 군대와 싸운 햇수도 전체 2차 세계대전 기간 6년 중에서 1941년 6월부터 코르순-체르카시 포켓 전투(Battle of Korsun-Cherkassy Pocket)가 끝난 1944년 2월 말까지 2년 8개월뿐이었다. 이 두 가지 사례 모두 장기전이 아니었다. 기껏 1, 2년 싸운 것뿐이었다.

또 러시아는 풍부한 지하자원과 식량 생산량으로 자급자족이 가능하니까 장기전에서 승리할 것이라는 주장도 있다. 하지만 팔아먹을 시장이 없는 지하자원은 말 그대로 '지하에 묻힌 자원'일 뿐이다. 식량 생산도 어마어마하다고 하지만 러시아는 근 100년 동안 여러 차례 반복된 기근으로 수많은 희생자를 낸 나라다. 1932~1933년 집단농장화 실패로 인한 소련 대기근, 1946~1947년 700만 명의 아사자가 발생한 소련 대기근, 1990년대 중반 소련 해체와 사회 무질서로 인한 식량부족 사태로 수많은 사람이 굶주림에 시달린 경험이 있다.

게다가 서방의 경제 봉쇄에 따른 소비 물품의 부족과 루블화의 평가절하로 국민의 불만은 급속히 쌓여가고 있다. 푸틴이 당분간은 견딘다고 해도 한계는 뚜렷하다. 러시아는 항간에 떠도는 소문처럼 장기전과 열악한 환경을 극복하고 전쟁의 승리를 쟁취하는 데 그렇게 능하지 않다는 말이다. 한마디로 장기전 전략은 러시아에 유리한 전략이 아니다.

두 번째 방법을 쓴다면 어떨까? 푸틴은 '평화협정'이나 '휴전협정', 아니면 '종전협정' 가운데 한 방법으로 이 전쟁을 마무리하고자 할 것이다. 어떤 경우든 푸틴은 현재 점령 중인 돈바스, 루한스크, 도네츠크, 헤르손, 자포리자 지역을 자신의 전리품으로 챙기고자 할 것이다. 평화협정이나 종전협정보다는 한국의 경우처럼 휴

전선을 긋고 일단 전투를 멈추는 것이다. 휴전의 기간이 얼마나 될지는 아무도 모른다.

어떤 협상이든 간에 푸틴은 협상 시점에 구축된 경계선을 바탕으로 최대한 많은 점령지를 확보하려 들 것이다. 반면에 젤렌스키는 전쟁 이전 상황으로의 원상회복 후 종전협상을 원할 것이다. 현 상황에서 어떤 형태로 전쟁이 끝나든 푸틴이 승리했다고 선언하기는 어렵다. 만약 푸틴이 2022년에 키이우 정권을 신속하게 제압하고 일부 친러시아 주를 합병한 뒤 승리를 선언하고 물러났으면, 그것은 누가 봐도 푸틴의 승리다. 그렇다면 NATO의 확장, 혹은 NATO의 동진을 억제한다는 전략적 목표를 확실하게 달성했다고 평가할 것이다. 그러나 수년간에 걸쳐 고전을 거듭하다가 약간의 점령지 획득과 함께 협정을 통해서 전쟁을 종결하게 되면, 누가 봐도 푸틴의 명쾌한 승리라고는 할 수 없을 것이다.

이런 딜레마 국면에서 대통령에 재차 당선된 트럼프는 2024년 12월 러-우 양측에 전쟁을 즉각 중지하고 협상을 시작해야 한다고 요청했다. 우선 양국의 임시 경계선은 현재 상태대로 유지하되 우크라이나군이 뒤로 물러나고 NATO군으로 대체할 것이며, 대신 우크라이나의 NATO 가입은 20년이 지난 뒤에 다시 추진한다는 내용이었다. 푸틴은 현재의 점령지를 러시아 영토로 획득하여 러시아 국민의 민심을 달래고 우크라이나는 확고한 평화를 확보할 수 있게 된 것이다.

며칠 뒤 러시아 외무장관 세르게이 라브로프(Sergey Lavrov)는 이에 대해 트럼프가 우크라이나의 NATO 가입 가능성을 열어두려는 의도를 내비친 것이라며, 그 제안을 거부한다고 밝혔다. 우크라이나 측도 자신의 영토를 떼어주라는 제안에 불만스러운 반응이다. 그러나 트럼프는 우크라이나에 대해서는 지원 감축 가능성을, 러시아에 대해서는 우크라이나의 미사일이나 드론이 러시아의 영토를 직접 공격하기 시작했음을 상기시켰다. 전쟁이 아무리 길어져도 러시아 본토는 안전하다는 생각을 버려야 한다는 위협으로 들릴 수 있는 발언이었다.

앞에서 이미 논했지만 EU는 러시아가 조금이라도 서진하여 전략적 완충지대를 확장하는 것을 절대 허용할 수 없다는 입장이다. 만약 트럼프가 NATO 유지비를 시비 삼아 우크라이나 영토 일부를 제멋대로 푸틴에게 양보하려고 하면, 미국이 동의하지 않더라도 우크라이나에 평화유지군을 배치할 태세다. 최근 NATO 사무총장의 행보나 여러 군데서 드러나는 흐름을 관찰해보면 그런 추세가 조금 보이고 있다. 이런 상황에서 트럼프는 자신이 대통령직에 취임하는 즉시 러-우 전쟁을 끝낼 수 있다고 큰소리쳤지만 전쟁은 그리 쉽사리 끝나지 않을 듯하다. 신냉전 국면 동안 다음 세기를 향한 기득권을 하나라도 더 챙기려는 세계 대전략의 충돌이 점점 노골화되고 있다.

## 식량과 에너지 무기화 가능성

· · · · ·

러시아와 우크라이나는 지구상의 밀과 보리의 약 30%를 생산한다. 2022년 6월 28일 자 미국 NBC(National Broadcasting Company) 뉴스에 따르면, 우크라이나 침공이 뜻대로 되지 않자 푸틴은 우크라이나의 곡물 창고와 농업 인프라를 폭격하고 흑해 항로를 봉쇄하여 우크라이나의 밀 및 주요 식품의 수출을 방해하기도 했다. NBC 뉴스는 이러한 만행에 대해 "푸틴은 절망한 가운데 민간 경제를 초토화할 수 있는 식량의 무기화를 준비하고 있다."라고 표현하기도 했다.

또 러시아는 에너지 생산자의 위치를 이용해 에너지 수출을 무기화하기도 했다. 그러자 G7 국가들은 우크라이나를 먼저 침공하여 국제법을 위반한 국가는 러시아이며, 식량과 에너지를 무기화하는 도발은 당장 멈추어야 한다고 촉구했다. 또한 이러한 사태를 방지하기 위해 러시아에 대한 에너지와 식량 의존도를 줄여 나가기로 합의했다.

특히 미국은 '2022~2026년, 세계식량 안보 전략'을 수립하고 FTF(Feed the Future Initiative, 농업 개발 원조 프로그램)를 설립하는 등 전 세계의 기아와 빈곤에 대응하기 위한 정부 정책을 추진하기 시작했다. FTF는 전 세계에서 빈곤 구제 사업을 수행하는 동시에, 러시아의 식량 무기화처럼 우발적인 식량부족 상황 발생 시 긴급 대응에 나선다. 각국 정부, 민간 시민단체, 연구 공동체와의 파트너십을 통해 구제 활동에 나서는가 하면, 식량 안보 문제를 확고히 지켜내겠다는 전략이다.

러시아가 식량과 에너지 분야에서 풍부한 자원 보유국임은 사실이다. 그러나 미국과 EU의 동맹국은 FTF를 통해 차근차근 러시아산 식량과 에너지의 판매처를 끊어나가고 있다. 이 사업이 계속될 경우 중국 외에는 러시아산 농산물을 소비할 뚜렷한 수요처가 없어질 것이다.

우크라이나인들은 식량부족과 기근에 대한 트라우마가 있다. 1930년대 소련 대기근으로 죽어가는 러시아 도시민을 먹여 살리기 위해 우크라이나의 식량을 모두 약탈해감으로써 우크라이나인 수천만 명을 대신 굶어 죽게 만든 홀로도모르(Holodomor)를 아직도 기억하고 있기 때문이다.

사실 푸틴의 식량 및 에너지 무기화 계획은 국제적인 압력과 추가적인 봉쇄 위협으로 인해 2024년 현재 끝장났다고 여겨진다. 한번 식량을 무기화하면 다른 국가가 자신들을 상대로 식량을 무기화할 빌미를 주게 된다. 만약 러시아에 다시 한 번 그때와 같은 대기근이 발생한다면 우크라이나는 물론이고 EU를 포함한 주변 국가들은 아무도 러시아를 도우려 하지 않을 것이다.

## 일대일로와 유라시아 경제연합의 결합

· · · · ·

러-우 전쟁으로 인해 러시아는 곤경에 처해 있다. 일주일 내에 끝내겠다던 '특수군사작전'은, 전쟁 발발 2년이 지난 현재 대략 30만 명이 넘는 전사자를 내고 있다. 지금도 우크라이나 평원의 진흙탕에서는 러시아군과 우크라이나군이 서로에게 총부리를 겨눈 채 뒹굴고 있다.

러시아군의 사기 저하 문제도 심각하다. 심지어 러시아의 용병 대장 예브게니 프리고진은 푸틴의 권좌를 위협할 정도의 강력한 무장 반란을 일으켜 그의 간담을 서늘하게 했다. 러시아의 군사력은 '까보니까 별거 아니더라.'라는 말이 유행할 만큼 땅바닥에 추락했다.

만약 전쟁이 이대로 지속된다고 가정할 경우 푸틴이 쓸 수 있는 자구책은 두 가지가 있다. 그중 하나는 중국에 기대는 방법이다. 2023년 7월 개최된 SCO 영상회의에서 푸틴은 다음과 같이 말했다.

이 기구는 국제사회에서 점점 더 중요한 역할을 하고, 평화와 안정을 유지하며, 참여 국가들의 지속가능한 경제성장을 보장하고, 민족 간의 유대를 강화하는 데 실질적인 기여를 하고 있다. [중략] 러시아 국민은 그 어느 때보다 단결되어 있다. [중략] 조국의 운명에 대한 연대와 책임은 러시아 정치계와 전체 사회가 (프리고진의) 무장 반란 시도에 대항하여 단일 전선으로 맞서면서 분명하게 나타났다.

인도가 영상회의로 주최한 2023년 SCO 회의는 러시아를 뒤흔든 무장 반란 이후 푸틴이 참석한 첫 다자간 정상회담이었다. 그는 이 회의를 통해서 '서방은 모스크바를 고립시키지 못했다는 것'을 보여주며, 자신과 러시아가 건재함을 세상에 알리고자 안간힘을 썼다. 이 메시지는 특히 중국, 러시아와 양쪽 국경을 맞대고 있으며, 중국의 육상 실크로드 선상에 있는 국가들을 대상으로 한 것이기도 했다. 이 국가들은 중국과 더불어 푸틴에게는 마지막 생명줄과 같은 존재임에 틀림없다.

왜냐하면 푸틴은 이들을 제외하면 사면초가에 있기 때문이다. 러시아는 외국인 투자, 기술이전, 금융 시장 접근 등 다양한 경제 영역에서 서방 국가들의 강력한 제재를 받고 있다. 거기에 러시아 경제를 떠받치는 석유 및 천연가스와 같은 에너지 자원의 가격은 대량 생산되는 미국의 셰일가스(shale gas) 때문에 낮은 판매 가격으로 고통받고 있다. 내부적으로는 올리가르키 체제와 사회주의적 정책이 경제 효율성을 저해하며 혁신을 억제하고 있다.

사방팔방을 둘러싸고 있는 봉쇄와 고립의 장벽이 우크라이나의 '라스푸티차'보다 더 끈적이며 달라붙는 정치적 곤경에 빠진 푸틴의 유일한 출구는 중국을 비롯한 SCO 형제국밖에 없다. 이들이 러시아산 석유 및 가스를 수입해줌으로써 미국과 서방 각국에 의한 경제 봉쇄의 효과는 반감됐다. 또 러시아 은행들은 국제 금융결제시스템 네트워크인 SWIFT(Society for Worldwide Interbank Financial Telecommunication)에서 퇴출되었으나, 이 국가들의 은행과 소소한 거래를 이어가고 있다. 달러 결제는 어려워졌지만 루블화와 인민폐를 사용하면 된다.

러시아 경제를 되살리고 내부 사회체제를 확고하게 안정화시키는 목표를 달성하기 위해서는 이들의 협력과 은밀한 지원이 마른 땅을 적시는 빗물인 셈이다. 따라서 이들에게 자신의 건재와 러시아의 자신감을 확신시키는 작업은 러시아의 생존과 안보를 위해 필수적이다. 이러한 상황이 지속될수록 러시아는 점점 더 이들에게 기댈 수밖에 없을 것이다.

푸틴에게 남은 두 번째 선택지는 중국의 일대일로 사업을 더욱 크게 키우는 데 적극적으로 협력하는 것이다. 푸틴으로서는 어쩌면 당연한 귀결인지도 모른다. 구체적으로 말하면, 푸틴은 일대일로 프로젝트와 EAEU 및 SCO 간의 협력을 강화하려는 전략을 구사하고 있다. 일대일로와 SCO는 지역 경제 협력체인 동시에 미국 포위 전략을 수행하는 전략기구이기도 하다. 푸틴은 일대일로와

SCO를 통해 반서방 및 중앙아시아 국가들과의 관계를 강화하여, 미국의 대(對)러시아 봉쇄 정책의 약한 고리를 뚫고자 한다.

이러한 전략은 러시아에 경제적 협력, 안보 문제 해결, 그리고 서방에 대한 대안적 파트너십 구축의 기회를 제공한다. 이는 우크라이나 전쟁 종결 이후 러시아가 또 다른 국제적 도전에 직면했을 때도 그 영향력을 유지하고 확대하는 데 중요한 역할을 할 것으로 기대된다.

그러나 러시아의 이러한 기대에 비해 중국은 명확한 선을 그어 보이고 있다. 영국 신문 《인디펜던트(Independent)》의 2023년 3월 22일 자 보도에 의하면, 푸틴은 시진핑에게 무기와 군수물자 지원을 요청했다고 보도했다. 그러나 이 요청은 최종적으로 시진핑에 의해 거절당한 것으로 알려졌다. 시진핑도 미국의 봉쇄 정책에 시달려서 힘든 상황인데, 러시아를 도우려 미국과의 관계를 더욱 악화시킬 수는 없기 때문이다. 이후 푸틴은 이란, 인도, 북한 등 제3국으로부터 무기와 전쟁물자 수급의 폭을 넓히고 있다.

미국과 서방에 대항하기 위해 중국과 연대하여 그 충격을 견디려던 러시아의 계획은 결론부터 말하자면 빗나간 셈이다. 어찌 됐든 러시아는 우크라이나 전쟁에서 고전하느라 그 밑바닥을 다 드러냈다. 한때 국제관계의 최상위 변수 중 하나였던 러시아는, 결국 중국의 종속변수로 지위가 떨어졌다.

# 북한, 푸틴의 마지막 구원투수?

· · · · ·

소련 해체와 그로 인해 국가 기능이 거의 마비되었던 1988~1995년 사이의 러시아는, 물건이든 사람이든 돈이 되는 것은 무조건 팔아서 연명했다. 아직도 그때의 기억이 세계인의 뇌리에 생생하게 새겨져 있다. 푸틴은 그때와 유사한 행동을 답습하고 있다. 파는 물건은 다르지만 본질은 유사하다.

좀더 구체적으로 말하면, 푸틴은 우선 중동의 이슬람 국가, 특히 이란과 시리아 그리고 그들 산하의 무장단체 및 민병대와 연합전선을 구축했다. 러시아는 그들로 하여금 국지적이고 산발적인 분쟁을 일으켜, 미국의 전력을 분산시키는 양동작전을 전개하려 한 것이다. 하지만 이런 반미 불량국가 연합전선은 미국의 '동시다발 전쟁 수행 능력' 앞에 별 효과를 보지 못했다.

결국 푸틴의 마지막 선택은 북한이 되었다. 북-러 군사협정을 실현시킨 내재적 동력은 생존을 위한 상호 간의 필요성이었다. 푸틴에게는 우크라이나 전쟁에서 승리할 무기와 포탄이, 그리고 김정은에게는 핵무력을 완성할 로켓기술과 대기권 재진입 기술, 위성을 통한 핵 정찰 능력이 각각 절실하게 필요했다. 따라서 푸틴으로부터 인공위성, 탄도미사일, 핵추진 잠수함, 첨단 정보 시스템에 관한 고급 정보를 제공받은 김정은은 포탄과 무기, 여타 군수물자와 병력을 러시아에 공급해줬다. 김정은이 가장 손에 넣고 싶은 물건은 최첨단 ICBM 제어 기술과 핵 정찰 능력이지만 이것이 김정은의 절대반지임을 잘 아는 푸틴이 쉽게 내놓을 리는 없다. 그러나 러시아 정세가 점차 최악의 상황으로 흘러가면 푸틴은 이마저도 내놓고 김정은에게 더 큰 도움을 청할지도 모를 일이다.

한때 중국과 소련은 세계 공산혁명을 이끌어온 맹방이라고 자부했지만, 자세히 들여다보면 상호 경쟁적 지위에 놓인 국가들이었다. 그로 인해 냉전기에 두 국가는 서로를 견제하고 불신할 수밖에 없었다. 이런 가운데 북한은 러시아와 중국이 서로에게 해줄 수 없는 역할을 도맡아줄 소방수로 대두되었다. 진영 내부의 알력이 큰불로 번지는 상황을 진화하고 분업과 협력을 매개할 도구가 된 셈이다. 너무 가난하고 약체여서 변수로 삼기조차 역부족이었던 북한이 러시아를 백업하면서, 전 지구적 신냉전 국면에 하나의 변수로 등장했다.


## 북-중-러-이란의 연합전선 구축 완료

・・・・・

잘만 되면 중국은 강한 경제력과 외교력을 바탕으로 생활물자가 빈곤한 러시아와 북한에 여러 상품과 기계·전자부품을 공급할 수 있을 것이다. 물론 이러한 물자는 전쟁물자 생산에 필요한 부품으로 쓰일 가능성이 높다.

러시아는 세계 최대의 석유와 가스 매장량을 담보로 중국과 북한의 아킬레스건이라 할 수 있는 석유와 가스 에너지, 그리고 곡물이라는 카드를 제공할 수 있다. 북한은 이미 논의한 바와 같이 무기 생산과 공급, 핵위협 제고 및 '핵방패국'으로서의 역할을 마다 않을 것이다. 이란은 여태껏 많은 돈과 인력을 투입하여 양성해둔 하마스, 헤즈볼라, 후티 반군 등을 장기판의 졸을 부리듯 부려 미국과 이스라엘을 견제할 것이다.

이것이 현재의 3국 대전략이 충돌하는 체스판 위의 전체 상황이다. 이러한 북-중-러-이란의 연합전선 결성은 미국의 본격적인 대응에 압도돼 숨쉴 구멍이 잘 보이지 않는 현재의 국면에서 그들끼리의 교역이나 교류를 통해 약간의 활로와 동력을 제공할 것이다. 그러나 북-중-러-이란 각국의 정치적 불안정성과 국제적 제재에 대한 취약성, 진영 내의 알력 다툼을 고려하면 블록이 제대로 갖춰질지는 여전히 불확실하다. 러시아의 군사적·경제적 약화는 진영 내부에서 중국의 지정학적 영향력을 키우는 데 도움이 될지도 모르지만, 그렇다고 마냥 좋은 일만은 아니다.

러시아는 우크라이나 전쟁을 어느 정도 명분을 챙긴 상태로 하루빨리 마무리 짓고, 경제 재건에 진력해야 한다. 그러면 러시아 경제는 되살아날 수도 있을 것이다. 그러나 우크라이나 전쟁이 얼어붙은 전쟁(frozen war)이 되어 푸틴이 거기서 헤어나오지 못한다면, 석유와 가스만 팔아서 그 전쟁 비용을 모두 감당할 수는 없다. 그 경우 민생의 불만과 전쟁 피로감은 푸틴의 권좌를 위태롭게 만들 것이다.

북한이란 불량국가는 당장의 긴급 상황에 어느 정도 도움이 되기 때문에, 중국과 러시아는 북한을 상대해주고 있다. 그러나 북한이 갖고 있는 외교적 취약성이 중국과 러시아의 발목을 잡거나 북-중-러 간의 이익 균형이 무너지는 상황이 온다면 연합전선은 그대로 와해될 수도 있다.

예를 들어 러시아와 중국이 계속 북한을 지지한다면, 이는 서방 국가들이 더 큰 경제제재를 가할 핑계가 된다. 미국이 북-러 동맹을 견제하기 위한 이간계로 중국에 손을 내민다면, 중국이 마냥 미국의 손을 뿌리칠 수 있을지도 의문이다. 혹은 러시아의 정치적 불안정성이 가중되고 군사력이 더욱 악화되면 연합전선을 구축하고 운명공동체로 행세해온 중국과 북한은 한쪽 끝이 떨어진 갓 신세가 된다. 이런 불안정한 상황에서 푸틴이나 시진핑이나 김정은이나 어느 한 지도자가 실각하는 상황이 온다면 나머지도 연쇄적인 붕괴가 올지도 모른다.

이런 민감한 정세 속에서 미국은 소위 '대국경쟁전략(Great Power Competition Strategy)'으로 러시아를 비롯한 반미 연합전선에 대응하고 있다. 이 전략은 미국이 러시아, 중국, 이란 등과 같은 반미 성향 국가들의 도전에 대응하기 위해 경제, 군사, 외교, 정보전 등 다방면에서 종합적인 접근을 취하는 것을 의미한다. 미국의 글로벌 리더십을 유지하고, 동맹국 및 파트너국과의 협력을 강화하는 데 중점을 둔 전략이다. 인도-태평양 전략, NATO 및 동맹국 간의 협력 강화, 각종 경제제재와 봉쇄, 에너지 자립도 제고로 이란과 러시아의 에너지 시장 수축 전략, 민주주의 정상회의 및 인권 외교 등 다양한 분야의 전략들이 반미 불량국가들의 연합전선을 분열시키고 약화시키기 위한 대응전략으로 구사되고 있다.

제4부

# 번영과 소멸의
# 기로에 선 한국

제9장

요동치는
한반도 정세

## 김정은, 전쟁으로 남한 점령 결단

. . . . .

지난 2024년 1월, 수십 년간 미국 국무부의 북한 담당 팀을 이끌었던
로버트 칼린(Robert Carlin)과 로스알라모스 연구소 전 수장 시그프리
드 헤커(Siegfried Hecker)는 충격적인 경고를 내놓았다. 이들은 공동
기고문에서 "김정은이 남북문제를 군사적 무력을 통해 해결하는 방향
으로 전략적 결단을 내린 것 같다."라고 주장했다. 김정은이 미국과의
관계 개선 노력을 공식적으로 포기하고, 대신 한국과 미국과의 무력
대결 노선을 선택했다고 강조했다.[1]

《파이낸셜타임스(*Financial Times*)》의 기자 기드온 라흐만(Gideon
Rachman)은 2024년 10월 28일 자 논평에서, 지난 1월 북한 전문
매체 《38노스(*38 North*)》에 실렸던 칼린과 헤커의 예측을 인용했

다. 그리고 그로부터 9개월이 지난 현시점에서 볼 때, 그러한 예측에는 충분히 일리가 있다고 평가했다.

김정은이 그의 할아버지 김일성 이래 3대에 걸쳐 추진해왔던 '미국과의 협상을 통한 한반도 문제 해결 방식'을 포기하고 '전쟁과 핵무력으로 남한을 점령하는 방향'으로 전략 변경을 했다는 말이다. 실제 워싱턴의 일부 분석가들도 한반도와 대만 해협에서의 동시다발적인 갈등 가능성에 대해 추측성 전망을 내놓기도 했던 상황이었다. 그런 최악의 사태가 터진다면 지구촌에 새겨진 '3개의 얼어붙은 전선' 가운데 유일하게 총성이 없던 미국-중국-러시아-인도-태평양 전선에도 포성이 울릴지 모른다.

2023년 이래 이러한 징후는 여러 군데서 지속해서 포착되었다. 몇 가지 중요한 사례만 들자면, 2023년 11월부터 실행된 북한의 러시아에 대한 무기 공급, 12월 화성-18 3단 로켓 추진체 실험 성공, 북한의 남북한 동일 민족 부인 및 적대적 두 국가론 제시, 2024년 3월 북한의 대규모 군사 동원 훈련, 4월과 5월 사이버 공격능력 증강 테스트, 중국공산당 정치국 상무위원 자오러지(趙樂際) 방북 및 향후 북-중 관계에 대한 논의, 6월부터 이어진 대남 심리전 강화와 대남 오물 풍선 살포, 10월 화성-19 시험 발사와 3단추진체 및 다탄두 적재 가능성 타진이 그것이다. 이런 와중에 김정은은 2024년 6월 북한-러시아 군사협정 체결, 10월 우크라이나 파병 등 한반도 위기를 고조시켜왔다.

무엇보다 결정적인 정세 변화는 UN의 북한 경제 봉쇄가 거의 무력화되어 버렸다는 사실이다.《파이낸셜타임스》의 크리스천 데이비스(Christian Davies)는 2024년 3월 25일 자 기사에서 러시아는

UN 제재를 무시하고 북한에 직접 석유를 공급하기 시작했다면서 북-러 간의 유대가 더욱 공고해졌다고 말했다.

여태껏 목격한 어떤 북한 선박보다 더 큰 다섯 척의 유조선이 트랜스폰더를 끈 채 보스토치니 항에서 석유를 넘겨받았다. 이 중 일부는 북한의 청진항으로 이동해 하역했는데, 모든 장면이 위성사진에 포착되었다. 이들이 넘겨받은 석유는 12만 5,000배럴 정도로, 연간 50만 배럴로 한정되어 있는 UN 제재 총량의 4분의 1에 해당하는 양이다. 이들은 북한 인공기를 당당하게 게양하고 있었으며 제제 위반을 조금도 숨길 생각이 없는 듯 행동했다. 이러한 석유 공급은 UN 제재에 대한 전면적 도전이다. UN 패널인 휴 그리피스는 "경제제재 시스템이 붕괴 직전에 있다."라고 경고했다. 이런 사례는 러시아와 북한이 무기를 석유와 교환하는 물물교환 체제를 구축하고 있음을 시사한다. 전문가들은 이것이 러시아가 불법 국가로 전환하는 모습을 명확히 보여주는 징후라고 말한다.[2]

데이비스는 북한과 러시아 간에 무기와 석유의 물물교환 체계가 구축되어 있다고 전한다. 러시아 곡창지대의 농산물과 시베리아의 석유 및 천연가스가 무기 판매의 대가로 북한에 아무런 제재 없이 공급되고 있다. 결국 북한의 곤궁한 식량과 에너지 문제가 무기 거래 덕분에 일부 해소되고 있다는 뜻이다.

과거 북한에는 탱크와 비행기, 트럭을 움직일 휘발유, 경유가 없어서 군사훈련을 못한다는 말까지 돌았다. 그런데 2023년에서 2024년에 걸쳐 북한은 예년의 몇 배나 큰 규모와 훨씬 잦은 빈도로 대규모 군사훈련을 실시하고 있다. 그런 사실만 봐도 북한의 에너지와 식량 사정이 많이 좋아졌다는 걸 알 수 있다.

## 북한의 핵무력 완성과 한-미 동맹의 한계
· · · · ·

앞에서 북한 화성-19 발사 쇼의 의의를 논한 바 있다. 그 여파 때문인지 최근 들어 북한의 핵개발 성공은 이제 부인하기 힘든 현실이라는 견해가 곳곳에서 제기된다. 실제 북한 관영 매체들이 화성-19 발사 즈음인 2024년 6월 26일, "3개의 다탄두 각개 목표 재돌입체 능력을 성공리에 테스트했다."라고 전하자 국내외 전문가들은 '이제 대한민국도 핵무장을 해야 한다.', '아니면 일본처럼 완전한 준비 태세까진 가야 한다.'라며 갑론을박을 벌였다.

미국의 핵확산 억제 노력은 사실상 실패했다. 최근에는 미국 내부에서도 북한을 핵보유국으로 인정하고, 남한까지 핵무장 시키자는 의견이 나온다. 엘브리지 콜비(Elbridge Colby) 전 미국 국방부 부차관보는 2024년 7월 15일 《연합뉴스》와 가진 인터뷰에서 오바마나 바이든의 리버럴리즘(liberalism)과는 전혀 다른 현실주의적 의견을 밝혔다. 그는 트럼프가 재선에 성공한 뒤 국방부 정책차관에 지명되기도 했다. 전체적으로 뭉뚱그려 그의 말을 요약하면 다음과 같다.

미국은 북한과 싸우는 와중에 중국과 또 싸울 만큼 충분한 준비가 되어 있지 않다. 따라서 한국은 북한에 대한 방어에서 스스로 전적인 책임을 져야 한다. 미국에 대한 주요 위협은 북한이 아니라 중국이다. 북한 문제를 해결하기 위해 미국의 여러 도시를 잃는 것은 합리적이지 않다. 이 의견에 대해서 한국은 달리 생각하겠지만 우리는 현실주의적인 방식으로 접근해야 한다. 만약 중국이 한반도 분쟁에 직접 개입한다면 그때는 미국이 개입해야 할 것이다. [중략] 대만 문제에 대해서는, 북한의 지속적인 위협을 고려할 때 한국이 대만 방어에 직접 관여할 것을 요구해서는 안 된다고 본다. 진화하는 북한의 위협에 맞서 한국의 안보를 보장하기 위해서는 모든 옵션이 테이블에 올라와야 한다. 여기에는 핵무장도 포함된다. 한국이 자국의 안보를 위한 절대적 필요에 의해 핵무장을 선택한다면 그 사안은 국제적인 경제제재 대상에서 제외되어야 한다. 특히 워싱턴이 서울의 핵개발을 제재하려고 해서는 안 된다. 미국이 한국 방어에 실질적인 핵우산을 제공하지 않고, 한국이 북한과 중국의 엄청난 핵확산에 맞서 안보 조치를 취하려 할 때 한국을 제재하겠다고 위협하는 것은 자멸적이고 어리석은 일이 될 것이다.[3]

트럼프는 1기 집권과 마찬가지로 2기 집권 때에도 김정은과 개인적인 관계를 유지하면서 북한의 핵무기 폐기보다는 추가적인 생산억제 정책을 추진할 것이다. 트럼프는 기회가 있을 때마다 이런 의도를 몇 차례 밝힌 바 있다. 경제적 유인으로 김정은을 묶어보겠다는 트럼프의 속셈이다.

실제 김정은은 과거에 원산 인근 지역에 관광 리조트를 지어 원산-갈마 해안지구를 세계적인 관광지로 개발하자고 트럼프에게 제안했던 것으로 알려졌다. 트럼프 역시 김정은이 핵확산 억제에 동의한다면 이러한 제안을 받아들이고 실제로 이 계획의 실행을 위해 대규모 투자를 진행하겠다고 답했다. 물론 투자 자금은 한국이 제공하라고 제안했다.

이러한 접근은 미국 내에서도 논란을 일으킬 가능성이 크다. 동맹국인 한국과 일본에서도 우려를 낳을 수 있다. 하지만 북한의 핵보유와 한반도 정세를 둘러싼 국제정세의 분위기는 점차 변하고 있다. 예전에는 한반도 비핵화가 불변의 원칙이었지만 지금은 상황에 따라 유동적일 수 있는 원칙이 된 것이다.

이러한 정세 변화 속에서 만약 북한이 정말로 미국 전역을 타격할 능력을 갖추고, 연이어 미국을 협박하며 무리한 요구를 할 경우 어떤 사태가 벌어질까? 미국의 전략적 결정은 어떻게 내려질까? 한국과의 분쟁에 끼어들지 말라는 북한의 요구를 수락할 확률이 전혀 없을까? 즉, 한-미 군사동맹이 갖는 한계점은 어디까지냐에 대한 근본적인 의문이 제기되고 있다. 확고 불변의 원칙이라 믿었던 미국의 핵우산에 대한 근본적인 회의가 제기될 만큼 현 정세는 혼란스럽게 흘러가고 있다.

따라서 이제는 이 문제를 테이블 위에 꺼내놓고 상세하게 논해볼 상황이 되었다. 김정은의 핵무력이 미국을 위협할 정도가 되려면 ICBM 사거리가 최소 1만 2,000km 이상이어야 한다. 그래야 평양에서 미국 텍사스(Texas) 주 댈러스(Dallas)를 포함한 미국 6대 도시를 동시에 위협할 수 있다.

다탄두 측면에서는 미국의 LGM-118A 피스키퍼(Peacekeeper) 미사일이 최대 10개의 W87 핵탄두를 탑재할 수 있는 다탄두 미사일이다. 이 점을 고려하면 현재 화성-18에 탑재 가능하다고 북한이 주장하는 3~4개는 아직 부족한 수준으로 적어도 6개 이상의 다탄두 탑재가 가능해져야 한다. 그리고 ICBM 정밀유도 시스템이 준비되어야 한다.

다탄두 미사일이 무서운 것은 탄두가 분리되어 각각의 타격 목표로 비행하는 종말 단계에서는 요격이 거의 불가능하기 때문이다. 6개 중에 5개를 요격했다고 해도 1개가 착탄하면 끝장이다. 이 정도 사양의 핵미사일을 보유하고 핵미사일 정밀유도 시스템을 구축했다면 북한의 핵무력은 완성되었다고 인정할 수 있다.

이런 비상 국면이 전개되면 한-미-일 동맹 관계는 최악의 경우 딜레마에 처할 수 있다. 예를 들어 김정은이 6개의 탄두를 탑재한 핵미사일을 미국을 향해 겨눈 채, 백악관을 향해 한국에서 미군의 즉각적인 철수를 요구한다면 어찌할 것인가라는 문제이다. 게다가 이간계를 써서, 한반도에서는 아무 돌변 사태가 터지지 않을 것이라고 약속한다면 미국은 어떤 전략적 결정을 내릴지 궁금해진다. 거기다가 만약에 그 요구 조건을 들어주지 않는다면 뉴욕, 샌프란시스코, LA, 시카고, 워싱턴, 휴스턴을 6개의 핵탄두로 동시 타격하겠다고 미국을 협박한다면 더욱 흥미진진한 국면이 전개될 것이다.

잘 알려져 있다시피 미국은 다층 킬체인(kill chain)을 갖춘 미사일 방어망을 갖고 있다. 미국 상공을 향해 다가오는 모든 위협에 대하여 몇 겹으로 요격할 수 있는 MD(Missile Defense) 시스템이 거의 완벽하게 구축되어 있다. 미국의 미사일 방어망으로는 GMD(Ground-based Midcourse Defense), Aegis BMD(Aegis Ballistic Missile Defense), THAAD(Terminal High Altitude Area Defense)가 있다.

GMD는 미국 본토 방어를 위한 시스템으로, ICBM이 상승 단계를 거쳐 대기권 밖에서 비행하고 있을 때 요격한다. Aegis BMD는 이지스 구축함의 공격 감지 능력을 바탕으로 상승 단계에서부터 미사일을 감지 및 요격할 수 있는 방어 시스템이다. THAAD는 미사일이 목표 방향으로 대기권에 재진입한 뒤 낙하하는 종말 단계에서 요격하는 고고도 미사일 방어 시스템이다.

김정은이 미국을 협박하더라도 위와 같은 다층 킬체인으로 자국을 거미줄처럼 감싸고 있는 미국은 눈 하나 깜짝 안 할 것이다. 트럼프가 김정은을 '로켓맨(rocket man)'이라 비아냥대던 것과 마찬가지로, 미국은 북한이 핵무기 버튼을 쓰다듬는 기미만 보여도 김정은은 물론이고 북한이라는 국가를 지구상에서 사라지게 하겠다고 답변할 것이다. 상황 전개의 초기 단계에서는 말이다.

김정은도 그런 상황 전개를 예측 못 할 만큼 아둔하지는 않다. 그렇기에 한 걸음 더 나아가 김정은은 극초음속 다탄두 핵미사일을 공개하고 태평양으로 발사하여 6개의 타격 목표를 타격하는 장면을 연출할 수도 있다. 그에 더하여 '다탄두 기만체'를 진짜 다탄두에 섞어 쏘는 타격술을 선보이면 미국인들의 공포 수위는 한층 더 높아질 수밖에 없다. 이 정도쯤 되면 미국 사회 곳곳에서 요격에 실패할 확률이 제로라고 할 수 있냐는 등, 분분한 의견이 터져나올 터이다.

상황이 이렇게 될 경우 미국 사회에서는 '한국에서 철수'도 고려해야 한다는 여론이 조성될지 모른다. 이런 시나리오에 다양한 상황변수를 더 추가할 수도 있다. 그 모든 변수에도 불구하고 한국과 미국이 최악의 상황에 맞닥뜨리게 된다면 '미국은 어떤 최종

결정을 내릴까?'라는 단 하나의 의문만 남게 된다.

김정은은 핵무력 완성과 아직 거리가 먼 현시점에, 벌써부터 전쟁으로 한국을 완정하겠다는 헛소리를 하고 있다. 그러나 언젠가 북한의 핵무력이 완성된다면, 그 즉시 미군 철수와 한반도 정세 불간섭 요구는 실제 상황으로 전개될 가능성이 높다. 그리고 그 결과는 베트남 전쟁 때 미군이 베트남에서 철수한 이후 경과가 어떻게 됐는지를 보면 알 수 있다.

앞서 《연합뉴스》와의 인터뷰에서 엘브리지 콜비는 "북한 문제를 해결하기 위해 미국의 여러 도시를 잃는 것은 합리적이지 않다."라는 주장을 하고 있다. 그는 이 말을 통해서 우리가 가진 의문에 대한 답변을 이미 준 셈이다. 물론 아직 그의 개인 의견이긴 하지만 미국 오피니언 리더의 분위기는 시간이 갈수록 그렇게 흘러갈 수밖에 없다. 결국 미국과 동맹국들은 한국을 북한의 먹이로 던져 줄 것이다.

이상의 스토리는 현재로서는 가상의 시나리오이긴 하지만, 실제 미국 대통령과 군사전략 전문가, 한국의 고위 정치인과 분석가들의 말과 자료에 기반한 시나리오다. 김정은이 핵무력을 완성 단계까지 성취하면 발생할 확률이 매우 높은 잠재적 시나리오 중 하나이다. 물론 이런 시나리오는 한국이 처할 수 있는 최악의 상황이다.

## 대한민국, 기꺼이 싸울 태세가 되어 있나?
· · · · ·

미국과 서방 진영이 자국민의 안전을 위해서 한국을 북한의 먹잇감으로 내주는 '희생양 전략'이 실제 채택될 확률은 아주 낮다. 그 말을 뒤집으면 아무리 희박한 확률이라도 한 점의 발생 가능성은 있다는 뜻이다. 만에 하나라도 있을까 말까 하는 최악의 상황을 가정하여 우리가 뭘 놓치고 있는 건 아닌지 재확인해볼 필요가 있다.

앞에서 논의한 대로 미국이 어중간한 타협과 양보로 남한을 북한의 먹잇감으로 던져주는 상황이 온다면, 한국의 입장에서는 차라리 그러한 상황이 오기 전에 남북 간에 직접적인 전쟁으로 맞붙는 게 낫다. 왜냐하면 미국과 한국이 여전히 핵작전 동맹국으로 건재할 때 남과 북이 전쟁하면, 남한은 엄청난 인적·물적 타격을 입을지 모르지만 북한은 그야말로 소멸하기 때문이다.

그러나 남한이 미국의 희생양 전략의 제물이 되면 말 그대로 남한은 북한의 노예가 된다. 동맹국에게 버림받은 '끈 떨어진 갓' 신세가 되는 것이다. 그날 이후의 상황은 핵무기를 가진 자와 탱크와 미사일만 쥔 자의 관계, 즉 절대 강자와 절대 약자의 관계만이 남을 뿐이다. 남한은 북한의 간접적 지배 아래, 국가의 모든 자원과 국민이 피땀 흘려 일군 경제적 부를 꾸준히 김정은에게 바쳐야 한다. 북한은 온갖 핑계를 대며 남한의 돈, 식량, 에너지를 빼앗아 갈 것이다.

트럼프에게 한 것과 마찬가지로 김정은은 제2의 개성공단을 지어달라, 금강산에 골프장과 세계 최대 해상 리조트를 지어달라, 그 앞바다와 원산 비치를 개발해달라, 지상낙원의 리조트를 만들어달라는 등 남북 협력을 명분으로 남한에 온갖 경제적 지원과 무상원조를 요청할 터이다. 물론 여기에는 '우리 민족끼리 함께 돈 벌자.'라는 구호가 붙겠지만 모두 헛소리일 뿐이다. 그건 모두 21세기형 공물 납부이며 국부 갈취일 뿐이다. 평양 시민들은 특권계급이 되고 남한의 국민들은 돈 벌어다 주는 일개미가 되어 끝나지 않는 착취 관계를 형성할 것이다.

이런 상황이 얼마 동안 지속되면 한국은 고갈되고 쇠진해질 것이다. 그러면 '우리 이렇게 힘들게 살지 말고 북한과 연방제 통일을 하자.'는 얘기가 나올지도 모른다. 만약 그렇게 된다면 한국은 북한의 품에 안겨 죽어가기를 선택한 셈이다. 김정은이 노리는 가장 이상적인 상황, 핵무력 강성대국의 목표가 바로 이 지점이다. 핵무력을 국부를 긁어오는 수단으로 삼겠다는 '핵무력-경제개발 병진 정책' 본래의 취지가 실현되는 지점이기도 하다.

그렇다면 대한민국은 노예의 나락으로 떨어지지 않도록 싸울 태세가 되어 있는가? 불행하게도 전혀 준비가 되어 있지 않다. 경제 문제는 뒤에서 다시 논의하기로 하고 대북 관점에 대해서만 논해보자면 우선 '분열된 한국 사회'를 지적하지 않을 수 없다.

한국은 현재 두 갈래의 갈림길에 서 있다. 번영의 퀀텀문명으로 가는 길과 그 자리에서 한 발도 못 움직이고 '이리 가자', '저리 가자' 당파싸움으로 세월을 보내다가 북한의 노예가 되는 길이다. 신냉전과 문명 전환의 시대는 우리에게 두 갈림길 중 하나를 선택하도록 강요하고 있다. 물론 우리는 번영의 퀀텀문명으로 가는 길을 택해야 한다.

# 북-러 군사협정의 나비효과

. . . . .

김정은과 푸틴의 북-러 군사협정 체결이라는 나비의 날갯짓은 신냉전의 흐름을 비틀 만큼 엄청난 나비효과를 초래했다. 김정은과 푸틴은 지금 당장 서로에게 필요한 부분이 있어서 그런 협정을 체결했겠지만, 그로 인해 의도치 않은 결과가 생긴 것이다. 무기와 전쟁물자 부족으로 고전하는 러시아와 군사동맹을 체결하면서, 극동의 한 귀퉁이에 있는 북한이 유럽에서 벌어지는 러-우 전쟁에 직간접적으로 개입한 모양새가 되었다. 북한은 세계에서 가장 고립된 빈곤 국가였고 중국, 러시아, 그리고 몇몇 불량국가들과 뒷거래만 해오던 왕따 국가였다. 그렇게 중국-러시아-이란으로 결속된 반서방 진영의 뒷방 늙은이 신세였던 북한이, 일순간에 진영의 정식 멤버로 등록되어 최전선에 배치된 것이다.

북한이 신냉전의 최전선에 배치됨으로써 한국도 연쇄적으로 서방 진영의 최전방으로 나오게 되었다. 북한이 '장군'을 쳤는데 남한이 '멍군'을 치지 않을 수 없기 때문에 북한의 좌표 이동에 따라 한국도 같이 서방 진영의 최전방으로 배치됐다는 사실이다. 남북 간의 갈등은 상대적으로 동북아 지역에 국한된 국소적인 대립이었는데 이제는 그 대립 갈등의 전장이 '전 지구적 단일 전구'로 옮겨졌다. 북-러 군사협정은 남한과 북한을 단순한 지역적 분쟁국이 아니라, 유라시아 대륙을 아우르는 지정학적 게임의 주요 플레이어로 부상시켰다.

이 점을 대한민국의 전략가들은 잘 인지해야 한다. 중국, 러시아가 가진 적성국 속성을 인지하지 못하고 '여전히 관계 개선의 여지는 남아 있어, 말조심하고 행동을 조신하게 해야 해!'라며 물정 모르는 소리를 그만둬야 한다. 한마디로 변화된 한국의 역할과 위상에 따라 실행전략이 잘 조정되어야 한다는 말이다.

이제 한국은 단순히 자국 방어에만 머물 수 없게 되었다. 반서방 진영과의 전선에서 동쪽 최전방에 배치된 한국이 단독으로 이들과 싸우기는 불가능하다. 한국도 서방 진영의 최전선에 배치된 일원으로서 동맹국들의 확실한 지원을 보장받아야 한다.

그를 위해서는 한국도 유라시아 대륙을 포위하는 보다 광범위한 지역의 방어에 충실하게 임해야 한다. 우리의 전략적 목표를 달성하기 위해 한국은 서방 진영의 전략적 목표도 달성할 수 있도록 상부상조해주는 것이다.

신냉전 국면에서 한반도의 전략적 중요성은 더더욱 강화되고 있다. 이런 상황 변화는 한국이 기존의 지정학적 위치를 넘어, 보다 적극적으로 신냉전 구도의 변화에 대응하고, 다변화된 역할을 수행하도록 요구하고 있다. 신냉전 국면이 격해질수록 한국은 점점 더 어려운 전략적 결정을 내려야만 한다. 이것이 북-러 군사협정 체결로 인해서 연쇄적으로 발생한 한국의 위상 변화이다.

만약 북-러 군사협정에 따라 북한이 핵무기 및 발사체 관련 첨단기술을 러시아로부터 전수받게 된다면, 북한의 군사적 위협은 획기적으로 증대될 것이다. 그때 북한의 핵무력이 미국을 직접 위협하는 수준에 이를 것으로 예측된다. 이는 단순히 한반도를 넘어 인도-태평양 지역에서의 안보와 경제적 협력을 심각하게 훼손시킬 것이 분명하다. 이때 미국이 한국의 손을 놓지 않게 만들기 위해서는, 한국이 인도-태평양 전략에서 미국의 중요한 파트너로 활동하는 한편, 미국의 동맹국으로서 더 적극적인 자세로 북한-중국-러시아의 영향력 확장에 대응하는 역할을 맡아야 한다.

이런 상황 변화에 따라 언젠가는 한국도 핵무장을 해야만 하는 시기가 다가올 것이다. 엘브리지 콜비가 한국의 핵무장을 인정해 줘야 한다고 발언한 것처럼, 서방 진영 내부에서는 북한과 중국의 핵무기 확산에 맞서 핵무기 보유국을 늘려야 한다는 의견이 점점 더 주목을 받고 있다.

미국의 안보 관련 이슈에 대한 심층적인 논평과 전문가의 견해를 다루는 매체 19포티파이브(19FortyFive)의 2024년 6월 18일 자 논평에는, 한국이 핵무기를 보유하는 것이 북한과 중국의 군사적 위협에 맞서는 가장 현실적인 대안이라고 제시되었다. 미국 본토를 공격 위협에 노출시키지 않고 동북아시아의 균형을 유지하려면 한국이 핵무기를 보유하는 것이 필수적일 수 있다는 분석이다.

미국의 외교정책 및 국제관계에 대한 초당파적 연구와 분석을 제공하는 비영리 싱크탱크 CFR(Council on Foreign Relations), 미국의 보수 성향 정책 연구소로 국가안보와 외교에 관한 강력한 오피니언 리더 중 하나인 헤리티지 재단(Heritage Foundation), 외교정책 전문가와 학자들로부터 다양한 의견을 수렴하여 외교정책의 방향성을 제시하는 플랫폼 내셔널인터레스트(National Interest) 모두 유사한 논지로 한국의 핵무장이 국제안보 환경에서 점차 현실적인 선택지로 고려되어야 한다고 주장했다.

한국 국내적으로도 여러 전문가들이 북한의 핵위협이 더 커지면 서울도 빨리 핵무장을 해야 한다는 주장을 내놓고 있다. 물론 그건 너무 섣부르다는 반대 의견도 많지만, 미국의 핵우산에 대한 우려가 커지고 있다는 점에 대해서는 다들 수긍하는 분위기다.

이상이 신냉전 국면의 북-러 밀착이 한국의 위상과 역할에 미친 나비효과에 대한 간략한 브리핑이다. 결론적으로 지나간 사연이야 얼마나 복잡하건 간에, 미국의 핵확산 억제 노력은 명백히 실패로 끝났다. 결과만 보면 북한이라는 예측하기 힘든 국가는 실질적인 핵보유국이 되었고 미국의 혈맹인 한국은 핵연료 재처리조차 금지되는 국가에 머물고 있다.

'한반도 비핵화 협상 국면'은 이제 명백히 마무리되었다. 그렇다면 다음 국면은 어떤 국면일까? 북한이 실질적이고 효과적인 미국 타격 수단을 갖추는 그날, 다음 국면이 어떤 국면인지가 드러난다. 그때는 우리가 외면해온 모든 진실이 밝은 햇살 아래 드러나게 될 것이다.

그러면 어떤 상황이 벌어질까? 그런 고민에 밤잠 설치기 싫다면 한국도 지금부터 모든 외교적 노력을 다해서 북한에 상응하는 핵무력이나 대체안을 갖춰야 한다. 국가안보의 문제이고 국민의 생명과 재산이 걸린 문제이기 때문이다.


## 북-러 동맹을 내심 반기는 시진핑

• • • • •

북-러 군사협정 체결 소식이 전해지자, 《뉴욕타임스》, VOA, BBC 같은 세계 유수의 통신사와 매체들이 공통적으로 초점을 맞춘 이슈가 하나 있었다. '북한과 러시아가 체결한 군사동맹을 중국이 어떻게 여기겠느냐?' 하는 문제였다.

《뉴욕타임스》는 "중국은 그동안 외부에 북-중-러 3각동맹 구도가 심화되는 것처럼 비치지 않게 각별히 조심해왔다. 그런 상황은 미국과 서방 진영의 긴장도만 높여 중국에 득 될 게 없다고 여겼기 때문이다."라고 전했다. 중국은 늘 이런 상황을 피하고자 했는데, 북-러 군사협정에 세계의 이목이 집중되니 고민이 되는 것이다.

스인홍(時殷弘, 1951~) 중국 인민대학 교수는 《뉴욕타임스》에 "중국 시각에서 북-러 군사협정은, 한-미-일 동맹과 마찬가지로 지역 내 대립과 경쟁, 갈등 위험만 악화시키는 요소일 뿐이다."라면서 "한반도 평화가 중국의 최우선 과제인데 지역 내 군사화가 가속하면서 중국의 중대한 이익 중 하나가 위태로워졌다."라고 말했다. 결국 북-러 군사협정 체결로 중국은 전혀 득 본 것이 없고 그로 인해서 중국도 아주 심각한 피해를 봤다는 주장이다.

스인홍은 중국공산당 주변을 맴도는 대표적인 관변학자로, 그의 주장은 중국의 진짜 의도를 투명망토로 가린 궤변일 수도 있다. 중국은 강력하고 호전적인 핵보유국(북한)이 반서방 진영의 정식 동맹국이 되었다는 점을 내심 반기고 있지만 그 사실을 서방에는 알리고 싶지 않은 것이다. 그러면서도 어찌 됐든 중국은 '지금은' 트러블을 만들고 싶지 않다는 진심을 드러낸 것이다. 이중적 언어의 극치이기도 하다.

VOA는 린젠(林劍) 중국 외교부 대변인이 2024년 6월 20일 정례 브리핑에서 "중국은 북-러 간 협정이 한반도와 유라시아의 평화와 안정에 어떤 영향을 미칠 것이라고 보느냐?"라는 질문에 "북-러 간의 양자 협력 사무여서, 논평하지 않겠다."라고 답한 사실을 보도했다. 또 VOA는 린 대변인이 "푸틴이 김정은과 회담한 후, 러시아는 북한과 군사적으로 협력할 것이고 UN 안전보장이사회의 대북 제재를 뜯어고쳐야 한다고 했는데, 안보리 상임이사국인 중국은 푸틴 대통령 입장을 어떻게 평가하느냐?"라는 질문에 구체적 답변을 피했다고 보도했다.

BBC는 "북한의 핵실험으로 인해 일본과 한국은 이제 불편한 역사를 뒤로하고 미국과의 공동 방위 협정을 체결하게 됐다. 그렇게 긴장이 고조되면서 태평양엔 더 많은 미국 군함이 드나들게 됐다. 이에 시진핑은 동아시아판 북대서양조약기구의 탄생이 될 것을 우려하고 있다."라는 식의 보도를 했다. 그러면서 BBC는 북-러의 밀착 관계 형성에 일정한 거리를 두려는 중국 정부의 공식 반응에도 불구하고 "지금껏 중국은 미국이 주도한 UN 제재를 반복적으로 어기면서, 김정은이 핵무기를 발전시키는 데 정치적 보호막이 돼줬다."라고 지적했다.

BBC가 따끔하게 지적하듯이 중국은 북한 핵개발의 가장 은밀하고 밀접한 지원국이었다. 북한 핵개발이 미국의 결정적 타격을 받을 만한 상황이 될 때마다 직접 나서서 "그런 방식의 제재나 타격은 옳지 않다."라고 막았다. 6자회담이니 뭐니 하면서 북한이 시간을 버는 데 버팀목이 되기도 했다.

트럼프의 리더십은 협상력을 높이고 전략적 목적을 달성하고자 공격적 블러핑과 시기적절한 정책적 압박을 구사한다. 반면에 오리가 수면 밑에서 발을 굴리는 것처럼, 자신의 전략적 목표를 은밀하게 추진하면서도 표면적으로는 '우리와 관계없다.', '그건 잘 모른다.'라는 식으로 부인하는 방식은 시진핑 리더십의 특징이다. 그의 별명이 '두 얼굴의 리더(Two-Faced Leader)' 혹은 '샤오위에(小岳飛, 작은 악비)'라는 점은 시진핑 리더십의 특징을 잘 표현해준다.

그렇다면 시진핑의 진짜 속내는 뭘까? 단순하게 생각하면 답은 바로 나온다. 지금 당장은 북-러 밀착이 불편하다. 특히 항상 푸틴의 위에 서고 싶어하는 시진핑의 입장에서, 북-러 군사협정은 김정은에게 한 방 먹은 듯 시진핑의 속을 부글거리게 만들 터이다. 하지만 장기 전략 면에서는 잘 벼린 칼을 든 광인 하나를 우리 편으로 삼은 기분일 터이다. 필요한 시기에 검투사로 내보내면 자기 역할을 충분히 할 만한 광대 말이다.

그러나 김정은이 시진핑의 마리오네트가 되어 원하는 대로 춤을 춰줄지는 의문이다. 북한 군대가 우크라이나와의 전쟁에 직접 개입했으니, 이제 북한은 키이우의 정당한 공격 대상이 된다. 이 경우 북한의 전통적 군사동맹 국가인 중국은 동맹 조약에 따라 북한을 무조건 지원하게 규정되어 있다. 이에 관한 《파이낸셜타임스》의 질문에 상하이대학 국제관계학 교수 셴딩리(沈丁立, 1961~)는 다음과 같이 답했다.

그 경우 중국도 분쟁에 휘말릴 가능성이 크다고 우려됩니다. 조약에 따르면 북한이 공격받을 경우 중국은 함께 방어해주기로 했습니다. 북한이 공격받게 된다면, 중국은 법적으로 병력을 파견하고 필요하다면 모든 수단을 동원해 북한을 보호할 의무가 있습니다.[4]

누군가 북한을 공격하면 원론적으로 중국은 북한을 보호해야 하는 입장인 셈이다. 베이징은 이 점에 대해 우려하고 있다. 김정은이 무모한 불장난을 치다 전쟁이 날 경우 중국은 북한을 보호하기 위해 국제관계를 포기하거나, 북한을 외면하여 동맹국의 의무를 포기해야 하는 딜레마에 처하는 것이다. 북한을 외면할 경우 향후 중국이 자국 중심의 동맹국 연합을 구축할 때 맹방으로서 위신에 차질이 생길 수 있다.

또 일부 군사 전문가들은 북한이 러시아와 맺은 북-러 군사협정이 모스크바가 한반도 분쟁에 개입할 빌미를 준다고 해석하기도 한다. 군사협정에는 분명히 그 조항이 명시되어 있다. 러시아가 북한을 도와 참전할 가능성이 생기는 것이다. 이러한 관계로 중국의 고민은 더욱 깊어진다.

미국 국가안보보좌관 맥매스터가 NSC 요강에 명시한 것처럼, 중국의 대응을 읽을 때는 중국의 겉모습이나 말보다, 중국이 수면 밑에서 어떤 움직임을 보이는지를 봐야 한다. 따라서 한국 정부와 기업은 급변하는 상황에 따라 중국과 올바른 관계나 대응전략을 설정할 필요가 있다.

# 제10장

# 대한민국의
# 세계 대전략

## 한국의 세계 대전략은 없다!

· · · · ·

한국의 세계 대전략은 무엇이냐? 없다! 이렇게 말하면 정부의 안
보팀과 전문가들이 펄쩍 뛸 터이다. 예를 들어 윤석열 정부는 '글
로벌 중추 국가 건설'을 정권의 핵심 추진 목표로 설정하고 있다.
그것이 한국의 세계 대전략이라고 주장할 수도 있다. 한국의 국격
이 세계적 수준에 올라섰기에, 그에 걸맞게 글로벌 사회에서 중추
적인 역할을 수행하도록 노력하겠다는 뜻이다.

문제는 한 국가의 세계 대전략은 정권이 바뀔 때마다 내세우는
슬로건이 아니라는 점이다. 세계 대전략으로 내세운 국가 운영 방
침은 어떤 정권이냐를 막론하고 국가 차원에서 그만한 예우를 받
아야 하는 국가 운영의 최고 전략이다. 그러나 '글로벌 중추 국가
건설'은 다른 정권에서 내세운 적도 없거니와, 한국 외교부 홈페이

지에 적시된 대한민국의 외교정책 목표 일곱 가지 가운데 다섯 번째에 적혀 있다. 심지어 대통령실 웹페이지의 국정 목표 항목에서는 마지막 꼴찌에 덩그러니 적혀 있다. 그것이 진정 대한민국의 세계 대전략이라면 그런 대접을 받을 리가 없다. 그것 말고는 대한민국에는 눈을 씻고 찾아봐도 '세계 대전략'은 없다!

미국의 '압도적 우위 대전략' 혹은 중국의 '중국굴기, 중화 부흥 대전략'처럼 그 나라의 모든 전략과 정책이 최종적으로 준거해야 할 목표가 바로 세계 대전략이다. 어떤 정부가 들어서도 정부의 색깔을 초월하여 지속되어야 할 생존대계가 세계 대전략이다. 그런 의미에서 '글로벌 중추 국가 건설'은 세계 대전략이 아닌 현 정권 차원에서만 사용되는 슬로건일 뿐이다.

사실 한국의 어느 역대 정부에서든 이런 사정은 마찬가지였다. 모든 대통령들이 자신의 리더십을 토대로 그에 걸맞은 슬로건을 개발해 그것을 국가전략이라고 표방해왔다. 물론 실제 외교적 행보와 실행전략도 대통령과 정권에 따라 오락가락했다.

왜 대한민국은 초당파적인 국가 차원의 세계 대전략을 갖지 못했을까? 미국의 경우, 2차 세계대전 이후 '압도적 우위 세계 대전략'의 기조는 변한 적이 없다. 그것은 글로벌 리더십 유지, 자유민주주의 수호, 세계 경제와 군사적 패권의 지속적 강화를 목표로 모든 하위 실행전략의 준거지침이 되어왔다.

예를 들어 냉전 동안 미국은 소련의 확장 억제를 위해 봉쇄 전략을 사용했고, 냉전이 끝난 이후에도 대(對)테러 전쟁, 중국 견제 등의 목표는 변하지 않았다. 이는 글로벌 리더로서 세계질서를 주도하고자 하는 일관된 압도적 우위 대전략의 목표에 모든 정권이 충실했기 때문이다.

한국에 세계 대전략이 부재한 이유를 나름대로 찾아보자면, 일단 한국은 지정학적으로 강대국 사이에 위치한 중견국으로서 외부의 안보 및 경제적 압력에 민감하게 반응해야 했다. 분단 상태로 인한 지속적인 안보 불안과 북한의 핵위협은 이상적인 선택보다는 현실적인 선택을 강요했다. 또한 중국과 미국 사이의 갈등으로 인해 한국은 일관된 장기 대전략보다는 상황에 따른 유연한 전략전술적 대응을 선택할 수밖에 없었다.

그러다 보니 매 선택의 상황에서 어떤 목표를 선택해야 하는지는 각 대통령의 철학과 국내외 상황에 따라 급격하게 변화하는 경향이 있었다. 예를 들어 박정희 정부는 '경제 개발과 자주국방'을 국정 목표로 했고, 김대중 정부는 '남북 화해를 통한 평화'를 내세웠다. 이명박 정부의 슬로건은 '실용주의를 통한 경제성장'이었다. 이러한 변화는 한국이 세계를 이끄는 강대국이 아니라, 그저 생존을 목표로 하는 중견국가로서 외교적 상황과 국내 정치의 요구를 반영한 결과라고 볼 수 있다.

이런 대한민국을 김정은은 "대통령에 따라 제멋대로 바뀌는, 믿을 수 없는 나라"라는 취지로 수차례 비난한 바 있다. 아마도 드러내놓고 말을 하지 않아서 그렇지, 그런 생각은 김정은만 하는 것이 아닐 터이다. 이런 현실을 당장 어떻게 할 수는 없겠지만, 외교와 안보에서 일관된 대전략을 수립하기 위한 노력은 지속해야 한다. 그렇게 하는 것이 장기적으로 한국의 국익을 보장하는 데 효과적일 것이다. 배의 항해에는 항해도가 필수이듯이 국가 운영에는 대전략이 필수다.

# 한국의 생존을 위한 네 가지 실행전략

· · · · ·

불행히도 한국의 세계 대전략이 무엇이냐 묻는다면 꼭 집어 대답할 만한 그런 것이 없다. 그래서 여기서는 한국이 퀀텀모프의 과정을 성공적으로 수행하고 다음 세기의 선진 강국이 되기 위한 항해지침, 즉 세계 대전략 수립에 관한 논의에 초점을 맞춰보고자 한다.

한국의 세계 대전략을 완결하진 못해도, 오늘날 해결해야 할 한국의 긴급한 과제를 검토하고 그것의 해결방안으로 어떤 전략을 구축해야 할지 논할 생각이다. 이 과정을 통해서 대한민국호가 미래의 안전하고 풍요로운 항구에 정박하기까지 우리가 무엇을 함께 해내야 할지를 명징하게 파악할 수 있을 터이다.

대한민국호의 항로에 놓인 최대의 암초이자 과제는 북한이다. 한국의 세계 대전략은 항시 북한의 도발을 억제하고 한반도의 안정과 평화 유지에 초점이 맞춰져 있어야 한다. 이것이 대한민국과 국민의 생존, 자유, 행복을 위한 최우선 전략 목표임은 누가 봐도 명백하다. 이 전략 목표를 달성하기 위해서는 적대국인 북한보다 압도적 우위의 무력과 경제력, 그리고 국제적 영향력을 확보하고, 그것을 명시적으로 과시하는 것이 가장 효율적이다. 감히 도발할 엄두를 못 내게 하는 방법이다.

하지만 이 방법은 이제 유통기한이 끝났다. 한국 정부가 어영부영하다가 북한의 핵무력 완성을 코앞에 두게 됐기 때문이다. 북-러 군사협정 체결로 남북한 관계 개선과 비핵화 협상도 물 건너갔다. 핵무력은 김정은에게 마법의 지팡이를 작동시킬 유일한 절대반지인데 그걸 포기할 리가 없다. 다 된 밥에 코 푸는 바보는 이 세상에 없기 때문이다.

이런 주장을 하면 '그럼, 한반도 비핵화를 포기하자는 것이냐?', '그건 위험한 발상'이라고 버럭버럭하는 사람들이 한국 사회에는 꽤 많다. 이들 가운데 상당수는 '대화와 협상을 통해서 북한을 비핵화시킬 수 있다'라고 주장하던 사람들이다. 그들은 협상과 대화를 촉진하기 위해서는 '돈을 먹이는 게 최고'라면서 북한에 퍼주기를 실천했다.

솔직히 말해서, 북한이 국가의 명운을 걸고 가까스로 개발한 핵무기를 회담과 협상을 통해서 자기 손으로 폐기할 가능성이 0.001%라도 있는지 의문이다. 가능성이 없는 방식을 억지로 계속 추진하자는 것은 아마도 다른 속셈이 있지 싶다. 하여튼 이 문제에 대한 대답은, 핵무력이 김정은의 마법 지팡이임을 인정하면 이미 나와 있다. 유일한 해결책은 국제사회와의 협력, 특히 미국과의 동맹을 통해 북한의 도발을 억제하는 것뿐이다.

이런 맥락에서 한국은 어떤 상황에서도 미국과의 동맹 관계가 흔들려서는 안 된다. 이것이 바로 첫 번째 대한민국의 실행전략인 '철벽동맹 구축 전략'이다.

둘째 실행전략은 '퀀텀모프 리더십 강화 전략'이다. 사실 오늘날 한국의 정치·군사적 위상은 경제적 성과에 기반한 바가 크다. 이러한 역학관계를 이용하여 한국이 더더욱 글로벌 중추 국가로 자리 잡기 위해서는 한국의 퀀텀모프 리더십을 강화해야 한다. 퀀텀 컴퓨팅과 퀀텀칩 설계 제작, 첨단 고체 배터리, 하이퍼 인공지능, 핵융합 에너지 등 다가오는 차기 문명을 지배할 첨단 퀀텀기술 산업 분야를 선도해야만 선진강국의 대열에 낄 수 있다. 전 세계적인 퀀텀모프 패권을 장악하진 못하더라도 반드시 퀀텀모프 리더십을 거머쥔 지위에 올라야 한다.

이 책은 신냉전의 본질을 '퀀텀모프 패권 쟁탈전'이라고 정의한 바 있다. 그렇기 때문에 신냉전 국면에서 한국이 동맹으로부터 소홀히 대접받지 않기 위해서 이뤄야 할 과제는 퀀텀모프 리더십 확보다. 김정은의 쓴소리를 들으며 쓰디쓴 경험을 하지 않으려면, 한국은 퀀텀모프 리더십을 강화하여 첨단기술과 군수산업 분야 글로벌 공급망의 핵심 지위에 올라야 한다. 그러면 어떤 경우에도 미국과 서방 진영에 한국은 최우선 동맹 대상일 터이다.

셋째 실행전략은, '경제적 다변화'다. 한국은 미국, 중국, 일본 등 주요 국가들과 무역 관계를 유지하면서도, 동남아시아, 유럽, 중동, 아프리카 등지의 새로운 경제 파트너들과 협력을 확대하여 경제적 네트워크를 다변화시켜야 한다. 이러한 준비는 신냉전 국면에서 언제 어떻게 발생할지 모르는 글로벌 공급망의 변동성에 대처할 수 있게 만들어줄 것이다.

무엇보다 이러한 경제적 다변화 과정은 '세계 시민과 더불어 나아간다.'라는 정신 아래 이뤄져야 한다. 이전과 달리 앞으로의 세계 정치에서는 연대와 협력을 이룬 약소국들이 주요한 행동 주체로 떠오르게 될 것이다. 남반구와 북반구 저위도에 위치한 120개 약소국들을 집단적으로 일컫는 글로벌 사우스(Global South)의 대두가 이러한 움직임을 보여주고 있다. 한국은 무역 공급망을 넓히는 과정에서, 약소국들을 돕는 데 힘써야 하며 국제적 신망을 쌓는 데 돈 쓰기를 주저하지 말아야 한다.

무려 300년 동안 조선의 최고 부자였던 경주 최씨 가문은, 대대로 '흉년에는 땅을 사지 말라.', '사방 백 리 안에 굶어 죽는 사람이 없게 하라.'라는 가훈을 가슴에 안고 살았다고 한다. 남의 약점을 이용해 재산을 늘리고, 이웃의 고통을 외면한 채 내 배만 불리면 원한을 살 수밖에 없다. 이런 가훈이 있었던 덕분에 경주 최씨 가문은 활빈당의 습격을 받지 않았다고 한다.

네 번째 실행전략은 '중국 출구전략'이다. 한국은 오늘날 수출입 의존도가 큰 중국과의 관계를 다시 설정해야 한다. 동시에 중국 시장 불패론을 주장하는 슈퍼차이나론자들의 헛된 주장을 경계해야 한다. 우선 '장차 중국이 미국보다 우위를 차지할 수도 있다.'라는 환상부터 버려야 한다. 한때 그러한 가능성을 점쳤던 사람이 꽤 많았기에 망설여지는 사람도 있을 것이다. 그러나 최근 수년간의 미-중 갈등은 이것이 완전히 헛된 생각이라는 점을 일깨워 준다. 이런 헛된 생각과, 그것에서 비롯된 '균형 외교', '자주 외교', '끼인 국가론' 같은 책상머리 이론을 이제는 폐기해야 한다.

중국이 이대로 폭삭 침몰하리라는 말은 아니다. 하지만 북-러 군사협정으로 인해, 중국이 이제 한국과 완연한 대척점에 서게 됐다는 건 장담할 수 있다. 그 때문에 우리는 중국에 치중된 경제적 의존도를 축소하면서도, 안보와 경제적 균형을 유지할 방법을 모색해야 한다.


## 그러면 중국과 척지란 말이냐?

· · · · ·

아마도 중국 시장 불패론을 경계하고 중국 의존도 축소 전략을 구축해야 한다고 말하면 '그러면 중국과 척지란 말이냐?'라고 버럭버

력할 사람이 있을 터이다. '중국과 척지면 안 된다.'라는 인식은 강대국들이 안정과 평화를 제공하던 시기라면 어느 정도 수용할 만한 전략이다. 비적대적인 강대국 사이에서는 의도적이든 우발적이든 약간의 실수가 일어나더라도, 결정적 충돌로 이어질 가능성이 낮기 때문이다. 평화 시에는 어떤 국가와도 척질 필요가 없다.

그러나 누차 말했듯 어느 한쪽이 숨이 끊어질 정도로 체력이 고갈되어야 끝날 신냉전 시기에, 어설프게 양 적대 진영을 여기저기 기웃거리는 행동은 어느 쪽에서도 신뢰를 얻기 힘들게 만들 수 있다. 이미 양대 진영에서 점점 강화되고 있는 폐쇄적인 블록화 현상이 그 변화의 증거다.

장차 중국이 정상국가의 궤도로 복귀할 수 있다면 중국은 다시금 세계 최대의 소비시장이자 수많은 기업들에게 중요한 수출 시장이 될 것이다. 그러나 현재 중국 시장은 급속도로 무너지고 있다. 시진핑은 정치·경제적으로 곤경에 빠질 가능성이 높다. 중국 인민의 불만이 극도로 고조될 경우 중국공산당 내부의 제도적 절차에 의해서 교체될 가능성조차 없지 않다.

시진핑은 이와 같은 최악의 경우를 막기 위해서 서방 경제와 어느 정도 융합하고, 인민들에게 좀더 자유를 허용하는 정책을 사용할 수 있다. 그러나 한번 뺀 칼을 아무런 결과도 없이 칼집에 그대로 집어넣을 수는 없는 일이다.

이제 와서 미국에 꼬리를 내리면 지도자로서 위신이 안 선다는 체면 차원의 이야기가 아니다. 공산당 조직의 생리를 말하는 것이다. 중국공산당은 특정 지도자나 계파가 추진한 노선이 실패하면 권력을 모두 박탈당하고 실각하도록 되어 있다. 지금은 무소불위인 시진핑도 언제 어떻게 될지 모른다. 그런 공산당 내부의 노선투쟁, 권력투쟁은 지난 100년 동안 수없이 목격돼온 현상이다.

공산체제, 혹은 전체주의적 사회주의 체제에서 공산당은 국가보다 법적으로 우위에 있는 존재이다. 국가는 망해도 공산당은 망하면 안 된다는 헌법을 가진 나라들이다. 중국도 예외가 아니다. 따라서 공산당 지도자의 잘못된 영도(領導)가 당의 존재 기반에 치명적인 영향을 미치면, 당의 권력과 정통성을 지키기 위해서라도 지도자는 휴지조각처럼 버려져야 한다. 이때 지도자가 물러서지 않고 버티면 당내 암투와 대대적인 숙청으로 이어지는 경우가 많다. 스탈린의 대숙청이나 마오쩌둥의 대약진 운동과 문화혁명이 그랬다.

대중의 지지를 뜻하는 '인민의 바다'는 공산당의 생존에 필수적인 요소이다. 과거에는 정보와 언론을 통제하여 바다를 잠재울 수 있었겠지만, 오늘날에는 쉽지 않을 것이다. 노선의 실패와 지도자의 몽니는 중국공산당에 대한 대중적 지지의 소멸로 이어질 가능성이 높다. 한마디로 중국은 언제 어디서 터질지 모르는 변동성이 잠재된 국가다.

따라서 한국 정부와 기업은 중국 시장 불패론에 미련을 두고 기웃거리지 말고 중국과 거리를 두어야 한다. 회수 불가능한 공장 설비와 자본재가 있더라도 과감히 포기하고 떠나야 한다. 그렇지 않다면 적어도 중국 시장의 변화에 촉각을 세우고 있어야 한다.

중국에서 탈출한 한국 기업들은 신흥시장으로의 진출 가능성을 충분히 고려하면서도, 미국 및 다른 동맹국들과 경제적 협력을 지속해야 한다. 정치적으로는 한국의 진심에 대해서 의구심을 가지지 않도록 철벽같은 동맹 네트워크를 구축해야 한다.

# 퀀텀모프 리더십 기반의 철벽동맹 네트워크를 짜야

. . . . .

앞서 살펴본 실행전략들을 종합하여 한국의 세계 대전략을 정의 내려 보겠다. 오늘날의 긴박한 위기를 극복하기 위해 대한민국이 추구해야 할 세계 대전략은 한마디로 '첨단기술을 토대로 한 철벽 동맹 네트워크'이다. 미국과의 단독 동맹만을 철벽처럼 다지라는 말이 아니다. 자유민주주의 세계질서의 유지를 원하는 모든 국가와 다변화된 동맹 네트워크를 구축해야 한다. 물론 그 네트워크의 중심점은 미국과의 철벽동맹이다.

일단은 중국에서 철수한 서방의 자본이 어떤 새로운 투자처로 향하고 있는지 그 흐름을 알아야 한다. 지금은 동남아의 아세안 국가들이 새로운 투자처로 떠오르고 있지만, 차츰 아프리카 및 기타 신흥시장이 새로운 투자처로 부상할 것이다.

특히 아프리카는 장기적인 성장 잠재력을 가지고 있기 때문에 이러한 시장으로의 진출은 다양화된 수익원을 제공할 수 있다. 또한 그들은 특정 이념에 물들지 않은 경우가 많기에 지구촌이 흔들릴 때 우리의 친구요 방파제가 될 수 있는 나라들이다.

종국에 이르러 신냉전의 승리자는 결국 미국과 자유진영 우방국들이 될 것이다. 이후에 다가올 퀀텀문명 시대에서도 그들은 기술·군사·경제 분야를 선도할 것이다. 퀀텀모프 패권의 주축인 퀀텀컴퓨팅, 인공지능, 바이오와 핵융합 에너지 분야에서 타의 추종을 불허할 만큼 미국 기술·산업계가 선두를 질주하고 있기 때문이다. 그런 시장에서 한국의 입지를 확대하려면 그 시장의 지배자들과 가까워져야 한다. 이것이 한국 정부와 기업이 가진 지정학적 위험을 분산시킬 수 있는 최상의 카드다.

퀀텀컴퓨팅, 인공지능, 바이오 기술은 얼핏 보기에 비군사적 기술일지라도 경우에 따라서는 어떤 무기보다 더 위험한 목적으로 전용될 수 있다. 중국이 이 분야의 기술을 북한의 ICBM과 다탄두 투발 능력에 지원해준다면 한국과 그 동맹국은 결정적 타격을 입게 된다.

이런 예기치 않은 상황을 막을 수 있는 유일한 방법은 우리가 중국과 북한보다 한 차원 더 높은 퀀텀모프 지식과 기술력을 보유하는 것뿐이다. 한국은 적어도 방위 분야에 있어서는 미국과의 기술적 협력을 강화해야 한다. 그래야 중국과 러시아의 민감한 기술을 지원받은 북한의 무력 도발을 억제하기 위한 더 강력한 정보 및 기술을 지원받을 수 있다.

더 나아가 한국은 미국 및 동맹국들과 협력하여, 중국과 러시아가 북한에 민감한 기술, 특히 ICBM과 다탄두 탑재 관련 기술을 제공하지 않도록 외교적·군사적 압력을 가할 필요가 있다. 이를 위해 한국은 평소에도 국제무대에서 중국의 행동에 대해 강한 메시지를 전달할 필요가 있다.

이러한 노력이 실패해 실제 북한의 무력 도발이 벌어지더라도, 한국의 피해를 최소화할 수 있는 미사일 방어 능력을 확보해야 한다. 한국 군수산업의 기술 수준과 생산능력을 더 강화해둘 필요가 있다. 그중에서도 미사일 방어체계는 이스라엘의 아이언돔(Iron Dome)보다 더 치밀하고 정교한 대공 방어망을 구축해둘 필요가 있다.

한국 정부와 기업은 반드시 '자유주의 동맹에 굳건히 서라.'라는 전략을 흔들리지 말고 사수해야 한다. 미국과 중국, 러시아 사이의 적대적 태세가 점점 격해지는 현 상황에서, 한국은 내 편은 명확히 하되 서로의 양해를 바탕으로 상대국과 협력을 추구하는 노선을 택해야 한다.

구체적으로 한국은 동북아 지역 국가끼리의 새로운 동맹을 모색해야 한다. 한국과 일본, 대만, 호주, 필리핀을 엮어서 '동북아 안전보장 기구'를 설립할 수 있다. 그리하여 유럽의 NATO와 동등한 입장에서 상호 안전보장조약을 체결해야 한다. 북한이 우크라이나에서 이미 서방과의 전투에 직접 참여하고 있기에 NATO 역시 동북아 지역의 자유민주주의 국가와 긴밀히 협조해야 할 필요성을 느끼고 있을 것이다. 또한 인도, 베트남, 태국과 같은 인도-태평양 지역 내의 기타 미국 동맹국들과도 긴밀한 네트워크를 구축해야 한다.

위와 같은 작업을 수행해놓아야만 북한의 무력 도발을 억제하고, 러시아가 블라디보스토크를 통해서 동북아-태평양 교역로를 훼손하려는 전략을 저지할 수 있다.

물론 이 과정에서 중국은 한국의 움직임에 거세게 반발하거나 무리한 요구를 해올 것이다. 이런 상황에서 중국과의 마찰을 최소화하기 위해서는 중국 관리 매뉴얼을 아주 세밀하게 작성해, 관련 담당자들에게 철저히 숙지시켜야 한다. 평소에도 중국과 협력할 수 없는 부분이 존재함을 직간접적으로 국제사회에 노출시켜, 중국이 우리의 기준을 파악해놓게끔 준비시켜야 한다. 그에 더하여 동맹국과의 연대가 한국으로서는 어쩔 수 없는 선택임을 알려주어야 한다.

이는 결국 한국이 '안보'와 '경제' 사이에서 명확한 선택을 내려야 한다는 것을 의미한다. 물론 우선순위는 안보다. 경제적 손실을 감수해야 할 상황이 되더라도 '안보 우선 원칙'을 어겨서는 안 된다. 한국이 장기적으로 미국과의 공동안보 체계를 보장받으려면 지켜야 할 대전제이다. 그 전략을 흔들리지 않고 수호한다면 중국 때문에 입은 경제적 손실은 훨씬 큰 몫으로 서방 진영에서 보상받을 터이다.

지금까지 우리가 안보를 선택할 경우 중국 시장을 일찌감치 포기할 수밖에 없다는 식으로 얘기하긴 했으나, 꼭 그러리라는 보장도 없다. 실제로 몇몇 국가들이 중국과 일정 부분 선을 그으려 하니, 오히려 중국이 그들에게 매달린 사례도 있다. 미국 편에 붙으면 확실하게 중국 시장을 잃게 될 것처럼 말하는 것은 옳지 않다.

예를 들어 일본과 호주 모두 안보 문제에서 미국과의 동맹 관계를 매우 강력하게 유지하는 전략을 실천했다. 일본은 미사일 방어 체계와 이지스함을 통해 미국과의 안보 협력을 강화했고, 호주는 중국 견제를 위한 핵잠수함을 도입하는 등 안보 협력에 적극적으로 참여했다. 이로 인해 중국과의 갈등이 있었는데, 그럼에도 불구하고 경제적으로는 중국과의 협력을 유지하는 전략을 취했다. 호주는 한때 중국과 무역전쟁을 벌이기는 했지만, 시간이 지나면서 무역은 무역대로 흘러가며 안정적인 경제 관계를 유지하게 되었다. 일본 역시 경제적으로는 중국과의 관계를 무난히 유지하고 있다.

주목해야 할 점은 호주와 일본은 중국과의 경제 갈등이 발생했을 때, 중국 보란 듯이 다른 국가들과 다변화된 경제 관계를 강화했다는 것이다. 일본은 동남아시아 국가들과의 경제 협력을 확대하고, 호주는 미국, 유럽, 인도 등 다양한 국가와의 경제 관계를 확대했다. 이러한 경제적 다변화가 중국과의 경제적 충돌을 완화하는 데 중요한 역할을 했음을 알아야 한다. 중국과의 외교적 소통 강화를 위한 노력도 게을리하지 않았음은 물론이다. 이것이 국제 관계에 있어서 성숙한 외교 자세이고 안보 전략이다.

요약하면 한국은 일본과 호주처럼 안보에서는 미국과의 강력한 동맹을 유지하면서, 경제적으로는 중국과의 협력을 관리하는 전략을 채택해야 한다. 이러한 이중 전략은 두 강대국 간의 갈등 속에서, 안보와 경제의 균형을 유지하여 자국의 이익을 최대한 보호할 수 있는 현실적인 방안일 것이다.

대한민국의 세계 대전략을 직접 제시할 입장은 아니지만, 반드시 고려되어야 할 전략적 목표 두 가지는 뚜렷하다. 한국 정부에 어떤 정권이 들어서더라도 지켜내야 할 전략적 목표는 바로 '퀀텀 모프 리더십 확보 및 첨단기술 강국 건설'과 '철벽동맹 네트워크'의 구축이다.

재차 강조하지만, 미국과의 동맹은 철벽보다 더 단단하게 강화해야 한다. 그에 더하여 자유민주주의 세계질서 유지를 옹호하는 모든 국가들과 다변화된 동맹 네트워크를 구축해야 한다. 물론 그 네트워크의 중심점은 미국과의 철벽동맹이다. 한마디로 '첨단기술을 토대로 한 철벽동맹 네트워크'가 대한민국이 추구해야 할 세계 대전략이다.

# 한국 사회에 남겨진 과제

## 기억전쟁의 소용돌이에 휘말린 한국 사회

· · · · ·

한국이 과거의 전근대 사회에서 오늘날의 21세기 최첨단 디지털 문명 사회로 전환되는 데는 1945년 해방 후부터 딱 80년이 소요되었다. 1세기도 안 되는 시간 만에 '모두가 알아주는 21세기 디지털문명의 선두주자'로 변모한 기적은 세계가 인정하고 있다. 그렇다면 80년이란 세월은 어떤 무게를 지니고 있을까? 1945년에 태어난 아이가 오늘 80세의 할아버지로 변신하고 그 할아버지의 아들도 60세 환갑이 됐을 시간이다. 그리고 그 손자도 30세의 성인이 됐을 시간이다. 이처럼 한국 사회에서의 80년의 세월은 전근대 사회의 끝물인 1945년생 인간과 디지털 사회의 시작점인 1995년생 Z세대가 공존하게 해주는 시간대이기도 하다.

소위 Z세대는 인터넷과 스마트 기기를 손에 들고 태어난 세대다. 인간을 직접 대면하기보다 소셜미디어를 통해서 소통하는 게 더 편한 세대다. 이에 반해 80세 할아버지의 어린 시절은 우마차가 거리를 삐걱거리며 다녔고, 비가 조금이라도 오면 온 골목이 질척거리는 세상이었다. 한국전쟁의 포탄 세례 속에서 겨우 목숨을 건졌지만, 그 후 먹거리가 없어 굶어 죽을 뻔할 위기를 몇 번이나 겪을 정도로 가난한 세월을 보낸 세대이다. 미군이 나눠주는 우유와 밀가루 포대를 배급받아 겨우 살아남은 세대이다. 이렇게 비참했던 세대가 조선왕조가 망한 1910년 이후 겨우 110여 년 만에 세계 11~12위의 부유한 국가에서 살게 되었다.

이 같은 급격한 변화는 사회 구성원으로 하여금 문화적 연속성이나, 그 이전에 오랫동안 공유했던 '전통적 집단기억'에서 비롯되는 동질감을 느낄 수 없게 한다. 본래 조선왕조와 같은 전통적 유교 사회에서는 가족, 지역 공동체, 신분 제도가 워낙 탄탄하게 자리 잡았기 때문에 사회의 집단기억이 안정적으로 장기간 전승되었다. 하지만 일제 식민지배와 한국전쟁, 그리고 산업화와 민주화 과정을 거치며, 기존의 집단기억은 급격히 변형되거나 단절되었다.

결국 이러한 관점에서 보면 한국인들은 고작 80년 전인 1945년부터 이 땅에 정착한 이주민이나 다를 바 없다. 500년 이상의 오랜 세월을 거쳐 혁명과 전쟁을 거치면서 오늘의 디지털 사회에 도달한 유럽의 근대화 과정에 비하면 한국인은 순식간에 디지털 사회로 공간 이동한 이주 정착민처럼 보인다. 그렇다고 한국인이 최근 근대화 80년에 대해서 동질적인 기억을 공유하고 있냐 하면 그렇지도 않다.

장구한 역사에 비하면 80년이라는 세월은 정말 짧은 시간이다.

1945년 해방둥이부터 1970년대 말까지를 1세대로, 1970년대 말부터 1999년까지를 2세대로, 그리고 오늘날까지를 3세대로 억지 구분을 하자면, 대한민국은 겨우 3세대의 역사를 지닌 국민 공동체이다. 그런데도 현대 한국인이 가진 기억은 세대별로, 계층별로, 지역별로, 남녀별로 서로 확연히 다르다. 다르다기보다는 갈기갈기 찢어져 있다. 그래서 '술자리나 사석에서 정치 얘기 금지', '역사 얘기 금지'라는 우스갯소리마저 나온다.

집단기억의 관점에서 비춰본 한국 사회는 대략 두 가지 문제를 안고 있다. '과거사 청산'과 '역사 정통성 이슈'이다. 역사 정통성 이슈는 과거사 청산 문제와 직접적으로 연관되면서, 그 자체로도 매우 심각한 사회적, 정치적, 그리고 문화적 갈등의 근원 중 하나이다.

본디 한 국가에서 운명공동체로서의 '국민의식'은 국가의 정체성과 국민적 합의를 토대로 자기 조국에 대한 정통성 의식을 공유할 때 형성된다. 그러나 대한민국의 모 대통령은 "대한민국의 역사는 정의가 패배하고 기회주의가 득세했던, 분열과 패배, 굴욕의 역사"라고 일갈했다. 그만큼 국가와 역사의 정통성을 인정하지 않는 풍토가 한국 사회에 만연해 있다.

만약 모든 한국인이 전근대 조선과 식민지 지배라는 과거에 대한 기억을 완전히 지워버린 백지상태로 한반도에 이주했다면, 그리고 1945년 해방 이후 지난 80년간의 근대화를 더불어 함께 경험했다면 어땠을까? 오늘날처럼 각자가 서로 다른 기억을 가지고 서로 다른 눈으로 세상을 바라보며, 사사건건 다른 해석을 내린 채 살지는 않을 것이다. '백지상태의 과거'라고 비유한 것은 너무 극단적일지도 모른다. 단지 한 사회의 집단기억이 어떻게 형성되고 변질되고 다음 세대로 전승되는지 보여주기 위한 비유일 뿐이다.

지난 500년 동안 온갖 혁명과 전쟁을 겪으며 오늘에 도달한 유럽과 미국은 '과거사 청산'과 '역사 바로 세우기'처럼 과거를 두고 물고 뜯는 일이 없다. 이들은 단지 빈부격차, 인종 갈등, 이민 혹은 난민 이슈같이 당대에 발생한 문제로 골머리를 싸매고 있다. 그렇다면 근대화 기간이 짧은 한국과 근대화에 장구한 세월을 소요한 서양은 과거 역사에 대한 태도가 왜 다른가? 기나긴 근대화 과정에도 불구하고 특별히 기억할 거리가 없어서 과거사 논란이나 역사 정통성 이슈가 없다고 말할 사람은 아무도 없을 터이다.

근대화 선진국에서 과거사 청산이나 역사 정통성 문제가 덜 부각되는 이유를 간략히 논하면, 수많은 전쟁과 혁명, 정치체제의 변동을 겪고 전통의 발명 과정을 통해서 충분히 동질적인 집단기억과 국가 정체성을 안정적으로 확보했기 때문이다. 오랜 세월에 걸쳐 진행된 점진적 근대화는 구체제의 집단기억 중 망각할 것과 전승할 것을 구별할 충분한 시간을 벌어주었다. 전승해야 할 기억은 새로운 전통으로 발명되었고 그렇게 과거와 현재의 갈등은 완화되었다. 서양 선진국들은 새로운 전통의 발명을 통해서 과거의 분열을 통합하는 서사를 만들어냈고 잘게 쪼개져 있던 왕국과 공국을 통합하여 국민국가(nation-state)라는 근대국가를 구축해냈다.

구체제를 청산하고 그것의 집단기억을 지우거나 수정하며 새로운 정통성을 창출하는 데 핵심적인 역할을 한 도구가 바로 '혁명'과 '전쟁'이었다. 프랑스 혁명이나 미국 독립전쟁, 그리고 2차 세계대전 이후 독일의 사례처럼, 이러한 사건들은 과거의 상징과 서사를 부정하고 새로운 집단기억과 전통을 발명하여 새로운 국가 정체성을 재구성하는 데 결정적 역할을 했다. 여기서는 자세히 논할 지면이 없지만, 프랑스 철학자 모리스 알박스(Maurice Halbwachs, 1877~1945)의 '집단기억'[1] 이론이나 영국 역사학자 에릭 홉스봄(Eric Hobsbawm, 1917~2012)의 '전통의 발명(The Invention of Tradition)'[2] 개념을 살펴보면 혁명과 전쟁이 어떤 맥락에서 어떻게 작동하는지를 잘 알 수 있다.

여하튼 한국의 경우을 보자면, 너무 짧았던 근대화 기간 때문에 과거의 전근대 사회인 조선왕조의 집단기억을 온전히 머리 속에 담고 있는 상태에서 근대 문명이 요구하는 윤리와 가치를 덧씌우기를 강요당했다. 그리고 이처럼 해소되지 않은 전근대 사회의 집단기억은 세월이 지나면서 왜곡·변질되어 다음 세대에 전달된다. 1980년대까지는 조선왕조가 망하기 전에 태어난 할아버지와 할머니가 많았다. 어제 일도 제대로 기억하지 못하는 할아버지, 할머니지만 조선과 일제 식민지배 시절의 일을 잊어버린 사람은 없었다. 그때 일이라면 입 떨어지기 무섭게 이런 일, 저런 일을 끝도 없이 기억해냈다. 그러면서 요즘 세상은 왜 이 모양이냐고 한탄하길 그치지 않았다.

문제는 이분들의 말을 들은 다음 세대가 실제 사실이 그러했는지, 정통 역사가는 어떻게 기록하고 있는지엔 전혀 관심을 두지 않고, 자신이 알고 있는 사실을 마치 직접 경험한 듯이 이야기한다는 점이다. 비록 지금 이 시점에서 80세 노인이라 해도 조선왕조를 겪어봤을 리 없고 일제 식민지배를 직접 경험했을 리 없지만 조선 궁중비사나 일제 순사에 관한 얘깃거리는 무궁무진하다. 많은 이들이 전혀 검증되지 않고 오직 짜릿한 자극을 위해 각색된

TV드라마나 영화의 내용을 사실인 듯 믿고 서로 논쟁한다.

자세히 들어보면 사람마다 맥락이 서로 다른 이야기를 자기 경험인 듯 얘기한다. 여기저기서 주워듣고 교육이나 TV를 통해 습득한 정보를 자신이 실제 경험한 일로 여기기 때문이다. 이들이 간접 경험하는 역사적 사건은 사실 이 시대의 사회 지배세력이 듣고 싶어하는 이 시대의 집단기억일 뿐이다. 하지만 사람들은 검증되지 않은 집단기억을 자신이 실제 경험한 듯이 착각하면서, 뇌리에 깊이 각인하고 오래 간직한다.

인간은 과거의 기억과 완전히 단절될 수 없다. 게다가 인간의 기억은 쉽게 변한다. 전통적인 전근대 사회에서 현대 사회로 빠르게 전환되는 과정에서 현대 한국인은 역사와 과거의 사실에 대해서 심각하게 변질 혹은 왜곡된 집단기억을 실제 사실로 알고 살게 됐다. 현대 한국인의 경우, 일제 식민지배에 대해서도 심각하게 변질 혹은 왜곡된 집단기억을 머리에 새기고 산다. 그뿐만 아니라 1950년 한국전쟁에 대한 평가, 이승만 대통령에 대한 평가, 박정희 대통령에 대한 평가의 경우도 그러하다.

집단기억을 실제 사실로 여기고 살아가는 건 어느 나라나 마찬가지다. 다만 현대 한국인은 과거에 관한 모든 기억이 전혀 사회적 통합을 이루지 못하고, 극단적으로 반대인 두 쪽으로 쪼개져 있다는 것이 골칫거리다. 불행히도 그 쪼개짐은 긍정과 부정의 당파로 나뉘어 서로 시비를 붙고 있다. 더욱더 안타까운 현실은 대부분의 한국인들이 무엇이 진실인지 직접 탐구할 생각은 전혀 없이, 서로 다른 집단기억을 유지한 채 오로지 자신의 기억만이 사실과 진실이라고 믿고 산다는 것이다. 아마도 이런 왜곡된 집단기억은 더욱

갈고 가다듬어져서 다음 세대로 전달되고 계승될 터이다.

이런 불행한 현상은 한국만 그런 것이 아니다. 현재 지구상에 존재하는 국가는 UN 회원국 기준으로 대충 190여 개이다. 그중 약 78% 가까운 국가가 2차 세계대전이 끝날 때까지 식민지로 존재했다. 불과 10여 개의 나라가 80%에 가까운 국가들을 지배한 셈이다.

이들은 2차 세계대전 후 대부분 신생 국가로 독립했는데 대개 비슷한 사정이다. 사회 집단이 서구 엘리트 집단, 민족주의 집단, 토착·토후 세력, 친식민지배 세력으로 분열되고, 당파를 만들어 자기 나라에서 벌어지는 일들에 대해 서로 다른 해석을 내리고 충돌하기 시작한다. 결국 근대화를 지향하는 세력과 거기에 저항하는 세력의 충돌로 귀착되고 쿠데타, 반란, 대학살, 내전과 같은 불안정한 사건으로 이어진다. 그게 2차 세계대전 후 전 세계에서 하루가 멀다 하고 발생한 쿠데타와 내전, 혁명의 진상이다.

우리가 현재 목도하고 있는 한국 사회의 지역갈등, 정치적 분열 같은 집단적 갈등 역시 서로 다른 기억을 가진 집단들끼리 벌이고 있는 '기억전쟁'의 일환이다. 이러한 기억전쟁은 사회를 정체시키고 앞으로 나아가지 못하게 만드는 걸림돌이다.

예를 들어, 2003년 발생한 일명 '도롱뇽 소송' 사건이 그렇다. 경부고속철도의 천성산 관통을 둘러싼 찬성파와 반대파의 대립은 산 밑으로 터널 하나 뚫는 데에도 7년이 걸렸다. 지율 스님의 단식처럼, 논리가 아니라 그저 억지로, 죽기 살기로 싸운다.

한쪽은 터널을 뚫으면 산 밑을 흐르는 지맥이 끊어지고 산 위 늪지의 도롱뇽이 다 죽는다고 머리를 싸매고 단식한다. 다른 한쪽은 산을 빙 돌기보다 터널을 이용하면 연간 물류비가 얼마나 절약

되는지 알고 반대하느냐며 혀를 찬다. 산과 터널이라는 한 사건을 두고 전혀 다른 관점과 해석이 충돌한다. 이 모든 게 전혀 다른 집단기억을 가진 계층들이 존재하기 때문이다.

기억전쟁은 여러 양상으로 나타나는데, 그중에서도 가장 중재가 어려운 다툼은 동일한 한 사건에 대해서 서로 다른 기억을 갖고 싸우는 사람들이다. 각자 자신의 기억이 옳다고 철석같이 믿기 때문에 상대는 거짓말하는 놈이고 나쁜 놈이 된다. 서로의 기억을 수정하고 통합하지 않는 한 기억전쟁에 의한 분쟁은 진화될 수 없다.

한국 사회의 분열과 대립의 원인으로는, 표면적으로는 경제적 불평등, 지역적 적대감 또는 정치적 이익 분배가 꼽히고 있다. 하지만 갈등의 더 깊은 심층부로 들어가보면 거기에는 서로 다른 집단기억을 가진 세력들 사이의 기억전쟁이 작동하고 있음을 알 수 있다. 한국 사회는 '집단기억의 분열증'에 휩싸여 좌파와 우파, 진보와 보수, 친중 종북파와 반중 반북파, 환경 순수파와 도시산업화 지지 세력 간의 싸움을 벌이고 있다.

한국은 서로 다른 집단기억을 가진 인간들이 자기 나름의 삶의 방식을 고집하면서 살아간다. 하지만 퀀텀모프를 통하여 새로운 문명으로의 전환이 예정된 이 시점에서 기억전쟁을 해결하지 못하면 앞으로 우리 사회에서는 더 큰 사회적 갈등이 벌어질 것이다. 기술의 발전으로 인간의 삶이 새로운 양상을 보일 때마다, 각 집단은 서로 다른 해석을 내리며 반목할 테니 말이다.

또한 앞으로 한국 사회는 보다 더 다문화화, 다인종화될 것이다. 인구 소멸이란 말까지 회자되는 한국의 현실 앞에, 우리 사회가 점차 다문화·다인종 사회로 변하는 것은 막을 수도 없고 막을 도리도 없다. 그렇게 되면 기억전쟁의 문제가 더욱 심각해질 것이다. 그 전에 우선 한국 국민들 간의 기억전쟁을 해결해야 한다.

한국 사회는 2003년부터 2023년까지 출생률 제고를 위한 320조 원의 투자를 하기 훨씬 전에, 이들 문제에 대한 논의와 합의점을 마련했어야 한다. 이 문제가 적정선에서 해결됐다면 출산율 저하는 별로 심각한 문제도 아니었다.

기억전쟁을 해결할 방법은 새로운 국민적 기억이 형성될 때까지 기다리는 것뿐일까? 현대 사회는 이성적이고 과학적인 규칙과 규범에 의해 운영되는 사회다. 자유와 합리에 기반한 법과 제도를 확실히 갖춘다면, 기억전쟁으로 인한 폐해를 최소화할 수 있다.

새로운 변화에 대하여 누군가는 몸에 맞지 않는 옷처럼 불편하게 느낄 수 있다. 그러나 그들이 그 변화를 거부하고 악을 지른다고 해서 우리 사회 전체가 변화를 거부할 수는 없는 노릇이다. 변화를 거부하는 이들의 논리가 비이성적이며 법과 제도를 벗어난다면 과감하게 제재해야 한다.

요즘 한국 사회에 유행하는 말이 있다. '국민 눈높이'라는 말이다. 아무리 좋은 아이디어가 있어도, 반대파들은 국민 눈높이만큼만 실천할 수 있다고 매도한다. 얼마나 비합리적인 사고방식인가? 싱가포르의 리콴유는 이걸 대중추수주의(大衆追隨主義, populism)라 부르며 매섭게 비판했다. 그러한 행태를 보이는 정치인을 향해 "국민 눈높이가 저렴하다면 그건 사회지도층의 책임이다. 대중의 의식을 높은 수준으로 끌어올리기 위해서 당신은 어떤 노력을 했나?"라고 질책하기도 했다.

국민 눈높이를 올려가는 것이 정치인의 책무인데 국민 눈높이에 맞지 않아 올바른 정책을 포기한다면 그것은 국가와 국민의 발전을 포기하고 자신의 안일을 위한 대중 인기영합주의일 뿐이다. 누군가 이 악순환고리를 끊어야 대한민국호가 풍랑을 헤치고 미래 문명을 향해 나아갈 터이다. 이것이 한국 사회가 바른길로 나아가기 위해 반드시 수정해야 할 '첫 번째 망할 징조'이다.

## 피크 코리아, 냄비 속의 개구리
. . . . .

2019년부터 2023년까지 한국의 경제성장률은 2.2%, −0.7%, 4.3%, 2.6%, 1.4%를 기록했다. 성장률 1% 시대를 맞이한 것이다. 그동안 세계 경제가 너무 안 좋아서 한국이 이렇게 됐다고들 얘기하는데, 전혀 그렇지 않다. 왜냐하면 2023년 세계 경제성장률은 2.6%로 한국보다 훨씬 높았기 때문이다. 혹자는 한국 경제의 규모가 커져서 이제는 고속 성장이 불가능하다고 말하기도 한다. 그러나 2023년 한국보다 경제 규모가 13배나 큰 미국 경제는 2.1% 성장했다. 한국은행은 한국의 잠재성장률도 2011~2015년 1.6%에서 2021~2022년 1.4%로 축소되었다고 발표했다.

이런 상황에서 다수의 전문가들은 '피크 코리아(Peak Korea)' 즉 한국의 국력이 정점을 찍고 내리막길에 들어선 것 아니냐는 암울한 전망까지 내놓고 있다. 글로벌 컨설팅사 맥킨지는 이미 10년 전에 "한국 경제는 퇴로가 없다. 세 번째 고속 성장 동력을 키워야 할 절체절명의 순간이다."라고 보고했다. 그로부터 10년이 지난 2023년에는 "그 개구리가 반쯤 익었다. 대한민국이 살길은 급진적

이고(radical), 과감한(bold) 변화뿐"이라고 말했다. 요약하면 '한국은 중병에 걸렸다. 그리고 그 원인이 뭔지도 잘 안다. 근데 수술할 생각을 하지 않는다. 이대로 가다가는 병상에서 골골거리다가 죽는 길밖에 없다.'라는 의미이다.

일본에 대해서도 이제 그 정점을 지나 쇠퇴할 가능성이 높다는 진단이 속출한다. 조지타운(Georgetown) 대학 브래드 글로서먼(Brad Glosserman) 교수는 그의 저서 《피크 재팬, 마지막 정점을 찍은 일본(Peak Japan: The End of Great Ambitions)》에서 그 원인을 일본에 만연한 위기 불감증과 그로 인한 '변화의 지체', '개혁의 부재'라고 분석했다.

어떤 사람이 심각한 생사의 위기에 처하면 생존을 위해서 아드레날린을 내뿜으며 초인적인 의지로 활로를 찾는 것이 당연한 일이다. 그러나 요즈음의 일본인들은 심각한 외부 충격에 직면했을 때도 별다른 변화를 보이지 않는다고 말한다.

글로서먼 교수는 일본은 도전을 극복할 능력이 입증된 몇 안 되는 나라지만, 일본의 젊은이들은 무언가를 극복할 의지를 상실한 상태라고 말한다. 그 근거로 "우리는 행복하고 편안하다. 기차에서 잠을 자도 돈을 훔치는 사람이 없다. 우리는 절박함이나 고통을 느끼지 않아 새로운 것을 시도할 필요성을 느끼지 않는다."라는 교토 대학생의 말을 인용한다.

사실 변하지 않고 변화를 거부하기로 치자면 한국이 일본보다 몇 수 위다. 한국은 1990년대 후반 IMF 위기 이후 국가적 차원의 개혁이 한 번도 없었다. 노동 개혁도, 연금 개혁도, 공공부문 개혁도 해내지 못했다. 규제, 차별, 기득권 장벽은 도처에 만연해 있다.

덕분에 노동의 유연성이 사라져 어떤 일자리는 대대로 세습될 만큼 노동의 경직도가 세계 최고 수준이다.

정치권의 갈등 해결 역량은 바닥이다. 정부는 민노총의 눈치를 보고 정책을 결정한다. 그들의 불법 파업과 시위에도 손을 놓고 있다. 양질의 일자리는 점점 줄어가는데 복지기금으로 지하철 안내나 창문 닦는 직업을 개발하여 일자리가 늘어났다고 홍보한다. 부동산값 상승, 높은 사교육비 등의 사회 구조적 문제는 악화일로다. 그래서 청년층은 아예 결혼을 꺼리고, 출산을 기피한다.

싱가포르 경제를 세계 최하위 수준에서 1인당 GDP 2위 수준으로 키워낸 리콴유는, 경제 발전의 중요한 요소로 '잠재성장률'과 '자본의 한계 생산성'을 높게 유지해야 한다고 강조한 바 있다. 자본의 한계 생산성은 추가적인 자본 투자로 얻을 수 있는 생산 증가율, 즉 자본의 효율성을 의미한다. 자본의 한계 생산성을 높게 유지하기 위해서는 낡은 산업을 첨단기술 기반의 고수익 산업으로 구조조정해야 한다.

이러한 산업의 구조조정 혹은 산업 구조 합리화에 필수적인 요소가 바로 노동의 유연성 확보다. 기업들이 조정이나 해고를 유연하게 수행하기 어려운 환경에서는 신산업 분야의 글로벌 경쟁력을 유지하기가 불가능하다.

노동 경직도가 높아도 여전히 한국 경제는 건재하다고 반문하거나 조롱하고 싶다면 맥킨지의 또 하나의 조언을 읽어보기 바란다. "서서히 삶겨서 죽는지도 모른 채 개구리탕이 될 날이 머지않았다."는 충고다.

기업 스스로도 최선을 다해서 미래 먹거리를 찾아내는 데 몰두

해야 한다. 스스로 돕지 못하는 자는 아무도 돕지 못한다. 스스로의 권리, 스스로를 지킬 수단, 스스로의 경영 활동을 제고할 환경을 확보하는 데 기업도 젖 먹던 힘을 다해야 한다. 그렇지 않으면 냄비 속에서 중탕이 될 터이다. 이것이 '두 번째 망할 징조'이다.

## 기업 학대 풍토엔 기업의 저항권으로

· · · · ·

최근 네덜란드 정부가 이민자 유입을 좀더 엄격하게 규제하고 기업에 대한 세금 혜택을 축소하겠다는 발표를 하자, 네덜란드의 반도체 노광장비 제조업체 ASML은 기업의 국적을 옮길 가능성을 암시했다. 이민자 유입 규제 정책의 경우 ASML이 필요로 하는 고급 인력의 보충에 부정적인 영향을 미칠 수도 있기 때문이다. 그래서 네덜란드 정부는 ASML의 탈출을 막기 위해 대대적인 인프라 개선과 세제 혜택을 포함하는, 소위 '베토벤 작전'이라는 프로젝트를 벌이고 있기도 하다.

2021년 테슬라 CEO 일론 머스크는 테슬라 본사를 텍사스 오스틴(Austin)에 위치한 기가팩토리(Gigafactory)로 이전하겠다고 발표했다. 텍사스는 다른 주에 비해서 상대적으로 낮은 세율과 기업 친화적인 규제를 유지해 테슬라에 더 유리한 환경을 제공하기 때문이라는 설명이다. 그러나 직접적인 이전 동기는 기존 테슬라 본사 소재지인 델라웨어(Delaware)주 법원이 일론 머스크가 받은 560억 달러 규모의 보상 패키지를 무효로 한 뒤, 그 금액을 반환하라는 판결을 했기 때문이다. 이에 격분한 머스크는 테슬라의 국적을 바꾸겠다는 결심을 했다. 미국의 주는 연방에 통합되어 있다는 점만 제외하면, 세법과 법률이 서로 크게 다른 별도의 국가와 같다.

오늘날에는 기업을 단순히 물적 조직이 아니라 살아 있는 시민으로 간주한다. 기업시민정신(corporate citizenship)이 그것이다. 기업의 장기적 성공과 사회적 신뢰 구축을 위해 기업도 시민사회의 일원으로 그 책임과 의무를 다해야 한다는 논리다. 특히 글로벌화된 경제 환경에서 기업의 평판이 국가의 평판과도 연계되는 이때에, 기업은 사회적 책임과 지속가능 경영을 실천하는 모범을 보여야 한다는 주장은 당연하게 들린다.

그러나 권리와 책임은 항시 동반되어야 한다. 권리만 있고 책임은 지지 않는다든가, 책임만 지우고 권리는 인정하지 않는 행태는 불합리하다. 민주주의의 원리는 권리가 있는 곳에 책임이 함께 한다는 원칙에 서 있다. 오늘날 민주주의 국가의 정부들은 기업에 '시민사회의 일원으로서의 책임'을 지우고 있다. 그렇다면 그에 걸맞은 '시민으로서의 권리'도 기업이 마땅히 누릴 수 있도록 보장해줘야 한다.

오늘날 지구촌에는 기업 경영에 전혀 도움을 주지 않으면서 기업의 피만 빨아먹는 국가가 허다하다. 그런 국가의 지도층들은 기업을 하나의 법적 인격을 지닌 시민이라고 여기지는 않고, 자신의 종노릇 하는 도구라고 생각한다. 자신의 의지를 조금이라도 거스르면 학대하기 일쑤다. 기업은 엄연히 법적 인격을 지닌 법인(法人)이고 우리 사회를 구성하는 시민사회의 일원이다. 그렇기에 기업을 대상으로 한 정치권의 횡포는 '기업 학대'라 불러도 좋을 것이다.

누군가 자신에게 학대를 가하고 있다면 그로부터 벗어나는 것이 당연한 이치다. 이런 점에서 ASML의 네덜란드 탈출도, 테슬라의 텍사스 이전도 법인의 생존과 번영을 위한 합리적이고 전략적인 선택이다. 어떤 비난에도 불구하고 그와 같은 결정은 정당성을 가진다.

기업에 있어서 경영권 보장과 지속가능한 성장 유지는 인간에 비유하면 생명권과 같다. 정치적 간섭과 불안정한 환경이 기업의 존립을 위협한다면, 기업은 마땅히 경영 환경이 좋은 국가로 이전해야 한다. 그것이 기업의 생존권을 지키기 위한 필수적인 조치이자 최소한의 저항권이다.

이런 관점에서 오늘날 한국 정부가 기업을 어떤 태도로 대하고 있는지 살펴보면, 사농공상(士農工商)의 원리가 통하던 조선시대의 상황과 별 다를 바가 없다. 상(商)은 사회적 권력서열로 보면 최하위다. 정치인들은 기업인들을 불러 자신의 입맛에 맞는 사업에 투자할 것을 종용한다. 국회에서는 여야 간 정쟁 과정에서 기업인들을 희생시켜 줄줄이 쇠고랑을 차게 만든다.

퀀텀모프 과정에서 생겨나는 신사업에 선도적으로 진출하려면 온갖 규제를 헤쳐나가야 한다. 그런데도 규제 개혁안은 '전례가 없다'는 핑계로, 한정 없이 책상 서랍에서 잠자고 있다. 기존 사업을 구조조정하려면 노조의 눈치를 봐야 한다. 그렇게 힘들게 일군 회사를 상속하려면 50% 이상의 상속세를 내야 한다.

어느 날 한국을 대표하는 유수의 기업들이 이러한 기업 학대를 견디지 못해 한국을 떠난다고 선언한다면 어떡하겠는가? 무슨 면목으로 그들의 탈출을 말리겠는가? 아무리 비난하고 아무리 제재해도 한번 떠나기로 한 기업을 막을 방법은 없다.

정치권은 이제 몰상식한 기업 학대를 멈춰야 한다. 국민들도 이제는 정치권의 마구잡이식 기업 털기가 우리 삶에 결코 도움이 되지 않는다는 사실을 깨달을 때가 되었다. 기업 스스로도 정치권에 끌려다니는 대신 가끔은 일론 머스크처럼 자신들의 권리를 강하게 요구할 수 있어야 된다.

요약하면, 기업은 법인격적 시민으로서 최소한의 저항권을 가져야 한다. 북한과 같은 조폭 체제뿐만 아니라 국민을 등에 업고 과도한 권력을 휘두르는 독재 정권이 특정 기업에만 특혜를 주는 올리가르키 체제에 기업은 저항해야 한다. 노조가 무소불위의 권력을 쥐고 흔들어 노동의 유연성이 없는 경제 상황인데도 그러한 문제를 해결하거나 통제할 능력이나 의지가 없는 국가라면 기업은 이러한 저항권을 가동해야 한다. 정치인의 부당한 요구나 지시에 대하여 기업이 이러한 저항권을 발동하는 것은 정당하다.

기업 저항권은 외부의 부당한 간섭에서 기업을 보호하고, 기업의 독립성, 안정성 및 성장을 지키기 위한 자기방어적이고 전략적인 행위이다. 기업은 다양한 형태의 저항권을 행사할 수 있지만 극단적인 경우 기업가 개인 차원의 망명, 기업 본사의 외국 이전이라는 카드를 쓸 수도 있다. 기업을 멸시하고 학대하는 풍토, 기업 스스로 저항할 줄 모르는 자학 의식, 이것이 '세 번째 망할 징조'이다.

## 그리고 한국의 미래

· · · · ·

마지막으로 이 책의 논의를 전체적으로 요약할 단계가 된 것 같다. 이 책은 신냉전의 전개 과정에서 한국의 위상과 북한 체제의 붕괴,

그리고 한반도의 통일에 대해서 짚었다. 그리고 대한민국호가 문명 대전환의 쓰나미를 잘 타고 넘어 풍요로운 미래 항구에 안전하게 정박하기 위한 지도를 제시했다. 그래서 한국이 극복해야 할 '망할 징조' 가운데 결정적으로 중요한 세 가지를 지적했다.

세계전략의 실천적 구사에 있어서 중국 이슈를 두고 한국이 서방 진영과 약간의 미스매치가 있다는 점을 지적했고, 이에 대한 대책으로 한국이 적극적으로 서방 진영의 선두에 나서야 한다는 점을 강조했다. 한국 사회의 분열이 집단기억의 상이함에 뿌리박고 있는 악성이라는 점을 지적했고, 이에 대한 대책으로 사회 내부의 기억 정화 및 통합 운동이 반드시 필요하다는 점을 강조했다. 한국 경제가 노동 유동성이 고갈되어 산업 구조조정이나 기업 구조조정조차 어려운 상황이며 기업을 경시하고 멋대로 학대하는 풍토가 만연해 있다는 점도 지적했다. 이에 대한 대책으로 기업을 법인격적 시민으로서 대우하여 권리와 책임의 균형을 맞추고 기업 스스로도 저항권을 발동해야 한다는 점을 제시했다.

긴 논의를 거쳐 우리가 도달한 논리적 결론은 오늘날의 경직되고 분열된 한국의 현실이 이대로 지속된다면 대한민국호가 퀀텀 모프의 쓰나미를 순조롭게 넘기 어렵다는 것이다. 운이 좋다면 쓰나미를 타고 지구촌 어느 한구석으로 떠내려가 잡초로 뒤덮인 초가집처럼 비루한 모습을 하고 있을지 모르지만, 아예 침몰할 수도 있을 터이다. 아무 근거 없는 이야기가 아니다. 이미 수많은 외국의 학자와 전문가들이 그런 염려를 하고 있다.

그렇지만 눈앞에 놓인 한국의 앞날이 아무리 어둡다고 한들, 오늘날의 첨단기술 한국을 만든 한국인들은 반드시 더 나은 길을 찾아낼 것이라 믿는다. 이 책에 담긴 내용이 대한민국호가 밤바다를 항해하는 데 어둠을 밝히는 조그만 등불이 되기를 희망한다.

## 이 책 사용 설명서

1. Hartmut Neven (2024. 12. 9.). "Meet Willow, our state-of-the-art quantum chip", Google, 〈https://blog.google/technology/research/google-willow-quantum-chip/〉

2. "블록체인 뚫는다는 양자컴퓨터?… "대항 암호표준 있어" (2024. 12. 16.).《조선비즈》, 〈https://biz.chosun.com/stock/finance/2024/12/15/4ITG4JXIBFH25EFDVTITMVTWBI/〉

## 제1장 불량국가 전성시대

1. "Prigozhin Claims 'Deception' and 'Threats' from Defense Ministry" (2023. 5. 9.). *The Moscow Times*, 〈https://www.themoscowtimes.com/2023/05/09/prigozhin-claims-deception-and-threats-from-defense-ministry-a81076〉; "Wagner Boss Rails Against Russian Officials After Moscow Drone Attack" (2023. 5. 30.). *Newsweek*, 〈https://www.newsweek.com/wagner-boss-rails-against-russian-officials-moscow-drone-attack-1803352〉; "Yevgeny Prigozhin: Russian mercenary chief turned firebrand critic, target for arrest" (2023. 6. 24.). *The Times of Israel*, 〈https://www.timesofisrael.com/prigozhin-russias-mercenary-chief-turned-firebrand-critic-top-target-for-arrest/〉

2. Yohann Michel (2024. 2. 2.). "Equipment losses in Russia's war on Ukraine mount". IISS. 〈https://www.iiss.org/online-analysis/military-balance/2024/02/equipment-losses-in-russias-war-on-ukraine-mount/〉; Politico (2024. 2. 22.). "Ukraine's war strategy: Survive 2024 to win in 2025", 〈https://www.politico.eu/article/ukraine-war-hang-on-in-2024-to-win-in-2025-putin-zelenskky-russia-counteroffensive/〉

3. "Blinken Slams 'Growing, Dangerous' Russia-North Korea Military Ties" (2023. 11. 9.). *Voice of America*. 〈https://www.voanews.com/a/blinken-slams-growing\-dangerous-russia-north-korea-military-ties/7347959.html〉

4. CSIS (2024. 6. 17.). "A Threat Like No Other: Russia-North Korea Military Cooperation". 〈https://www.csis.org/analysis/threat-no-other-russia-north-korea-military-cooperation〉

5. "김정은, 푸틴 72세 생일에 축전" (2024. 10. 8.). KBS. 〈https://news.kbs.co.kr/news/pc/view/view.do?ncd=8076104&ref=A〉

6. AOAV(Action on Armed Violence) (2023. 12. 20.). "An analysis of the 7th of October 2023 casualties in Israel". 〈https://aoav.org.uk/2023/an-analysis-of-the-7th-of-october-2023-casualties-in-israel-as-a-result-of-the-hamas-attack/〉

7. "가자전쟁 1년…"팔레스타인인 4만2천·이스라엘군 728명 사망" (2024. 10. 7.) 《연합뉴스》. 〈https://www.yna.co.kr/view/AKR20241007108700009〉

8. "Tesla to have humanoid robots for internal use next year, Musk says" (2024. 7. 22.). *Reuters*, 〈https://www.reuters.com/business/autos-transportation/tesla-have-humanoid-robots-internal-use-next-year-musk-says-2024-07-22/〉; "Tesla Stock Jumps Ahead of Earnings, as Musk Says Humanoid Robot Will Come in 2025" (2024. 7. 22.). *Investopedia*. 〈https://www.investopedia.com/tesla-stock-jumps-ahead-of-earnings-musk-says-humanoid-robot-coming-in-2025-8681722?utm_source=chatgpt.com〉; "Elon Musk gives update on when Tesla will use Optimus humanoid robots" (2024. 7. 22.). *New York Post*. 〈https://nypost.com/2024/07/22/business/elon-musk-gives-update-on-when-tesla-will-use-optimus-humanoid-robots/〉

## 제2장 신냉전의 지정학과 지경학

1. Rush Doshi (2021). *The Long Game: China's Grand Strategy to Displace American Order*. Oxford. p.2.

2. "US finalizes rule restricting investment in Chinese tech firms" (2024. 10. 29.). *Voice of America*. 〈https://www.voanews.com/a/us-finalizes-rule-restricting-investment-in-chinese-tech-firms/7844263.html〉

3. "미국 반도체 제재로 중국 YMTC·CXMT 신공장 건설 연기" (2023. 2. 20.). ZDnet,

⟨https://zdnet.co.kr/view/?no=20230220094439⟩

4. "중국 SMIC, 화웨이용 5나노 제조라인 준비하나" (2024. 2. 15.). 《테크월드뉴스》, ⟨https://www.epnc.co.kr/news/articleView.html?idxno=240734⟩

5. McKinsey & Company (2024. 4. 24.). "Quantum Technology Monitor(McKinsey Digital)". pp.29-30. ⟨https://www.mckinsey.com/capabilities/mckinsey-digital/our-insights/steady-progress-in-approaching-the-quantum-advantage⟩

6. Meng-Leong How and Sin-Mei Cheah (2024), "Forging the Future: Strategic Approaches to Quantum AI Integration for Industry Transformation". AI2024. 5(1), pp.290-323; Mario Coccia (2024). "Converging Artificial Intelligence and Quantum Technologies: Technologies". 12(5), p.66; Davide Castelvecchi (2024. 1.). "The AI-quantum computing mash-up: will it revolutionize science?". *Nature*.

## 제3장 거센 풍랑 속의 대한민국호

1. 북한 "신형 ICBM '화성포19형' 발사…최종 완결판'" (2024. 11. 1.). 연합뉴스TV. ⟨https://www.yonhapnewstv.co.kr/news/MYH20241101019500641⟩

2. "North Korea boasts of 'the world's strongest' missile, but experts say it's too big to use in war" (2024. 11. 2.). *AP*. ⟨https://apnews.com/article/north-korea-missile-launch-united-states-4173ce128b8336b2cb315a3bf62c6980⟩

3. "브릭스, 글로벌 GDP 35.7% 담당…사상 최고 수준" (2024. 7. 4.). 《연합뉴스》. ⟨https://news.einfomax.co.kr/news/articleView.html?idxno=4315844⟩

4. Joel Vowell (2023. 4. 20.) "Digital Press Briefing with Major General Joel Vowell". U.S. Department of State. ⟨https://www.state.gov/digital-press-briefing-with-major-general-joel-vowell-commanding-general-u-s-army-japan/⟩

5. "김정은 "핵무력 포함 남조선 평정 준비"…대남노선 근본 전환 선언" (2023. 12. 31.). 《중앙일보》. ⟨https://www.joongang.co.kr/article/25218775⟩

6. "김여정 '북 경축행사 정밀추적했다는 남한, 특등머저리'" (2021. 1. 13.). 《경향신문》. ⟨https://www.khan.co.kr/politics/north-korea/article/202101132106005⟩

## 제4장 미국, 압도적 우위 대전략

1. H. R. McMaster (2020). *Battlegrounds: The Fight to Defend the Free World*. Harper Collins, p.110.

2. "Li Keqiang warns Donald Trump against trade war with China" (2017. 6. 15.). *The Guardian*, 〈https://www.theguardian.com/world/2017/mar/15/li-keqiang-warns-donald-trump-trade-war-with-china〉

3. H. R. McMaster (2020). *Battlegrounds: The Fight to Defend the Free World*. Harper Collins, p.110.

4. "The Tragic Legacy of Bill Clinton's China Doctrine" (2000. 8. 10.). *Policy*, 〈https://www.policymagazine.ca/the-tragic-legacy-of-bill-clintons-china-doctrine/〉

5. H. R. McMaster (2020). *Battlegrounds: The Fight to Defend the Free World*. Harper Collins. pp.116-117.

6. H. R. McMaster (2020). *Battlegrounds: The Fight to Defend the Free World*. Harper Collins. pp.116-117.

7. The White House (2022. 10. 12.). "NSS; National Security Strategy". p.113. 〈https://www.whitehouse.gov/wp-content/uploads/2022/10/Biden-Harris-Administrations-National-Security-Strategy-10.2022.pdf〉

## 제5장 중국, 중화민족 부흥 대전략

1. Ezra F. Vogel (2011). *Deng Xiaoping and the Transformation of China*, The Belknap Press and Harvard University Press. p.714.

2. 叶自成 (2001).《新中國外教思想》. pp.62-66.

3. Lucy Hornby and Jane Lee (2013. 4. 1.). "China's urbanisation drive leaves migrant workers out in the cold". *Reuters*. 〈https://www.reuters.com/article/us-china-urbanisation-idUSBRE92U00520130331/〉

4. Joseph Kahn (2006. 3. 12.). "A Sharp Debate Erupts in China Over Ideologies". *New York Times*. 〈https://www.nytimes.com/2006/03/12/world/asia/a-sharp-debate-erupts-in-china-over-ideologies.html〉

5. "Four Takeaways From a Times Investigation Into China's Expanding Surveillance State" (2022. 6. 21.) *The New York Times.* 〈https://www.nytimes.com/2022/06/21/world/asia/china-surveillance-investigation.html〉; "'초고도 감시사회' 중국…감시카메라로 주민 목소리까지 수집" (2022. 6. 22.). 《연합뉴스》. 〈https://www.yna.co.kr/view/AKR20220622001500072〉

6. Rush Doshi (2021). *The Long Game: China's Grand Strategy to Displace American Order.* Oxford, p.2.

7. "Biden stands by comment that Xi is a 'dictator' hours after their first meeting in a year" (2023. 11. 16.) *CNBC,* 〈https://www.cnbc.com/2023/11/16/us-china-apec-biden-stands-by-comment-that-xi-is-a-dictator.html〉

8. *The Center for Strategic Translation,* "Great Changes Unseen in a Century". 〈https://www.strategictranslation.org/glossary/great-changes-unseen-in-a-century〉

9. "China puts supply chain security at forefront to avoid being 'strangled' by sanctions, analysts say" (2020. 11. 10.). *South China Morning Post.* 〈https://www.scmp.com/economy/china-economy/article/3109082/china-sacrificing-economic-growth-self-sufficiency-strategy〉

10. CSET (2020. 9. 11.). "Xi Jinping: Speech at the Symposium of Scientists". 〈https://cset.georgetown.edu/publication/xi-jinping-speech-at-the-symposium-of-scientists/〉

11. "시진핑 "전력으로 혁신 엔진 강화"…반도체 가장 먼저 언급" (2020. 11. 12.).《연합뉴스》. 〈https://www.yna.co.kr/view/AKR20201112170900089?utm_source=chatgpt.com〉

## 제6장 러시아, 유라시아 제국주의 대전략

1. United Nations (2022. 2. 23.). "'Give Peace a Chance', Secretary-General Urges Russian Federation at Security Council Meeting on Ukraine, Saying too Many People Have Died". 〈https://press.un.org/en/2022/sgsm21155.doc.htm〉

2. "Xi and Putin urge NATO to rule out expansion as Ukraine tensions rise" (2022. 2. 4.). *The Guardian,* 〈https://www.theguardian.com/world/2022/feb/04/xi-jinping-meets-vladimir-putin-china-russia-tensions-grow-west〉

3. President of Russia (2022. 2. 4.). "Joint Statement of the Russian Federation and the People's Republic of China on the International Relations Entering a New Era and the Global Sustainable Development". 〈http://www.en.kremlin. ru/supplement/5770〉

4. "Putin's New Story About the War in Ukraine" (2023. 11. 10.). *Foreign Affairs*. 〈https://www.foreignaffairs.com/ukraine/putins-new-story-about-war-ukraine〉

5. *CNBC* (2023. 9. 19.). "Zelenskyy: Russia is weaponizing food, energy and abducted children in its war against Ukraine". 〈https://www.cnbc.com/2023/ 09/19/zelenskyy-russia-is-weaponizing-food-energy-and-abducted-children -in-its-war-against-ukraine.html〉

6. "푸틴, 히틀러와 같은 난관…이르면 내년말 무기 동날 듯" (2024. 6. 30.).《연합뉴스》. 〈https://www.yna.co.kr/view/AKR20240630059700082〉

7. A. Dugin (2012). *The Fourth Political Theory*. Arktos, p.9.

## 제7장 미국 vs. 중국, 태평양 지역 패권전쟁

1. "Pompeo Draws a Line Against Beijing in the South China Sea" (2020. 7. 13.). *Foreign Policy*. 〈https://foreignpolicy.com/2020/07/15/pompeo-south-china-sea-nine-dash-line-unclos/〉

2. 외교부 다자경제외교국 (2014. 11. 12.). "2014년 APEC 정상회의 개최 결과 보고서", 〈https://www.mofa.go.kr/www/brd/m_4076/view.do?seq=352678〉

3. The People's Republic of China (2018. 4. 3.). "President Xi to address 2018 Boao Forum", 〈https://english.www.gov.cn/state_council/state_councilors/ 2018/04/03/content_281476100349428.htm〉

4. "Communiqué of the Fifth Plenary Session of the 19th Central Committee of the Communist Party of China" (2020. 10. 29.). *Xinhuanet*, 〈http://www. xinhuanet.com/english/special/202010wzqh/index.htm〉

## 제9장 요동치는 한반도 정세

1. "The west underestimates North Korea at its peril" (2024. 10. 28.). *Financial Times*, 〈https://www.ft.com/content/db937f56-a402-46e7-95a4-c3d5a80e324a〉

2. "Russia supplies oil to North Korea as UN sanctions regime nears collapse" (2024. 3. 26.). *Financial Times*, 〈https://www.ft.com/content/df23a473-ea0b-4882-be19-048ae0d501d2〉

3. "콜비 "해외미군, 中과 결정적 순간에 힘 갖도록 배치해야"" (2024. 7. 16.).《연합뉴스》. 〈https://www.yna.co.kr/view/AKR20240716004000071〉

4. "China will not like it one bit: Beijing uneasy with North Korean troops in Russia" (2024. 10. 24.). *Financial Times*, 〈https://www.ft.com/content/67faab64-6b56-41f8-917d-647f842f0705〉

## 종장 한국 사회에 남겨진 과제

1. Maurice Halbwachs (1950). *La Mémoire collective*. Presses universitaires de France.

2. Eric Hobsbawm and Terence Ranger (1983). *The Invention of Tradition*. Cambridge University Press.